1인 제조

1인 제조

홀로 시작하는
사장님들을 위한
아흔아홉 가지
조언

유재형 지음

이콘

차례

프롤로그

평생 일터의 희망, 1인 제조에서 찾아라

일자리 하나를 두고 아버지와 아들이 경쟁해야 하는 요즘의 대한민국에서 개인의 정년을 보장해주는 일자리를 찾기란 하늘의 별 따기다. 제대로 된 일자리는 없고 노는 날만 많아지니 더블 잡double job이 대세고, 특히 태블릿 PC, 스마트폰, SNS가 급속도로 보급되면서 개인 공간에서 혼자 할 수 있는 일이 늘어났다.

1인 기업이 주목받기 시작한 것은 이런 분위기가 시작된 2009년쯤부터다. 당시 유행했던 대표적 사업 아이템으로는 콘텐츠 제공, 모바일 앱 개발, 소호 몰 운영, 모바일 게임 개발 등이었다. 지금도 1인 기업이라 하면 흔히들 이런 사업들을 떠올린다.

하지만 이들 1인 기업은 거품에 불과했다. 톡톡 튀는 아이디어와 독창성, 재미는 갖췄지만 고객이 지갑을 열게 하는 데는 실패했다. 결국 1인 기업은 세간의 관심을 불러일으켰던 속도만큼이나 금세 사그라졌다. 한때 창업을 생각했던 사람들은 다시 구직 대열에 들어서거나 아르바이트를 전전하거나 닭을 튀기거나 로또 판매점 앞에 줄을 서거나 귀농을 꿈꾼다. 이제 1인 기업을 이야기하는 사람은 내 주위에 아무도 없다.

1인 기업은 정말 허황된 꿈일까? 우리 현실엔 맞지 않는 것이니 1인 기업으로 성공할 확률보다는 차라리 로또 당첨 확률이 높은 것일까? 닭 튀기는 것 외에는 답이 없을까? 결국 귀농이 답일까?

이에 대한 답을 찾기에 앞서 궁금한 것이 하나 있다. 우리는 왜 여태껏 해온 일이 아니라 한 번도 해본 적 없는 일에서 기회를 찾으려고 할까? 그 이유는 아마 세 가지 정도가 아닐까 싶다.

첫째, 혼자 일한다는 것이 익숙하지 않아서다. 우리는 타인과 함께 일하는 데 익숙해져 있다. 그래서 하던 일도 혼자 해야 하는 경우라면 이전과 전혀 다른 일처럼 느껴진다. 혼자 하려니 불안하고 엄두가 나지 않기 때문에 차라리 처음 해보는 일에 뛰어드는 것이 심적으로 더 편하다.

둘째, 하던 일이 너무 지겨워서다. 여태까지 해왔는데 앞으로도 계속하려니 지긋지긋하고, 이제는 훌훌 털고 새로운 일을 해보고 싶다. 남의 떡이 커 보인다고, 내가 하던 일은 다 구질구질해 보이고 다른 창업 아이템들은 다 대박 날 것 같다.

셋째, 자존심 때문이다. 굶으면 굶었지 예전 직장 사람들에게 굽실거리지도 못하겠다. 그들에게 잘된 모습을 보여주고 싶은데, 직장을 나가서도 예전과 같은 일을 하며 그 언저리를 벗어나지 못하는 내 모습이 창피하다.

이런 쓸데없고 사치스런 감정 낭비 때문에 우리는 평생 축적한 기술과 경험, 노하우를 방치한 채 썩히고 있다. 그 소중한 재능이 동네 통닭집의 기름통 속에 처박히고 있는 것이다. 그래도 일단 시작한 통닭집이니 잘되면 좋겠는데, 유감스럽게도 모르는 사업을 해서 성공하는 경우는 없다.

2013년 딜로이트 컨설팅Deloitte Consulting이 분석한 한국 제조업의 경쟁력은 6위로 세계 최고 수준이다. 생산기지의 해외 이전이 가속화되면서 그 순위가 다소 밀리겠지만, 그래도 최고 수준의 제조환경임은 누구도 부인 못한다. 하지만 정작 우리는 자신의 DNA 속에 있는 최고의 제조역량을 외면하고 있다. 나를 평생 먹여 살릴 수 있는 소중한 자산을 스스로 폐기하는 것과 다름없다.

그렇다고 국가적 낭비를 이야기하고자 하는 것은 아니다. 그런 거창한 담론엔 관심도 없고 그럴 여유도 없다. 늘어난 평균수명과 줄어드는 국민연금 수령액을 고려하면 우리는 최소한 70세까지 일을 해야만 한다. 도대체 어디에서 70세까지 일할 수 있을까? 나는 그 기회를 1인 제조, 즉 귀농歸農이 아닌 귀공歸工에서 찾고 싶다. 전 세계 최고 수준의 제조업 인프라를 갖춘 기름진 토양을 바탕으로 그동안 우리가 제일 잘해왔던 그것에서 말이다.

이 책은 단순히 머리에서 쥐어짜서 종이 위에 끄적거린 결과물이 아니다. 나는 2009년 파산 직전의 상황에서 모든 직원이 떠난 회사에 홀로 남았었고, 빚 갚고 먹고살기 위해 어쩔 수 없이 1인 제조를 하게 되었다. 죽을 생각도 여러 번 했고, 땀과 눈물도 정말 몇 바가지 흘렸다. 이 글은 그 고난의 기록이자 내가 1인 기업을 해오면서 겪었던 무수한 시행착오에 대한 반성문이다.

나는 다른 길이 없었기 때문에 나와 가족을 위해 1인 제조를 해왔다. 하지만 이제는 1인 제조만이 가지는 특유의 경쟁력을 온몸으로 체험하고 있다. 1인 제조는 먹고살기 위해 불가피하게 선택하는 창업 형태가 아니라 지금의 국내외 제조환경에서 어쩌면 최적의 경쟁력을 가졌다고도 할 수 있는, 최선의 기업 형태다. "도대체 혼자서 뭘 어떻게 할 수 있다는 거야?"라며 반문할 독자들이 이 책을 통해 '할 수 있다'는 용기와 자신감을 가지길, 그래서 그 누구도 10~20년 후까지 보장할 수 없는 자신의 일자리를 1인 제조에서 찾을 수 있길 희망하고 응원한다.

이 책에서는 1인 제조의 준비에서 폐업까지를 총 99가지 단계로 나누어 이야기한다. 모든 독자가 첫 단계부터 마지막 단계까지 계단 오르듯 하나씩 같이 올랐으면 좋겠다. 나는 순전히 내 개인적 체험과 주관적 확신을 기반으로 이 책을 썼기 때문에, 독자들 입장에서 봤을 때 공감 가는 부분이 있는가 하면 의견이 다른 부분도 있을 것이다. 내가 틀린 부분도 있을 텐데, 언제든 이메일(jerry.ryu@gmail.com)을 통해 지적해주시면 감사하겠다.

또 한 가지! 어쩌면 99단계 중 특히 반감이 드는 그 단계, 읽기도 싫은 그 단계가 당신의 아킬레스건, 1인 기업을 하면서 당신에게 치명상을 입힐지 모르는 약점일 수도 있다는 점을 미리 인정해두자.

끝으로 빚더미에 눌려 혼자 죽음을 생각했던 냉골 지하공장에서 벗어나 이제는 비상飛上하여 지상 8층의 15평짜리 사무실로 올라와 이렇게 글을 쓸 수 있도록 인도해주신 하나님, 그리고 나를 항상 지지하며 격려해준 아내와 딸에게 감사한다.

2015년 7월

안양 인덕원에서

유재형

001 chapter

1인 제조란 무엇인가?

1인 제조의 정의로 글을 시작하려니 "1인 제조학 개론이냐?"고 묻는 독자가 있을 것 같다. 그러나 1인 제조의 99단계를 건널 대장정의 출발점에 서 있는 지금, 1인 제조라는 용어에 대한 개념이 확실히 정리되어 있지 않으면 99단계를 다 넘은 다음 뒤늦게 "이 산이 아닌가봐!"라고 할 수도 있다.

1인 제조라 하면 대부분은 "내가 달인이냐? 혼자 그걸 어떻게 해? 인건비 아낀다고 혼자 하다 골병들어!" 할지 모르겠다.

지당한 말씀이다. 공장 일 혼자 하는 것, 얼마 동안이야 가능할지 모르지만 결국은 탈진하고 말 것이다. '빨리 가려면 혼자 가지만 멀리 가려면 함께 가라'는 말도 있듯 이는 열정이 아닌 오기일 뿐이고, 불가피한 상황에서의 임시방편이자 궁여지책에 불과하다.

1인 제조는 지속 가능하고 안정적인, 그 자체로 최적의 기업 형태여야 한다. 인건비 아끼려고 혼자 때우는 한시적인 것이 결코 아니란 뜻이다. 그래서 1인 제조란 '혼자 다 만드는 것'이 아니라 '혼자서 만들 수 있는 만큼만 만드는 것'이다. 그렇다면 '혼자서 만들 수 있는 만큼'이란 구체적으로 무엇인가?

첫째, 전체 제조공정 중 한두 공정만을 담당하는 경우이다. 이는 1인 제조의 가장 일반적인 형태다. 특히 자동화가 힘들고 전자적 제어로 통제하기 어려운 공정, 즉 숙련된 사람의 축적된 기술과 경험으로 품질 수준을 결정짓는 공정이 최적의 대상이다. 아무리 컴퓨터와 로봇으로 공정 효율성을 높인다 해도 반드시 사람을 거쳐야만 하는 공정들이 있다. 1인 제조는 이 특화된 공정만을 외주로 처리하려는 업체의 수요에 대응할 수 있다.

둘째, 원자재 투입에서 완제품 제작까지 전체 제조공정을 다 맡되 생산량이 극히 적은 경우다. 시장 규모가 작고 그 제품을 찾는 사람도 극히 한정되어 있기 때문에 혼자 소량 납품하더라도 고객의 수요에 충분히 대응할 수 있는 제품들이 1인 제조의 대상이다.

셋째, 제조 자체는 하지 않으면서 개발 또는 검수만을 맡아 제품품질에 대해서 최종 책임을 지는 경우다. 모든 생산은 외주로 진행하지만 제품 개발과 최종 검수는 회사가 하므로, 최종 제품에 하자가 발생하면 그 책임은 회사에 있다. "그게 무슨 제조야? 서비스지!"라고 반문할 수도 있으나, 유형의 제품에 무형의 부가가치를 더하는 것 역시 제조다.

정리하자면 이렇다. 1인 제조란 ①혼자 할 수 있는 한두 공정만을 하는 것, ②극히 적은 수량이라 혼자 만들어 공급하는 것, ③제조는 없고 개발 또는 검수만을 수행하는 것. 이 정도면 한번 해볼 만하지 않은가?

1인 제조에 대하여 지레 겁먹지 말자. 내가 만들 수 있는 만큼만 만드는 것이 1인 제조다. 만들 수 있는 만큼만 만들어 팔면서 먹고살 수 있을까 하는 두려움도 들겠지만, 생각해보라. 전혀 모르는 통닭집도 하는데 직장에서 여태껏 해온 그 일을 왜 못하겠는가? 내 안에 축적되어 있는 경험과 기술, 노하우의 가치를 믿어라.

002 chapter

왜 하필 제조인가?

"1인 기업? 하다하다 안되니 이젠 제조업이냐?"라고 하실지 모르겠다. 사실 1인 기업은 새로운 개념이 아니다. 경제 상황에 따라 어떤 때는 자격증, 어떤 때는 요식업, 어떤 때는 서비스업, 그리고 최근엔 콘텐츠나 모바일 앱, 게임 등으로 모습을 달리하며 예비 창업자들을 유혹해왔을 뿐이다. 하지만 그것이 무엇이든 1인 기업은 '한물간 비즈니스 모델'로 낙인찍힌 지 오래다. 그럼에도 나는 특별히 1인 '제조' 기업에 대해서만 이야기하고자 한다. 1인 기업으로도 모자라 침몰 중인 대한민국 제조업으로 돌아가자고 하니 미쳐도 단단히 미쳤다는 소리를 들을 만하다. 그렇다면 도대체 왜 '제조'인가? 수십 가지를 나열할 수 있지만 일곱 가지 이유만 살펴보자.

첫째, 가장 잘할 수 있는 것이기 때문이다. 프롤로그에서 언급했듯 딜로이트 컨설팅이 조사한 우리나라의 제조업 수준은 2013년 기준 세계 6위로 다른 어떤 분야와 비교해도 경쟁력이 있다. 우리는 제조업에 필요한 세계 최고 수준의 토양과 환경을 가졌고, 우리 핏속엔 제조 DNA가 흐르고 있다. 가장 잘할 수 있는 것을 할 때 성공 가능성이 가장 크다는 것은 1인 기업에서도 역시 예외는 아니다.

둘째, 품질로 승부할 수 있기 때문이다. 제조물은 보고 만질 수 있으며, 고객은 이러한 유형의 재화에 대해 기꺼이 현금을 지불한다. 하지만 콘텐츠와 같은 무형의 산출물이라면 웬만큼 재미있거나 유명하지 않은 한 지갑을 열지 않는다. 최근 한 달 사이에 스마트폰 모바일 앱을 유료로 구매한 적이 있는가? 거의 없을 것이다. 사람들로 하여금 무형의 산출물에도 돈을 지불하게 하려면 장기간의 마케팅 전략과 무단복제에 대한 강력한 대응이 필수적이다. 영세한 1인 기업에게는 이것이 불가능하므로 품질만 괜찮다면 지갑을 열게 할 수 있는 제조업이 최적이다.

셋째, 제조물은 누구에게나 동일한 효용을 주기 때문이다. 획일적인 가격, 품질, 기능을 가진 제품을 복수의 고객에게 똑같이 공급해도 그들은 불만을 가지지 않는다. 고객 개개인에 특화된 개별 서비스를 제공할 시간과 여력이 없는 1인 기업에게 제조는 그래서 매력적이다.

제조는 아니지만 예를 하나 들어보자. 30년 전통의 원조 식당이 있다. 이곳의 메뉴는 딱 한 가지다. 뭘 빼고 더하는 옵션도 없어서 주문과 접수가 매우 간단할 뿐 아니라 실수할 일도 없다. 접시가 한 종류고 반찬도 단순하니 운반이 쉽고 설거지도 빠르다. 음식 재료도 몇 가지 안 되기 때문에 재료에 대한 전문성은 높아지고 구매가격은 낮아지면서 품질이 안정된다. 인력이라고는 아줌마 둘이 전부지만 식당은 문제없이 돌아간다. 인사치레나 서비스도 없지만 맛있고 싸니까 손님이 항상 바글거린다. 이것이 바로 이상적인 1인 제조회사의 모습이다.

넷째, 성공 가능성 또한 크기 때문이다. 혼자 제조공정을 감당할 수 없으므로 1인 제조의 전후 공정을 담당하는 협력업체와의 협업이 절대적으로 필요하다. 본인이 아무리 A급의 공정을 유지한다 해도 내 앞뒤 공정 중 단 하나라도 C급이면 최종 산출물의 수준은 C급이 된다. 스케이트 종목 중 단체 추발이란 것이 있다. 세 명이 한 팀으로 달리는 이 종목에서는 가장 마지막에 들어온 선수의 기록으로 전체 팀의 기록이 매겨진다. 1인 제조도 이와 같아서, 나 혼자 아무리 잘 달려도 협력업체가 엉터리면 전체가 엉망이 돼버린다. 그런데 우리나라의 제조 생태계는 세계 최고 수준이다. 다시 말하면, 추발 팀을 구성할 A급 선수들이 다른 어떤 나라보다 많다는 것이다. 우리나라에서 1인 제조가 가능할 뿐 아니라 성공 가능성도 큰 이유는 이 때문이다.

다섯째, 대체품으로 전환하는 리스크가 고객 입장에서 매우 낮기 때문이다. 최고 수준의 제조 인프라를 갖추었다는 것은 그만큼 제조업종 내 경쟁이 심하고, 1인 제조사를 대체할 경쟁사도 많음을 뜻한다. 하지만 아이러니하게도 그 경쟁사 수만큼이나 1인 제조사가 성공할 가능성은 높아진다. "독점을 해야 성공하지, 경쟁이 심한데 뭔 성공?" 하겠지만 한번 생각해보자. 한국에서 1인 기업이 가장 많은 곳이 어디인가? 세운상가, 구로유통단지나 남대문 시장이다. 이곳들의 공통점은? 가장 경쟁이 심한 곳이다.

고객은 아무리 품질이 좋고 가격이 합리적이어도 1인 기업의 제품을 쓰기 두려워한다. 언제 이 회사가 망할지, 1인 기업 대표가 아파 며칠을 쉴지 모르기 때문이다. 하지만 만일 그 제품을 다른 누군가 만들 수 있고, 대체품으로 전환하는 비용과 리스크가 거의 없다면 1인 기업의 제품을 안심하고 쓸 수 있다. 그래서 제조가 1인 기업에 있어 최적의 업태인 것이다.

여섯째, 제조물은 공급에 필요한 시간적·지역적 제약이 적기 때문이다. 농수산물처럼 시간 내 처리하지 않으면 부패하거나 변질되어 가치가 급락하는 품목은 집중적으로 인력을 투입해야 하므로 1인 기업에 부적절하다. 그러나 제조물은 오랜 기간 재고로 가지고 있어도 가치 하락의 폭이 작으므로 시간적인 여유를 가지고 혼자 생산, 검수, 납품을 할 수 있다는 장점이 있다.

또한 제조물은 어떤 국가의 사람들이나 사용할 수 있는 데 반해 콘텐츠나 소프트웨어, 게임 등은 국가별로 언어나 문화를 고려해서 접근해 들어가야 한다. 이것이 지역적 제약인데, 1인 기업에게 이러한 지역적 제한을 극복하는 것은 쉽지 않은 과제다.

일곱째, 한국산 물품의 수준을 세계에서 인정받고 있기 때문이다. 전례 없는 내수시장의 불황을 겪고 있는 최근의 상황에서는 수출만이 해결책인데, 그렇다면 어떤 업종이 '메이드 인 코리아Made in Korea'에 대한 높은 평가가 형성되어 있을까? 아무리 컨텐츠나 엔터테인먼트의 한류 열풍이 거세다지만 99%는 제조물이다. 누구나 한국산의 수준을 인정하는 그것을 만드는 것, 즉 제조업을 하는 것이 1인 기업에는 최적이다.

이런 이유들을 한마디로 요약하자면 '가장 잘할 수 있는 것을 하자'는 것이다. 좋든 싫든 하던 것을 해야 가장 잘할 수 있다.

003 chapter

왜 혼자 해야 하는가?

왜 혼자 해야 하는지를 이야기하기에 앞서 혼자 할 때의 문제점을 먼저 짚어보자. 만일 이 문제점이 정말 치명적이고 해결될 수 없는 것이라면 아무리 1인 제조가 좋아도 해서는 안 된다.

첫 번째 문제점은 '1인의 불완전성'으로, 이는 1인 기업의 가장 본질적인 문제이기도 하다. 평소에는 1인이든 팀이든 큰 차이가 없고 의사결정의 속도와 효율성에서 보면 오히려 1인이 팀보다 유리하다. 문제는 사건이 터졌을 때다. 1인은 감기만 걸려 컨디션이 안 좋아도 어제 내린 결정과 오늘의 것이 달라질 수 있다. 아내와의 조그만 말다툼에도 고객을 대하는 태도가 180도 바뀔 수 있는가 하면, 저녁 때 동창회에 다녀온 후 차 바꾸는 데 자금을 쓰기도 한다. 이런 변덕은 그 개인 차원에서는 당연히 있을 수 있는 일이지만, 그 1인이 기업 자체일 때는 문제가 생긴다. 변덕스러운

1인 기업을 상대하는 고객이나 협력업체는 불안할 수밖에 없고, 그래서 혼자보다는 팀으로 일하는 대상을 더 선호하게 되기 때문이다.

두 번째 문제점은 부재 시의 리스크가 크다는 것이다. 아무리 경쟁 회사들이 많고 제품의 대체가 가능하다 하더라도 1인 제조사의 고객은 항상 불안하다. 고객만 불안한 게 아니라 대표 자신도 불안하다. "아프면 어떡하지? 출장 일주일 동안 무슨 사고라도 터지는 거 아니야?" 하며 마음이 졸아붙으면 될 일도 안될 뿐 아니라 회사 성장에 치명적인 장애를 일으킬 수도 있다.

세 번째 문제점은 지속적 성장에 한계가 있다는 것이다. 혼자 하다 보면 그 세계에 매몰되어 시장 변화 또는 신기술 정보에 대해 유연한 반응을 취하거나 새로운 것을 시도하는 것이 어려워진다. 솔직히 시간과 돈, 체력 모두 고갈되어 여유 있게 회사를 돌아볼 시간 같은 것은 꿈도 꿀 수 없다.

이러한 세 가지 문제점은 너무나 치명적이고 크기 때문에 우리 마음속엔 '1인 기업은 상황이 안되어 어쩔 수 없이 하는 것'이라는 생각이 박히게 된다. 즉, ①여건이 안돼 인력을 채용할 수 없거나, ②대인관계에 문제가 있어 혼자 할 수밖에 없거나, ③욕심 많은 구두쇠라 혼자서 다 차지하고자 하는 경우 중 하나로 생각하는 탓에 누가 1인 기업을 한다고 하면 축하보다는 측은한 눈길을 보내거나 무시하곤 한다. 어쩌면 "저 1인 기업 해요"라고 말하는 것을 주저하는 가장 큰 이유가 이러한 선입견과 편견 탓일지도 모르겠다. 내 주변 분들은 이제 내가 1인 기업을 하고 있다는 것을 거의 모두 알고 계시는데, 재미있는 것은 그분들의 새해 덕담이 대부분 "금년도엔 사업 대박 나서 직원 좀 채용하세요!"라는 것이다. 얼마나 보기에 안타까우면 이런 덕담을 건네는 것인지는 모르겠으나, 내게 '대박 나는 것'과 '직원을 채용하는 것'은 전혀 별개의 사안이다. 오히려 대박이 날수록 내 관심은 1인 기업을 어떻게 더 발전적으로 운영할지에 쏠린다. 하지만 연초부터 말싸움하기 싫어 그냥 "감사합니다" 하고 만다.

대부분의 마음속엔 '1인 기업은 적절하지 않으며 임시방편적 궁여지책'이라는 생각이 뿌리 깊게 자리 잡고 있다. 심지어 1인 창업에 대한 책을 읽다 보면 '결국 성공해서 몇십 명을 거느리는 회사가 되었다'는 것이 대표적 성공 일화로 나온다. 그런 책은 1인 창업에 대한 것이 아니고 그냥 고난을 극복하여 1인 기업에서 큰 기업으로 성장시킨 사람의 책에 불과하다.

1인 기업은 그 자체로 기업환경에 적합한 최적의 솔루션이어야 하고, 국내외 시장환경과 산업구조의 변화 속에서 지속가능한 기업의 한 형태로 제시되어야 한다. 1인 기업은 궁여지책이 아니고, 대인관계가 잘 안 되는 구두쇠들이나 하는 기업 형태는 더더군다나 아니다.

004 chapter

1인 기업이 최적의 솔루션인 이유

1인 기업은 그 자체가 최선의 사업모델이다. 혼자 하기 때문에 감수할 수밖에 없는 불안정성, 리스크 및 성장의 한계가 있음에도 그것들을 넘어서는 무엇이 있기 때문에 1인 기업을 하는 것이다.

레고Lego 한 세트에는 여러 크기의 블록들이 들어 있고 큰 블록보다는 작은 블록들의 수가 많다. 테트리스 게임을 해봐도 큰 블록보다는 작은 블록들이 많이 나온다. 이유는 하나다. 작은 블록이 더 많이 필요하기 때문이다. 큰 블록 한 개는 작은 블록 몇 개가 합쳐져 대체될 수 있지만 작은 블록은 큰 블록으로 대체하는 것이 불가능하다. 때문에 큰 블록보다는 작은 블록이 언제나 많아야 하고, 레고든 테트리스든 작업 후반으로 갈수록 작은 블록이 더욱 필요해진다.

세계 6위 수준의 우리나라 제조업을 레고나 테트리스 게임에 비유하자면 이미 작업 후반기라 할 수 있다. 더 작은 블록, 즉 소규모 제조단위가 필요한 시점인 것이다. 섬세함과 세밀함은 큰 제조단위에서 담당하기에 한계가 있다. 제조업이 더욱 성숙할수록 작은 제조단위, 즉 1인 기업의 필요성은 더욱 증가한다.

35장에서 자세히 다루겠지만 최근 제조업을 이야기할 때 등장하는 세 가지 개념이 있다. 3D 프린터, 스마트 팩토리, 제조 4.0이 그것인데, 고객 개개인의 다양한 요구에 실시간으로 대응하기 위한 이들의 목적은 '유연한 다품종 소량 생산'이다. 여기에 최근 급부상하는 로봇과 인공지능 기술이 합쳐져 이제는 제조단위를 어떻게 더욱 세밀하게 쪼개어 개별 수요에 대응케 할 수 있을지가 제조업의 최우선 과제가 되었다. 즉, 제조업은 더 섬세하고 세밀해져야 하고, 그래서 1인 제조가 최적의 솔루션인 것이다.

1인 기업이 최선인 이유는 '시간 절약'이라는 점에서도 찾을 수 있다. 아무리 온갖 것들을 만들어내더라도 시간만큼은 그럴 수 없다. 그래서 시간만큼 중요한 것은 없고, 시간만큼 많은 것을 창출해낼 수 있는 생산요소도 없다.

시간을 만들 수 없다면 주어진 시간의 활용을 극대화해야 하는데, 회사라는 조직은 이를 허락하지 않는다. 조직이 크든 작든 예외 없이 우리는 상사 또는 동료, 동업자를 욕하며 많은 시간과 에너지를 소비한다. 정말 한심하지만 인정할 수밖에 없는 것은 사내정치 등 쓸데없는 곳에 나의 가장 중요한 자원인 시간을 낭비하고 있다는 사실이다.

1인 기업의 경우 정치할 대상이 없다는 것, 그래서 시간낭비 할 일이 없다는 것이 가장 큰 장점이다. 실제로 1인 기업을 해보면 직장생활할 때보다 몇 배의 일을 해내는 자기 자신에게 놀라게 된다. 갑자기 슈퍼맨이 된 것이 아니라 정치할 시간에 사업에 집중할 수 있기 때문이다.

조직의 리더라면 누구나 조직의 구성원으로부터 좋게 평가받기를 원한다. 특히 기업의 대표라면 정말 수준 이하의 인간을 제외하고는 끝까지 직원들로부터 존경받는 사장으로 기억되기를 원한다. 이것이 과하면 인정중독 수준에 이르는데, 이때 특히 두 가지 의사결정을 미루게 된다. 첫째가 해고고 둘째가 폐업이다.

특히 폐업은 대표 스스로 결단하기가 자살만큼이나 어렵다. 큰 조직일수록 더욱 그렇다. 오늘 당장 폐업하는 것이 가장 합리적임에도 대표들은 그 의사결정을 미루고 또 미룬다. 자신만 바라보는 직원들이 눈에 아른거려 '조금만 더, 조금만 더…' 하다가 최악의 순간을 맞이한다.

이에 비해 1인 기업은 합리적으로 폐업을 결정할 수 있다. 사람도 가진 게 많을수록 죽음을 받아들이기가 더 힘들고 그래서 그 고통이 더 크다고 하지 않던가? 1인 기업은 가진 게 없으니 폐업을 결정하기가 쉽고, 회복과 재기를 위한 기간과 비용 역시 줄어든다.

결론적으로, 1인 기업은 ①현재의 시장환경이 요구하는 섬세하고 세밀한 최소 제조단위에 가장 부합하고, ②가장 중요한 시간 자산을 생산적인 업무에 집중시킬 수 있으며, ③폐업을 결정해야 하는 최악의 상황에서도 가장 합리적인 의사결정을 가능케 하는 최적의 기업 형태이다.

005 chapter

누가 할 수 있는가?

1인 기업 대표를 하기에 최적인 사람은 어떤 경력을 가진 이들일까? 같이 고민해보자.

공장장은 어떨까? 공장 돌아가는 전체를 관리해본 경력이 있으니 최적일 것 같다. 하지만 지시하고 시키는 데 익숙한 그가 혼자 모든 것을 해야 하는 1인 제조회사를 감당할 수 있겠느냐는 의문이 생긴다.

개발자는 어떨까? 신제품 개발은 가장 비밀스럽고 비용이 많이 드는 업무이므로 1인 기업의 대표가 제품을 개발한다면 좋을 듯하다. 하지만 개발자 상당수는 개발 업무만 하길 원하는데, 과연 그들이 1인 기업에서 요구하는 팔방미인이 될 수 있을까?

작업자는 어떨까? 〈생활의 달인〉이라는 TV 프로그램을 보면 몇 명의 몫을 혼자 하는 작업자들이 등장하는데, 이런 이들이 1인 기업을 하면 최소한 몇 명의 인건비는 절약되므로 성공할 것 같다. 그럼에도 달인의 기술을 가진 그들 대부분은 봉급생활자에 만족한다. 회사를 경영하는 것은 별개의 문제기 때문이다.

장비 기술자는 어떨까? 1인 제조는 혼자 한두 대의 장비를 돌리며 운영하는 경우가 많은데, 장비가 멈추면 사업도 멈추기 때문에 이들에게 있어 장비는 생명만큼이나 소중하다. 그렇다면 장비를 원활히 유지, 보수할 수 있는 기술자가 직접 1인 기업을 하는 것이 최선일 수 있겠지만, 과연 그들이 팔방미인 대표의 역할을 감당할 수 있을까?

영업은 어떨까? 결국 가장 중요한 것은 영업 아닌가? 개발도 좋고 장비도 좋지만 먹고살려면 영업이 되어야 하니 영업맨이 제격인 것 같다. 하지만 아무리 많은 주문이 들어와도 물건을 깔끔하게 납품할 수 있는 섬세함이 없다면 이때의 주문은 오히려 독이 되지 않을까?

관리직은 어떨까? 아무리 영업을 잘해도 돈이 줄줄 새면 모두 끝이다. 어찌 보면 영업보다 중요한 것이 돈 관리고, 그렇다면 섬세하고 디테일하며 비용 개념이 철저한 관리자가 최적일 수 있겠다. 근데 매일 돈에만 신경을 쓰니 정작 고객과 제품에 대해서는 까막눈이지 않을까?

외주관리 담당자는 어떨까? 혼자 다 할 수 없는 1인 기업에게 외주관리는 필수적이다. 하지만 갑의 문화에 익숙한 외주 담당자가 평생 을일 수밖에 없는 1인 기업 대표를 하는 데 문제는 없을까?

검수자 출신은 어떨까? 낮은 품질을 커버할 강한 영업력이 없는 1인 기업에게 제품의 품질보다 중요한 것은 없다. 그래서 입고 자재 및 출고 제품 검수는 1인 기업이 수행해야 할 핵심 업무다. 그러나 그 역시 1인 기업 대표로서 필요한 팔방미인 역할을 잘 해낼 수 있을까?

경력 부문만 잠깐 살펴보았는데도 누가 1인 기업에 최적일지 결론 내리기가 힘들다. 어떤 경력자든 일장일단이 있기 때문인데, 굳이 내게 하나만 고르라면 개발자나 검수자 출신이 최선인 듯하다. 검수는 타고난 성품이 있어야 하고, 개발은 배우는 데 상당한 전문성과 시간이 요구되기 때문이다. 그리고 무엇보다 이 두 가지는 아무리 1인 기업이라 하더라도 외부로 돌리기 어려운 핵심 업무에 해당한다.

이제는 성격 면에서 한번 생각해보자. 어떤 성격이 1인 기업을 하는 데 최적일까? 개인의 성격 유형을 MBTI[Myers-Briggs Type Indicator]로 분석하면 ①외향형(E)과 내향형(I), ②경험형(S)과 직관형(N), ③사고형(T)과 감정형(F), ④판단형(J)과 인식형(P) 등 네 가지 측면에서 총 16가지 유형으로 나뉜다. 내 경우 10년 전에 받았던 MBTI의 검사 결과는 ESTJ였다. 내성적(I)이기보다는 외향적(E)이고, 직관(N)보다는 경험(S)을 중시하며, 감정(F)보다는 이성적 사고(T)에 의존하고, 상황에 대해 있는 그대로 받아들이기(P)보다는 판단(J)하는 성격이었다.

흥미로운 사실은 10년 후 재검사한 결과는 ESTJ가 아닌 ISFJ였다는 점이다. 즉, 경험과 판단을 중시하는 성향은 그대로였지만 1인 기업을 하면서 이전보다 내성적이고 감정적인 성향이 강해진 것이다. 무엇이 맞는지 정답은 없지만 1인 기업을 하는 데 있어서는 최소한 외향적 성격보다 내향적 성격이 적절한 것 같다.

결론적으로, 경력이든 성격이든 1인 기업 대표를 하는 데 절대적 기준은 없다. 만일 절대적으로 고려해야 할 요소가 있다면 다음 세 가지가 아닐까 싶다.

첫째, 가족이다. 가족은 1인 기업 최고의 서포터이자 주주이며 임원이다. 가족 구성원을 주주명부에 올리고 이사회 임원으로 등재해야 한다는 말이 아니라 사실상 그렇다는 거다. 치명적 한계를 지닌 1인 기업을 잘 운영해가는 데 필요한 가장 큰 버팀목은 가족이다. 가족 관계가 건전하고 건강해야 1인 기업이 건전하고 건강할 수 있기 때문이다.

둘째, 인내심이다. 좀 심하게 표현하자면 이 책에서 이야기하는 99단계 중 절반 이상은 절제 및 인내심과 관련되어 있다. 가족이 중요한 이유도 결국 맷집과 인내심을 가지기 위함이다. 1인 기업은 그물이 아닌 낚시로 물고기를 잡는 인내의 과정이므로 참고 또 참아야 한다. 낚시할 때처럼 즐겁게 말이다.

셋째, 객관화다. 1인승 비행기가 조종사의 실수로 추락하는 사고들은 대개 바다를 하늘로 착각해서 일어난다. 1인 기업 역시 1인승 비행기라서 내 현재의 상태와 위치를 파악하기가 어렵고, 바다를 하늘로 착각하기도 쉽다. 때문에 항상 자신을 객관적으로 볼 수 있어야 하지만 이것을 혼자 하기란 무척이나 어렵기 때문에 건전한 가족이 필요한 것이다.

006
chapter

언제 시작해야 하는가?

신문이나 인터넷을 통해 종종 '창업에 왜 실패했는가?'에 대한 설문 조사 결과를 접하곤 한다. 재미있는 건 대부분의 응답자가 '충분히 준비하지 못해서'라고 답한다는 것이다. 다시 말해 창업에 실패한 사람들은 예외 없이 '준비한 만큼 성공한다'고 생각한다. 그렇다면 무엇이 준비되어야 하는가? ①시장, ②제품, ③나 자신이다.

시장이 준비되어야 한다는 것은 무슨 뜻일까? 창업의 적기는 시장이 호황기일 때일까, 불황기일 때일까? 아니면 성숙기일까, 도약기일까?

내 회사는 RFID Radio Freguency Identification, 즉 무선주파수인식 태그 tag 를 만드는 1인 기업이다. 2004년 회사를 설립할 당시에는 RFID 유행을 타고 수십 업체가 난립해 있었는데, 그들 중 오늘날까지 살아남아 있는 회사는 거의 없다.

물론 내 회사도 앞서 말했듯 처음부터 1인 기업은 아니었다. 동종업계의 많은 분이 '어떻게 1인 기업으로 생존할 수 있었는가'를 물어보곤 하는데, 내 대답은 한결같다. "RFID가 워낙 불황이라 이 바닥으로 새로 뛰어드는 업체가 없었기 때문에 살아남았습니다."

1인 기업은 홍수 때보다 바짝 가뭄이 들었을 때가 생존 가능성이 높다. 호황일 때는 큰 기업들이 자금력과 조직을 바탕으로 물밀듯이 시장을 공격하기 때문에 1인 기업으로서는 버틸 재간이 없지만, 가뭄일 때는 작은 만큼 덜 먹어도 견딜 수 있는 1인 기업이 훨씬 유리하다. 그래서 1인 기업에 있어 최적의 창업 시기는 불황기 때, 좀더 구체적으로는 호황에서 불황으로 전환되거나 최저점을 찍기 직전의 시기다.

그렇다면 시장의 도약기와 성숙기 중에는 어느 쪽이 더 좋을까? 창업에 대해 가지는 잘못된 고정관념 중 하나가 '창업은 뭔가 새롭고 창조적인 제품을 만들어야 한다'는 생각이다. 새로운 제품이 시장에서 받아들여지기까지는 1년, 2년 혹은 그보다 더 긴 시간이 필요하다. 하지만 1인 기업에게는 이 새로운 제품을 왜 써야 하는지 고객을 설득하고 교육시키며 이 기간을 견딜 맷집이 없다. 때문에 이미 시장에서 받아들여진, 다시 말해 '왜 써야 하는지 이의를 달지 않는 제품'을 만드는 것이 유리하다. 이를 위해서는 이미 성숙되고 검증된 시장, 더 나아가 오히려 성숙기보다도 쇠퇴기에 접어든 시장을 노리는 것이 좋다. 쇠퇴기에는 큰 회사들이 모두 빠져나가기 때문이다.

다음으로는 제품이 준비되어야 한다. 구체적으로 이것은 무엇을 의미할까? 고객에게 시현할 프로토타입 샘플prototype sample은 있어야 한다는 것인가? 개념도나 사양서는 있어야 한다는 의미일까? 아니면 당장 팔 수 있는 제품이 준비되어야 한다는 것인가?

제품은 그것을 디자인해서 실제로 만들어낼 때까지의 기간과 비용이 제각각이다. 따라서 제품을 어느 정도로 준비해야 하는지 역시 저마다 다를 것이다. 예를 들어 석 달 이내에 양산 가능한 제품은 준비가 다소 부족해도 창업하는 데 무리가 없지만, 1년 걸리는 제품은 더 많이 준비되어야 한다. 만일 개발 기간이 몇 년 이상 소요되는 제품이라면 1인 제조사에 맞는 아이템인지 심사숙고해봐야 한다.

1인 제조사는 창업 시점부터 당장 자금 회전이 이루어져야 생존할 수 있다. '창업 시점부터 당장'이란 보통 '창업 후 6개월 이내'를 의미한다. 즉, 6개월 내에 흑자를 내진 못하더라도 최소한 제품 판매대금으로 자재 구매가 가능한 수준으로 자금이 회전되어야 한다는 뜻이다.

그래서 제품에 대한 첫 구매는 보통 창업 시점을 기점으로 3개월 내에 이루어져야 한다. 고객이 20~50%의 선금을 지불할 용의가 있을 정도로 제품의 완성도가 갖춰져 있어야 함은 물론이다. 단순히 제품 콘셉트만 가진 채 1인 기업을 세우면 매출 발생 전에 굶어 죽을 수도 있다.

그렇다면 1인 제조사를 창업하는 데 적당한 나이는 몇 살일까? 20대는 너무 빠른가? 50대는 너무 늦을까? 30~40대가 적당할까?

정답은 없다. 내 경우에는 35세 때 창업을 했는데, 가끔 '좀더 빨랐으면 더 좋았을 텐데…' 하는 생각은 든다. 창업은 누구에게도 배울 수 없고, 스스로 해보기 전에는 창업에 대해 전혀 알 수가 없기 때문이다. 그래서 '더 많은 경험을 쌓은 다음에 창업하겠다'는 것은 '연애 소설을 더 많이 읽은 뒤 연애해보겠다'라는 소리와 같다.

창업 전 나는 미국계 모 벤처캐피털에서 근무하면서 많은 벤처회사 사장님들을 만났고 그들을 지근거리에서 목격했다. 그래서 나름 창업이 무엇인지 남들보다는 많이 안다고 생각했는데, 착각도 그런 착각이 없었다. 권투가 뭔지 알려면 링 바로 옆에서 100경기를 보는 것보다 링 안에서 직접 펀치 한 대 맞아보는 것이 훨씬 나은 것처럼, 창업을 알고 싶은 이에게는 직접 창업해보는 것 외의 어떤 방법도 무의미하다. 창업은 30대 초반, 늦어도 30대 중반에 하는 것이 좋다. 혹여 실패한다 해도 재기할 에너지가 남아 있는 때이기 때문이다. 또한 창업 전 직장 경력은 3~5년이면 족하고, 너무 길어지면 오히려 매너리즘과 타성에 빠지기 쉬운 것 같다.

혹시 이 책을 읽는 40~50대 독자들이 기분 나쁘실 수도 있겠지만, 내 이야기를 오해하지 않으시길 바란다. 내가 말하고 싶은 것은 '젊을수록 실패했을 때 재기할 가능성이 크다'는 것이지 '젊을 때 창업을 하면 성공 가능성이 크다'는 것이 아니다. 창업 시의 성공 가능성은 외려 40~50대가 20~30대보다 훨씬 높다. 다만 실패했을 경우에는 다시 일어서기가 그들보다 힘들다. 20~30대들이 가진 총알이 네댓 개라면 40~50대들은 한두 개에 불과하다. '원 샷 원 킬one shot one kill'을 하지 못하면 인생이 낭패에 빠질 수 있으므로 그만큼 창업에 신중해야 한다.

왜 40~50대들의 재기 가능성을 낮게 보냐고 따지는 분들도 있겠다. 인생을 7회전 권투로 본다면 20~30대, 즉 2~3회에서는 큰 펀치에 다운당해도 힘이 남아 역전의 기회가 있지만 40~50대, 즉 4~5회에서 다운 당하면 다시 일어서기가 더 힘들다. 물론 마지막 6~7회에서도 역전 KO펀치를 날릴 수도 있지만, 그 확률은 작을 수밖에 없다.

아래의 내용은 재미 삼아 덧붙이는 것으로, 창업을 해도 괜찮겠다 싶은 증후symptom들에 관한 것이다. 여섯 개 항목 중 두 개 이상에 해당된다면 창업을 위한 준비가 어느 정도 되어 있다고 생각해도 좋겠다.

① 오래 거래한 고객이 "한번 나와서 혼자 해보시면 어때요?"라고 반복해서 묻는다.
② 협력업체 사장이 "몇 개월간 원자재를 외상으로 공급해줄 테니 혼자 한번 해보세요"라고 반복해서 제안한다.
③ 장비업체 사장으로부터 '좋은 조건에 장비를 임대해줄 테니 혼자 해보시라'는 제안을 반복해서 받는다.
④ "당신이 없으면 회사가 안 돌아간다"라는 이야기를 여러 부서의 직원으로부터 심심치 않게 듣는다.
⑤ 회사에 무슨 문제만 생기면 임원은 내가 담당자가 아님에도 조건반사적으로 나부터 찾는다.
⑥ 1인 기업 창업에 대해 아내에게 넌지시 슬쩍 물었는데, 바로 반대하지 않고 의외로 심각하게 고민한다.

007
chapter

1인 창업, 이것부터 준비하라

안타깝게도, 많은 1인 창업자들이 처음부터 외주 좋아하다가 돈은 돈대로 쓰고 일은 제대로 해보지도 못한 채 사업을 접곤 한다. 하지만 나중에 외주를 쓰더라도 1인 기업은 처음부터 일단 스스로 다 해내야 한다.

경영에 필요한 핵심적인 것들을 창업 준비 기간에 모두 습득해야 하는 것은 그 때문이다. 그걸 언제 다 공부하느냐고? 창업은 고시나 자격증 시험이 아니다. 커닝 페이퍼 만든다고 누가 뭐라 안 한다. 이해되지 않으면 외우고, 외우지 못하면 베껴서 눈에 보이는 곳에 붙여놓아라. 한 1년 지나면 신기하게도 저절로 외워질 테니 말이다. 그렇다면 창업 시 최소한 알아야 하는 것들에는 무엇이 있을까?

① **회계 및 세무**: 기본 중의 기본이다. 서점에 가면 수많은 회계 서적이 있는데, 100페이지 전후의 가장 얇은 책을 권한다. 만화로 되어

있는 것도 괜찮다. 한 권을 사서 1년 동안 열 번 읽어라. 그러면 재무제표가 해석되고 회계사(또는 세무사)와도 제대로 대화할 수 있다. '월 10~20만 원이면 기장과 결산 모두 맡길 수 있는데 골치 아프게 왜 회계를 알아야 하지?' 하는 생각이 들 수도 있지만, 회계를 알아야 제품의 비용구조를 정확히 파악할 수 있고, 제품 가격 또한 적정하게 책정할 수 있다. 또한 내가 매월 얼마나 쓰며 그중 줄일 수 있는 부분은 없는지 체계적으로 분석할 수 있으며, 돈의 흐름을 정확히 예측하고 미리 대비할 수 있다. 한마디로 회계를 알아야 '앞으로 남고 뒤로 까지는' 일이 안 생기는 것이다.

② **무역 실무**: 수출입이 전혀 필요 없다면 무시해도 좋다. 하지만 한번 외국과 거래가 터진 경우 그 거래는 지속되는 경향이 있으므로 기왕이면 창업을 준비할 때 알아두는 편이 좋다. 특히 나의 고객이나 협력업체가 해외로 진출하게 되면 필연적으로 수출입을 해야 하는 상황이 발생한다. 이에 대한 참고자료 역시 100페이지 정도의 얇은 책이나 만화책이면 충분하다.

③ **외국어**: 여태껏 하지 않은 외국어 공부를 창업한다 해서 시작해야 하나? 아니다. 지금까지 안 했다면 하지 마라. 외국어 공부할 시간 없다. 단, 자신이 목표로 삼은 국가의 언어로 제품 관련 단어장을 만든 뒤 무조건 외워라. 단어 수는 500개면 충분하다. 언젠가는 요긴하게 써먹을 것이다. 막상 창업하면 바빠서 못 하게 되니 창업 준비 시기에 미리 단어장을 만들어놓는 것이 좋다.

④ **운전면허**: 1인 제조를 하는 사람이 운전을 할 줄 모른다는 것은 총을 쏠 줄도 모르면서 전쟁터에 나가는 것과 같다.

⑤ **기술**: 개발자나 기술자의 수준이면 좋겠지만, 최소한 엔지니어들과 협업을 할 때 알아들을 수 있는 수준, 고객의 기술적 요구를 해석할 수 있는 정도는 필수적이다. 나는 경제학 전공자라 기술 콤플렉스가 심하다. 그래서 엔지니어와 대화하는 것이 두렵고 엔지니어 출신 고객과의 만남은 꺼려지는 것이 사실이다. 이를 극복하려면 꾸준한 공부 외에는 방법이 없다. 다행스러운 것은 창업한 지 10년이 넘은 지금도 내가 하는 업종의 기술을 배우는 것이 재미있다는 점이다.

이러한 다섯 가지의 학습보다 더 중요한 것이 있으니, 바로 여건의 조성이다. 다시 말해 자신의 잠재력을 최대한 발휘하려면 가정적, 재무적, 법적, 신체적, 정신적 여건을 최적화해야 한다는 것이다.

① **가정 여건**: 가족의 지지가 없다면 창업하지 마라. 가족의 응원과 지지는 1인 기업 성공에 있어 절대적으로 필요하다. 가족이 반대하지 않더라도 다음의 세 가지 경우 중 하나라면 창업을 재고해봐야 한다. 첫째, 가족 구성원 중 아프거나 사고를 당한 이가 있어서 큰 지출이 지속되는 경우, 둘째, 자녀가 대입 입시를 앞두고 있어 사교육 부담이 큰 경우, 셋째, 가족 중 한 명이 이미 창업하여 운영 중인 경우다. 이런 경우에 해당하면 언제든 재정 상황이 악화될 수 있으니 가족으로부터 '때려치우라'는 말이 나올 수 있다.

② **재무 여건(신용등급)**: 현재의 대출 여건이나 신용등급이 한계상황이라 더 나빠질 경우 채무 불이행이나 신용불량에 근접할 가능성이 있다면 창업을 자제해야 한다. 창업을 하면 1년 이내에 현재보다

3~4등급 이상 악화되는 상황을 늘 각오해야 한다.

③ **법적 여건:** 현재 형사 혹은 민사 소송이 진행 중이거나 집행 유예 등의 형 집행 중일 때, 또는 탈세나 부정 수출입, 외국환관리법, 근로기준법 위반 등으로 재산 압류 중인 경우라면 창업을 재고해야 한다.

④ **신체 여건:** 1인 기업 대표가 아프면 정말 대책이 없다. 그러니 창업 전에 위, 대장 내시경까지 포함한 건강검진을 제대로 받아볼 것을 권한다. 또 지금 당장은 크게 불편하지 않다 해도 허리 및 목 디스크, 충치, 눈, 치질 등의 병은 반드시 미리 치료하는 것이 좋다. 이들 부위는 스트레스를 받거나 피곤할 때 아픈 곳들이고, 한번 아프면 길게는 몇 주까지 아무 일도 할 수 없게 만들기 때문이다.

⑤ **정신 여건:** 1인 기업을 하다 보면 경험하지 못한 극도의 스트레스를 받는 것은 물론 자신감 추락이나 우울증 등 전에는 몰랐던 자신의 여러 모습과 마주하게 된다. 그럴 때를 대비해 창업 전에 정신과 의사선생님 한 분을 정해놓고 꾸준히 상담해나가기를 권한다. 보통 정신과는 정신병자나 가는 곳이라고 생각하기 쉽지만 내게는 개인적으로 정말 도움이 많이 되었다. 특히 불면증이 주기적으로 찾아오면 그와 동시에 우울증이 수반되는 경우가 많은데 이때는 주저하지 말고 정신과 상담을 받아야 한다. 강한 척하지 마라.

창업이라고 하면 대부분은 신규 창업을 떠올리지만 인수 창업이라는 형태도 있다. ①타인이 운영하던 기업의 인수를 통해 창업하는 경우, ②기존 직장의 동의하에 분사分社하여 창업하는 경우, ③아버지, 삼촌 등이 영위하던 사업이었으나 이를 지속할 사람이 없어져 승계하는 경우 등이 그것이다. 이러한 인수 창업의 경우 인계자가 있으므로 신규 창업에 비해 준비 기간이 단축될 수 있다는 장점이 있지만, 잘못 습득하면 그것을 바로잡는 데 시간이 훨씬 더 들 수도 있다. 더 이상 일하지도 않을 사업체를 위해 인계자가 100% 선의와 정성으로 인수자를 가르칠 것이라 믿는 것 자체가 큰 착각일 수 있다.

끝으로 창업 전에 준비해야 할 마지막 항목이 바로 '폐업'이다. 앞서 나는 '합리적이라면 지금 당장에라도 폐업할 수 있는 것'이 1인 기업의 가장 큰 장점 중 하나라고 이야기한 바 있다. 폐업에 따르는 리스크를 줄이기 위한 각종 보험(노란우산공제 등)에 창업 시점부터 가입하는 것도 매우 좋은 방법이다.

008
chapter

1인 기업인데 주식회사라고?

1인 기업을 설립할 때의 고민거리 중 하나가 '개인사업자로 할 것이냐, 법인사업자로 할 것이냐?'다. 개인사업자란 나 개인이 사업주체가 되므로 재무, 회계, 세무상 개인과 사업체를 구분하지 않고 하나인 경우를 말한다. 이와 달리 법인사업자는 자연인인 나와 법인인 사업체를 완전히 구분하기 때문에 재무, 회계, 세무상 이들은 전혀 별개의 것이 된다. 법인사업자에는 주식회사, 합명合名회사, 합자회사 등 여러 유형이 있는데 가장 대표적인 것은 주식회사다.

개인사업자로 할지 주식회사로 할지는 전혀 고민거리가 아닐 수 있다. 아마 대부분은 '혼자 조그맣게 하는 사업인데 거창하게 무슨 주식회사? 당연히 개인사업자로 가야지!'라고 생각할 것이다. 세금 측면에서 보더라도 수익이 작은 사업 초기에는 개인사업자가 주식회사보다 유리하다. 개인사업자의 경우 소득세, 즉 6~35%까지의 누진세율이 적용되므로 소득(=사업수익=매출–비용)이 적을 때는 세금도 조금 낸다. 주식회사의 경우 사업수익에 법인세 10%(또는 20%)를 단일세로 내고, 내가 가져간 봉급에 따르는 소득세를 또 낸다. 또한 주식회사로서 일정 지분의 주식을 배당받은 경우에는 배당 수익에 대한 소득세 역시 별도로 납부해야 한다.

세무사와 상담해보면 개인사업자인 경우가 주식회사일 경우에 비해 어느 정도의 절세 효과를 거둘 수 있는지 금방 알 수 있다. 확실한 점은 수익이 커짐에 따라 주식회사 대비 개인사업자의 절세 효과는 점점 적어지고, 일정 수익 이상이 되면 누진적 소득세 때문에 오히려 주식회사인 경우가 유리해진다는 것이다(또한 개인사업자보다 법인사업자를 우대하는 여러 세제상 혜택들도 있다). 이때의 '일정 수익 이상'은 대개 연간 7,000만 원 이상으로 알려져 있다. 1인 기업을 꿈꾸는 예비 창업자라면 그 정도의 수익은 기대하지 않을까? 그렇다면 결국 누구나 주식회사로 전환해야 한다는 결론이 나온다.

세금 측면에서 보면 어느 것이 유리하다고 말하기 힘들지만, 세금 이외의 측면에서는 주식회사가 가지는 장점이 훨씬 많다.

첫째, 사업과 내가 분리된다. 이건 너무나도 중요한 문제다. 개인사업자는 사업체가 나 자신이고 내가 사업체다 보니 포기해야 할 때 포기하지 못하고 중단해야 할 때 중단하지 못하는 경우가 발생한다. 사업체로부터 자신을 항상 분리하여 그 사업체를 객관적으로 볼 수 있는 구조가 되어야 하는데, 개인사업자의 경우 '내가 망하면 사업이 망하고 사업이 망하면 내가 망한다'는 생각에 객관적 시각을 유지하기가 어렵다. 그러나 주식회사의 경우에는 주주로서 나의 지분에 대해서만, 그리고 그 회사의 대표이사로서 내가 가지는 직책에 대해서만 책임을 진다. 다시 말해 최악의 경우 회사는 폐한다 해도 나 개인은 재기가 가능한 것이다.

물론 이런 점 때문에 사업체에 대해 무한 책임을 지는 개인사업자가 책임경영 측면에서 바람직한 면도 있다. 회사는 죽고 개인은 요리조리 빠져나가는 이른바 '먹튀'가 주식회사에는 많다. 하지만 주식회사의 경우에도 상법 등에는 과점주주와 대표이사 등 실질적인 경영책임자에게 종국적 책임을 묻는 다양한 장치들이 마련되어 있다.

둘째, 견제와 균형이 가능하다. 1인 기업의 1인은 무소불위의 독재자다. '절대 권력은 절대 부패한다'는 명제가 있듯, 혼자 하다 보면 정말 배가 산으로 가는 일이 부지기수다. 성인군자가 아닌 이상 견제 장치가 없으면 누구나 정도正道에서 100% 벗어나게 되어 있고, 잘되면 잘되는 대로 오만해지고 안되면 안되는 대로 자신감을 잃어 옳은 판단을 내리기가 어렵다.

그래서 비록 1인 기업이라 해도 상법상 보장된 주식회사의 견제 시스템—이사회, 감사위원회와 주주총회—을 활용할 필요가 있다. 최소 2인 이상의 이사 선임, 이사회를 통한 중요 사안 결의, 의사록 작성, 정기 주주총회를 통한 사업 보고 및 승인, 소액 주주에 의한 임시 주총 소집, 3년마다 이루어지는 이사의 해임 및 선임 등은 최소한의 의사결정 통제와 투명성을 보장하는 방법이다.

셋째, 고객과 협력업체에 신뢰를 준다. 회사 차리면서 사무실 인테리어와 차부터 바꾸는 사장님들을 주변에서 가끔 보곤 하는데, 그분들은 "이렇게 해야 고객이 신뢰하고 협력업체가 깔보지 않는다"라고 이야기한다. 하지만 정말 눈에 보이는 것으로 당신을 신뢰하게 하려면 우선 회사 이름에 '주식회사'부터 붙여라. 사업자 등록번호를 보면 그 업체가 개인사업자인지 법인사업자인지 알 수 있는데, 나 역시 상대 업체가 개인사업자라면 일단 접고 보는 경향이 있다. 거래처 통장 사본이 개인 명의의 것인 경우에도 마찬가지다.

넷째, 매각과 폐업이 용이하다. 사업체와 내가 분리되니 이는 당연하다. 사업체는 나와 별개의 법인이므로 그에 속한 자산과 부채 역시 나라는 개인과 명확히 분리되고, 따라서 기업평가와 인수도 상대적으로 용이하다. 마찬가지로 사업체에 대한 대출이나 유상증자를 진행할 때에도 개인사업자보다 법인사업자의 경우가 훨씬 유리하다. 빌려주거나 투자된 돈이 투명하고 독립적으로 관리될 확률이 그만큼 높기 때문이다.

종합해봤을 때 세무적으로 크게 불리한 경우가 아니라면 처음부터 주식회사로 가는 것이 좋다. 물론 주식회사로 창업을 한다면 누구를 주주와 이사로 할지 고민스러울 것이다. 하지만 이 과정을 통해 누가 나의 가장 중요한 서포터인지 확실히 알 수 있게 되므로, 이 역시 소모적이거나 무익한 일이라 할 수는 없다.

한 가지 당부할 말이 있는데 고객이나 협력업체는 주주 또는 이사로 끌어들이지 말라는 것이다. 사업이 잘되면 잘되는 대로 안되면 안되는 대로 훗날 나의 가장 큰 두통거리가 될 가능성이 크기 때문이다.

chapter 009

1인 기업은 1일 기업이다

개인적으로 1인 기업을 하면서 배운 가장 큰 교훈은 '해야 할 때 하지 못한 것보다 그만두어야 할 때 그만두지 못한 대가가 훨씬 크고 아프다'는 것이다. 그중에도 회사를 접어야 할 때 접지 못한 경우 그 대가가 가장 크다.

흔히들 '한 사람이 평생 지출하는 의료비의 절반 이상을 죽기 1년 전에 지출한다'고 한다. 사업도 마찬가지라서, 사업을 하면서 진 빚의 절반은 망하기 1년 이내에 얻은 경우가 많다. 접어야 할 때 접는 것이 중요한 이유가 바로 이것이다. 1인 제조의 99단계 중 이제 겨우 9단계째인데 벌써부터 망하는 얘기를 한다는 것이 언짢으신 독자분들도 계시겠지만, 잘 접을 준비를 하는 것보다 더 중요한 창업 준비는 없기 때문에 드리는 말씀임을 이해해주시기 바란다.

사실 '접을 때 접는다'는 것이 말처럼 쉬운 것은 아니다. 2014년 11월 18일자 「한국경제신문」에 실린 '좀비 기업 급증, 이대로 놔두면 일본 꼴 난다'라는 제목의 사설을 읽고 정말 공감했던 기억이 있다. 좀비 기업이란 회사의 영업이익으로는 대출이자도 갚지 못하지만 빚으로 빚을 갚으며 정부의 경기부양책과 지원금으로 계속 살아가는 한계 기업을 말한다. 이런 기업들은 불공정 관행과 덤핑 수주로 우량 기업까지 좀비 기업으로 만들어 버린다.

그렇다면 왜 경영자들은 이들 좀비 기업을 접지 않는 걸까? 바보라서 그런 것일까? 아니다. 그들 나름대로 고심하고, 그런 형태로라도 회사를 유지하는 것이 사업을 접는 것보다 낫다고 판단했기 때문이다. 우선 다음의 네 가지 상황을 살펴보자.

① 10억짜리 설비가 있다. 잘 팔면 5억은 받을 수 있는데, 회사를 접는다고 지금 급매로 내놓으면 1억밖에 못 받는다. 4억 손해를 보느니 차라리 회사를 유지하면서 연간 2억을 더 까먹는 편이 낫겠다.

② 회사를 접으면 현재까지 임직원들에게 체불된 임금 5억에 퇴직금까지 15억이라는 돈을 당장 지불해야 한다. 15억이 누구 집 애 이름도 아니니, 손해를 보더라도 일단 회사는 유지하자.

③ 회사가 은행에서 10억을 빌렸는데, 대표인 나를 포함한 임원들 모두가 연대보증이 되어 있는 상태다. 회사를 접으면 은행으로부터 압류가 들어올 테니, 월 1억씩 까먹더라도 어떤 도피책을 찾기 전까진 일단 유지하자.

④ 피땀 흘리고 내 인생 바쳐가며 가꾼 회사인 데다 이미 몇십 억이 넘는 돈도 투자되어 있는데 어떻게 접을 수 있겠는가? 망할 땐 망하더라도 일단은 갈 데까지 가보는 거야!

당신이 사장이라면 이상의 상황에서 어떤 결정을 내리겠는가? 각각의 상황을 고려하면 어떤 결정이 가장 최선일지 판단하기가 무척 어려울 것이다. 폐업은 정말이지 스스로 결정하기 어려운 사안이다. 회사의 자산이 크고 많을수록, 회사의 직원이 많을수록, 그 역사가 오래되면 될수록 더욱 그렇다. 그래서 1인 기업이 좋은 것이다. 어떤 회사 형태보다도 합리적으로 폐업을 결정하기가 훨씬 용이하니 말이다. 1인 기업은 '1일 기업', 즉 오늘 하루를 사는 기업이 될 때 그 장점을 극대화할 수 있다.

나는 하루 업무를 시작하기에 앞서 항상 "오늘 회사를 접는 사건이 발생해도 절대 놀라지 않게 해주세요"라고 기도한다. 얼마 전까지만 해도 빚이 많고 시장상황 또한 워낙 불투명했기 때문에 내게는 하루하루가 죽고 사는 살얼음판 같았다. 그래서 아무리 안 좋은 소식에도 담대한 마음을 갖고자 이런 기도를 드렸는데, 그러다 보니 어느 순간부터는 1일 기업으로 회사를 꾸려가는 방법을 체득하게 되었다. 즉, 오늘이 마지막 날이라고 생각하면 받을 돈과 줄 돈을 깨끗하고 철저히 정리하게 되고, 금전 문제에 있어 엄격해진다. 고객과의 관계에서도 오늘이 마지막인 것처럼 집중하면 상대에게 최선을 다하고, 엉뚱한 욕심도 부리지 않고 정직해질 수 있다. 또한 오늘이 마지막 날인 것처럼 죽을 각오로 임하면 고객에게 질질 끌려다니는 일이 적어질 뿐 아니라 정당한 거래조건이 아니면 거부하는 용기도 생긴다.

누군가는 "오늘 당장만을 보고 거래하기보다는 가끔 손해도 보며 인간적으로 접근해야 할 필요도 있다"라고 할지 모른다. 하지만 내 경험으로 보면, 나에 대한 고객과 협력업체의 '장기적 신뢰'는 바로 오늘 현재에 최선을 다하고 납기와 돈 문제에 있어 확실할 때 쌓인다. "우리 형 동생으로 천

년만년 잘 지내자!" 하며 백날 술잔 나누고 노래방에서 서로 껴안고 노래해봤자, 물건이 엉망이고 돈 제때 안 주면 다 끝이다.

2014년 9월 모 자동차 회사가 삼성동 부지를 어마어마한 가격에 사면서 '우리는 100년을 바라보고 이곳을 샀다'고 했단다. 여러분은 100년을 보고 빌딩을 짓겠다는 그 회사의 말을 신뢰하는가? 아니면 당장 오늘 품질 향상에 전력으로 투자하고 고객 대응에 최선을 다하는 회사에 더 신뢰감이 느껴지는가?

사실 1인 기업의 경우 미래에 대해 거창한 고민을 하지 않더라도 생존과 성장에는 큰 영향이 없다. 큰 조직에 비해 1인 기업은 상대적으로 환경 변화에 기민하게 대응할 수 있기 때문에 앞으로의 상황 변화를 두고 심각하게 고민할 필요가 적다.

5,000톤짜리 유람선이 방향을 전환하려면 1킬로미터 이상을 확보해야 한다. 하지만 500킬로그램짜리 보트는 50미터만을 필요로 할 뿐 아니라, 유람선이 방향을 전환하는 것을 본 다음 자신의 방향을 바꾸어도 늦지 않다. 1인 기업은 먼 미래보다 오늘에만 집중하는 것이 좋은 이유 역시 이와 같다. 그래서 1인 기업은 1일 기업이다. 1인 기업에게 오늘 하루보다 더 중요한 것은 없다.

010 chapter

자산을 유동화하라

1인 기업은 '그것이 최선이라면 당장 오늘이라도 회사를 접겠다'는 결정을 내릴 수 있어야 하는데, 이런 결정이 지연되는 가장 큰 이유는 그것에 들어가는 비용이 너무 크기 때문이다. 앞장에서 좀비 기업의 네 가지 예를 통해 우리는 경영자들이 폐업 비용 때문에 손실을 보면서도 회사를 접지 못하는 경우들을 살펴본 바 있다.

폐업 비용에서 가장 큰 비중을 차지하는 것은 무엇일까? 바로 자산의 처분에 따르는 손실이다. 자산에는 인적자산, 유형(단기 및 장기)자산과 무형자산(지적재산권 및 영업권)이 있는데, 그중 폐업 과정에서 가장 처리하기 힘들고 그 손실도 크며 여러 측면으로 후유증이 오래가는 자산은 두말할 것 없이 인적자산이다. 1인 기업의 경우 인적자산은 대표 혼자만 있을 뿐이므로 실제 처분 손실은 0이다.

무형자산의 경우 표준특허나 원천기술특허가 아니라면 중소기업, 특히 1인 기업이 보유한 지적재산권이나 영업권의 가치는 0으로 보는 것이 현실적이다. 존속 기업도 이러하니 폐업 기업의 무형자산 가치는 더욱 인정받기 힘들다. 그러므로 1인 기업이 무형자산을 처분할 때의 손실 역시 0이다.

유형자산의 처분 손실은 산정 방법도 좀 복잡하다. 현금성자산이나 회전율이 높은 재고, 등급 높은 매출채권이나 장단기채권, 시장성 있는 증권 등 곧바로 현금화할 수 있는 자산은 처분 비용이 거의 들지 않는다. 이에 반해 현금화가 어렵거나 유동성이 낮은 자산들은 처분 기간이 긴 데다 현금화하는 과정에서의 손실도 클 수밖에 없다. 그렇기에 1일 기업이 되려면 이들 자산을 최대한 유동화해야 하는데, 예를 하나씩 들어보겠다.

첫째, 사무실을 구하는 비용을 최소화하자. 매입이나 전세보다는 월세, 그것도 보증금을 최대한 낮추어 계약하는 것이 좋다. 독자 중에는 "요즘 아파트형 공장은 미분양 물량이 넘쳐나고 분양대금의 70%, 심지어 90%까지도 낮은 이율로 대출이 가능한데 뭐하러 비싼 임대료를 주고 월세로 있으라는 거지?"라고 물을 수 있다. 물론 계산기를 두들겨보면 당연히 분양받는 것이 유리하다. 그렇다면 요즘 주택담보대출 이자가 싼데 왜 주택 구입은 주저하면서 전세나 월세를 찾는 사람들이 많은 걸까? 아마도 '집값이 언제 떨어질지 모르고, 집을 팔아야 할 때 팔 수 없을까봐'일 것이다. 마찬가지다. 아파트형 공장은 살 때는 싸 보여도 막상 급히 팔려고 하면 똥값에도 안 팔린다. 그래서 임대, 조금 비싸더라도 월세로 있는 것이 저렴한 것이다.

월세가 아까운 분들은 거래가 활발한 지역 또는 역세권, 아니면 큰 단지 내 가장 거래가 활발한 평수 대의 사무실을 전세로 얻는 것도 방법이겠다. 여기는 환금성이 좋아 전세 내놓아도 금방 나갈 수 있기 때문이다.

둘째, 업무용 차량도 구매보다는 임대로 이용하자. 굳이 구매하고 싶다면 중고차 시세가 높은 인기 차량 위주로 선택하고, 임대할 경우에는 임대 기간을 가급적 짧게 설정하는 것이 좋다.

셋째, 사무실 집기 역시 임대 서비스를 이용하자. 다만 언제든 집에 가져다놓고 쓸 수 있고 이동성이 좋은 조립식 테이블과 의자, 노트북 PC 등은 구매해도 좋다.

넷째, 생산 또는 검수 장비도 구매보다는 임대를 선택하자. 임대 자체가 불가능한 특수 주문제작 장비의 경우 그 장비업체로부터 동일(또는 유사) 장비를 구매한 업체에 일단 외주를 맡기고, 1~2년 후 사업이 안정된 다음 장비업체와 임대를 협상해보는 것이 좋다.

다섯째, 기타 서비스 비용은 단기로 계약하자. 웹 유지 보수, 인터넷 서비스, 전화, 생수, 회계 서비스, 인증 서비스 등은 다소 비싸도 1년씩 끊어서 사용하자.

여섯째, 재고자산의 경우 그 종류별로 회전율을 세밀히 분석하여 재고수준을 결정하자. 또한 오늘 폐업하더라도 최고가로 재고를 매입할 수 있는 구매처를 항상 알아두는 것이 좋다.

재차 언급하지만, 구매가 아닌 임대의 경우 그 비용은 구매에 따른 대출 이자보다 항상 높다. 생각하기에 따라 "구매하면 이자도 싸고 물건도 내 것이 되는데 왜 도대체 임대를 해?" 할 수 있지만, 임대에 따른 비용 상승보다 1일 기업이 됨에 따른 편익이 훨씬 크다는 것을 기억해두자.

011
chapter

매일 결산하라

1인 기업에게 오늘 하루만큼 중요한 것은 없다. 큰 회사들은 미래의 목표를 달성하기 위해 오늘을 살지만, 1인 기업에게 있어서의 미래는 오늘 하루 내가 산 모습의 총합일 뿐이기 때문에 오늘이 전부라 해도 과언이 아니다. 쉽게 말해 오늘 밑지면 미래에도 밑질 것이고 오늘 수익이 생겼다면 미래에도 잘될 것이다.

그래서 나는 매일 들어올 돈과 지출해야 할 돈을 비교하며 결산을 한다. 그렇다고 가계부를 쓰거나 엑셀 프로그램을 만들어 사용하지는 않는다. 나만을 위한 보고에 시간을 쓰는 것은 정말 시간낭비이기 때문이다. 그냥 수첩에 지출해야 할 항목들을 쭉 적어놓고, 매일 지출해야 할 비용을 추산하는 것이 내 결산 방법의 전부다.

내게 있어 '매일 지출해야 할 비용'은 일반적인 의미의 지출과는 다소 차이가 있다. 내 수첩에 적혀 있는 매일매일의 지출항목 중 일부는 다음과 같다.

– 사무실 월 임대료/30

– 사무실 월 관리비/30

– 월 지출 아르바이트비/30

– 월 지출 화물 운송비/30

– 내게 지불할 최소 월급/30

– 월 생수비 및 비품/30

– 월 통신료/30

– 월 차량유지비/30

– 월 감가상각비/30

– 월 장비렌탈비/30

– 월 이자 비용/30

– 월 소요 재료비/30

– 월 외주비/30

*** 이상의 총합 = 매일 지출해야 할 비용**

위와 같이 나의 '매일 지출해야 할 비용'은 실제 지출하는 금액이 아니라 매월 지출해야 하는 비용을 30일로 나눈 것, 다시 말해 '매일 발생하는 비용'을 의미한다. 즉, 제조로 인해 매월 발생하는 모든 재료비, 외주비는 물론 판관비 일체와 간접비용 및 나의 월 최소 수령 봉급을 모두 합한 금액을 30일로 나누어 일日 단위로 얼마의 비용이 발생하는지 환산하는 것이다.

나의 일 매출은 최소한 '매일 지출해야 할 비용'을 초과해야 한다. 일 매출이 이를 초과하지 못한다면 그날은 적자인 셈인데, 특히 1주일에 하루를 쉰다면 이때의 적자는 1주일에서 휴일을 뺀 나머지 6일간 나누어 만회해야 한다.

내가 가장 중요하게 여기는 숫자는 바로 이 '매일 지출해야 할 비용'이다. 만일 3일 이상 나의 일 매출이 이 비용보다 낮다면 내 머릿속에는 빨간 불이 켜지고 나는 그 원인에 대해 고민하기 시작한다. 1주일 이상이라면 대책이 필요하다.

나의 다이어리엔 매일 날짜 옆에 '그날의 매출-지출할 비용'을 계산한 금액이 적힌다. 흑자일 때는 까만 볼펜으로, 적자일 때는 빨간 볼펜으로 적어나가다 보면 언제고 수첩을 드르륵 넘겼을 때 당해 그 시점까지의 실적을 대략 알 수 있다. 그것이 내 1인 기업의 성적표다.

012
chapter

영광은 잊어라

직장인 누구에게나 화려했던 시절은 있다. 부하 직원이 수십 명이었다는 둥, 회삿돈 얼마를 주물렀다는 둥, 얼마짜리 영업을 따냈었다는 둥, 내가 개발한 제품이 몇 개 팔렸다는 둥, 원자재 구매 비용 중 얼마를 절감했다는 둥 사실 여부를 떠나 영광스런 추억은 모두가 하나씩 가지고 있다.

이러한 영광의 순간들을 찬찬히 뜯어보면 한 가지 공통점이 있으니, 바로 단위가 크다는 것이다. 관리하던 돈이든 조직이든 커야 영광이고, 매출도 커야 영광이고, 제품을 개발해도 몇만 개 팔려야 영광이고, 절감한 비용의 규모도 커야 영광이다.

사실 직장생활하는 사람들은 월급이 몇백밖에 안 됨에도 몇천만 혹은 몇억이라는 돈, 몇십 명 정도의 조직 등에 쉽게 둔감해진다. 그래서 그것이 자기 것은 아님에도 마치 그런 것처럼 우쭐하며 산다. 직장인들이 크게 착각하는 또 하나의 것은 바로 '그 일, 내가 했다'라는 것이다. 엄밀히 말해 조직이 한 일임에도 이들은 입만 열면 "그거 내가 한 거야!"라고 한다. 그러다 보면 '나 없으면 회사가 절대 안 돌아간다'라고 생각하는데, 이 정도에 이르면 병원에 가보는 게 좋다.

1인 기업에 대해 "내가 회사에 월 몇십억씩 벌어다 준 사람인데, 혼자 하면 그깟 몇백만 원 못 벌겠어?" 하는 분들이 대개 이런 유형에 속한다. 하지만 결론부터 말하자면, 이런 정신으로는 몇십만 원도 벌지 못한다. 과거의 영광은 싹 잊어라! 자신이 생각하는 돈 단위에서 최소 하나 혹은 두 개의 0을 빼는 훈련부터 하라.

1인 기업의 생존 전략은 '어떻게 하면 더 작고 섬세해질 수 있는가'에 달려 있다고 해도 과언이 아니다. 1인 기업은 더 작은 레고 블록, 더 작은 테트리스 블록처럼 보다 미시적microscopic인 것이 되어야 하고 디테일에 충실해야 한다. 한마디로 1인 기업의 대표는 최대한 치사하고 찌질해야 살아남는다. 다시 말하지만, 그러니 영광은 잊고 폼은 버려야 한다.

과거의 영광을 버리는 것이 사실 말처럼 쉬운 것은 아니다. 누구나 조직에서 오래 생활하며 하나의 부속품으로서의 역할을 수행하는 데 익숙해지다 보면, 조직 내에서의 내 실적 또는 기여도로 자신의 가치를 판단하게 된다. "당신은 누구냐?"라는 질문을 받으면 조건반사적으로 자신이 다니는 직장과 그곳에서의 자기 직책을 가장 먼저 이야기하는 것도 그 때문이다. 즉, 나의 가치는 직장 내에서의 실적 가치로만 존재할 뿐이고, 그렇기에 직장에서의 자기 실적은 커야만 하고 또한 크다고 믿어야만 한다. 그러나 이렇게 큰 실적만을 바라는 생각은 1인 기업을 하는 데 있어 정말 큰 장애가 되기 쉽다. 앞서 언급한 대로 1인 기업의 존재 이유는 작은 데 있기 때문이다.

나 역시 과거의 영광에 대한 기억 때문에 너무나 힘들었다. 워낙 남들의 인정을 받고 싶다는 욕망 하나로 살아온 인생이었기에, 사업을 하면서도 뭐든지 크게 하는 것이 멋있어 보였고 이를 위해 매일 계획을 수립하는 계획 중독에 빠지기도 했다.

반복해서 말하지만, 1인 기업에게는 오늘이 전부고 오늘 당장 흑자를 보는 것이 중요하다. 그러니 큰 사업이나 큰 실적에 대한 욕망을 지워라. 내 존재 자체만큼 큰 것은 없으니 남에게 보여주기 위한 영광은 잊어라. 가장 작아지고 가장 찌질해지고 가장 추잡스러워지는 훈련부터 시작하자. 1인 기업 대표는 최대한 쫀쫀해져야 한다.

013 chapter

신문과 인터넷은 버려라

영광을 잊으려면 작아져야 한다. 이는 더 섬세하고 날카로워져야 한다는 것이고, 그래서 더 깊게 파고들어야 한다는 의미다.

1인 기업 대표에게 가장 필요한 지식은 지금 만드는 제품, 그것의 개발과 생산에 대한 것이다. 신문 들추고 인터넷 서핑하며 스마트폰 두드리고 다닐 시간에 자신이 만드는 제품에 대한 전공서적 한 권을 더 읽거나, 동종 업종의 엔지니어를 한 명 더 만나거나, 각종 전문 교육과정이나 훈련을 수강하고 세미나를 찾아다니며 명함을 교환하는 편이 훨씬 유익하다.

하지만 문제가 있다. 전공 서적은 30분만 읽어도 온몸이 뒤틀리는데 신문은 한 시간 넘게 읽어도 지루하지 않다는 점이다. 인터넷 검색을 하다 보면 언제 한 시간이 지나갔는지 모르는데, 강의는 30분만 들어도 잠이 쏟아지기 일쑤다.

그러나 신문과 인터넷에 나오는 무료 지식으로는 절대 1인 기업에 필요한 지식과 노하우를 습득할 수 없다. 내가 돈을 버는 데 필요한 지식과 노하우는 무료로 제공되지 않기 때문에 비용을 내거나 최소한 발품 혹은 귀품을 팔아야 습득할 수 있다. 1인 기업을 하고자 한다면 얄팍한 신문과 인터넷 지식에 의존하지 않고 그보다 더 깊게 파고들어야 한다.

신문과 인터넷이 가지는 큰 함정이 하나 있다. 단박에 사람들의 시선을 끌어야 하기 때문에 향후 잘될 업종과 안될 업종을 극단적으로 대비시킨다는 것이 그것이다. 6장에서 나는 성장 업종보다는 쇠퇴 업종이 1인 기업에 적합하다고 이야기한 바 있다. 그런데 신문과 인터넷은 무조건 유망 업종만을 띄우므로 오히려 잘못된 판단으로 이끌기 쉽다. 신문이나 인터넷을 읽다 보면 내가 지금 하고 있는 일이 잘못될 이유는 수십 가지고, 내가 하는 일보다 다른 일들이 잘될 이유는 수백 가지다. 이런 정보들을 계속 접하면 내가 지금 하는 일에 도움이 되기보다는 지금 하는 내 일을 점점 싫어하게 된다. 이처럼 잘못 읽으면 독이 될 수 있기 때문에 신문과 인터넷을 무조건 믿어서는 안 된다.

신문과 인터넷을 매일 뒤지는 사람들을 보면 대한민국 경제에 대해 거의 대학교수나 경제부처 공무원 수준으로 알고 있다. 미국 경제가 어쩌고 유럽 경제가 어쩌고 중국이 어쩌고 일본은 어쩌고…. 그런데 그게 지금 내가 납기일을 하루 더 당기고 제품 출하가격을 10원 더 낮추며 불량률을 10% 더 감소시켜야 하는 현실 앞에서 도대체 무슨 쓸모가 있는가? 한국 정치는 이래서 안 되고 우리나라 노동시장은 이래서 문제라며 고민하고 욕하는 그 시간에, 내가 왜 고객으로부터 욕을 먹는지에 대해 더 고민하자.

물론 인터넷 검색이 나쁜 것만은 아니고, 일하는 데 있어 얼마든지 많은 도움을 받을 수도 있다. 하지만 한번 생각해보자. 하루 중 내가 나의 일과 관련된 것을 검색하는 시간은 얼마나 되는가? 틀림없이 인터넷으로 일만 했다고 생각하지만 잘 따져보면 일한 시간은 절반도 안 된다. 연예 기사에 눈이 가고, 아이돌 사진 한 번 클릭하고 프로야구 기사 하나 읽다 보면 한 시간이 금방 가니 말이다.

하나의 주제를 깊게 파고드는 데 있어 신문과 인터넷은 큰 걸림돌이다. 물론 거시적 경제상황이나 사회구조에 대한 정보는 1인 기업을 잘 운영해 나가는 데 도움이 되지만, 이것은 경제 뉴스만 봐도 충분히 알 수 있다.

혼자 일하는 1인 기업에게 가장 부족한 것, 가장 제한된 자원은 시간이다. 1인 기업의 가장 소중한 자원인 이 '시간'을 활용하는 방법에 기업의 성패가 달려 있음을 안다면 지금 내가 무가치하게 신문과 인터넷 뒤지고 있는 것만큼 한심한 일도 없음을 깨닫게 된다.

송곳이 깊이 들어가는 이유는 그것의 끝이 날카롭기 때문이다. 1인 기업은 더 작고 섬세하고 날카로워져야 생존한다. 신문과 인터넷은 내가 가진 송곳의 끝을 뭉툭하게 만든다는 것을 기억하자.

014 chapter

엑셀과 파워포인트는 잊어라

직장인의 하루는 보고로 시작하여 보고로 끝난다. 직원은 임원에게, 임원은 사장에게 보고할 5분짜리 보고서를 만들기 위해 파워포인트나 엑셀을 붙들고 앉아서 하루를 보낸다. 도대체 회사를 일하러 왔는지 파워포인트나 엑셀 작업을 하러 왔는지 분간할 수가 없다. 어떤 회사는 파워포인트 자료를 전문적으로 만드는 '서류작성팀document production team'을 따로 둘 정도다.

솔직히 말해서 사장이 알고 싶은 정보는 포스트잇 한 장으로도 충분하다. 사장이라 해서 매일 뭘 그렇게 알고 싶겠는가? 그걸 다 안다고 한들 머릿속에 모두 집어넣을 수도 없다. 포스트잇 한 장짜리로 충분한 정보가 사장에서 임원으로 내려오면 A4용지 한 장, 부장으로 내려오면 다섯 장, 말단까지 오면 열 장짜리 근사한 보고서로 만들라는 지시가 떨어지는 것이다.

이것은 사장 잘못만이 아니다. 그냥 우리 모두가 알아서 기기 때문에 생기는 일이다. 포스트잇 한 장짜리로 보고하자니 좀 성의가 없는 거 같아 A4 한 장이 되고, 그것도 어쩐지 충성심이 약해 보여 다섯 장, 열 장으로 늘어나는 것이다. 결국 우리는 포스트잇 한 장짜리 정보를 보고하기 위해 하루 종일 열 장짜리 보고서를 만드는 셈이다. 더 웃긴 건 그 열 장짜리 보고서 앞에 사장 읽으라고 포스트잇 한 장짜리로 요약한 내용을 붙는 것이다. 이건 개그다.

여하튼 큰 조직일수록 보고 잘하는 것이 개인의 능력이 된다. 잘 만들어진 보고서로 충성심을 보여주고 제일 앞에는 포스트잇 한 장 붙여주는 센스, 관료화된 대기업일수록 바로 이것이 능력의 판단 기준이 된다.

왜 업무 능력보다 보고 능력이 중시되느냐고? 시장을 독과점하고 있는 대기업 입장에서는 이미 일정 수준 이상의 매출이 보장되어 있다. 다시 말해 개개인의 능력보다는 조직의 역량에 의해 실적이 결정되는 것이다. 이런 조직에서는 고객에 대한 충성보다는 조직 내부, 특히 상사에 대한 충성이 승진과 보너스에 결정적 영향을 미치기 마련인데, '정성스러운' 보고는 바로 이러한 충성을 보여주는 중요한 척도가 된다. 그래서 보고서 쓴다고 너도나도 PC 앞에 붙어서 엑셀 중독자, 파워포인트 중독자가 되어간다.

일단 중독된 습관은 1인 기업을 창업하여 스스로 대표가 된 이후에도 변하지 않는다. 모든 숫자는 엑셀로 만들고 모든 영업자료는 파워포인트로 작성해야 직성이 풀린다. 이제는 아무도 봐주지 않는 보고서, 볼 사람이 나밖에 없음에도 나를 위한 보고서를 만들어야 일다운 일을 한 것처럼 느껴진다.

1인 기업에게 가장 중요한 자원은 '시간'이다. 그렇기에 불필요한 중독의 습관들은 버리고 생산적인 일에 투자할 수 있는 시간을 극대화해야 한다. 가장 헤어 나오기 힘든 중독은 자신이 스스로 중독이라고 생각 못하는 것인데, 보고 중독이 바로 그에 해당한다.

하지만 모든 보고가 의미 없다는 것은 절대 아니다. 나를 위한 보고가 필요없는 것일 뿐, 고객을 위한 보고의 중요성은 오히려 예전보다 더욱 커졌다. 고객과 일일이 대면하고 만나 제품에 대한 정보를 제공할 시간이 없으므로 잘 작성된 자료를 활용하여 대면 시간을 최소화하는 것은 매우 중요하다. 또한 잘 정리된 문서를 갖추고 있으면 외주 협력업체와의 커뮤니케이션에서 오해의 소지와 잘못된 소통이 발생할 가능성도 최대한 낮출 수 있다. 특히 자주 대면하기 힘든 1인 기업의 특성상 모든 의사소통은 구체적으로 명문화明文化하여 정리할 필요가 있다.

그럼에도 반드시 그 정보가 파워포인트나 엑셀 형식으로 정리될 필요는 없다. 이면지에 손으로 잘 정리해 스캔한 파일로 교환하더라도 전혀 문제 될 것이 없기 때문이다. 중요한 것은 포맷이나 형식이 아니라 서로 가장 잘 이해할 수 있는 방식을 찾는 것이다. 더군다나 다른 업태도 아닌 제조에서 지나치게 세련되게 잘 정리된 문서는 뭐랄까, 마치 카센터에서 정장 입고 작업하는 것처럼 부담스럽게 여겨지기도 한다.

015 chapter 목표시장은 작게 잡아라

"중국인 10억 명에게 이쑤시개 하나씩만 팔아도 10억 개를 판다."

내가 지금까지 접했던 마케팅 관련 글 중 가장 황당한 문장이 바로 이것이다. 이 밑도 끝도 없는 말을 누가 제일 먼저 했는지 모르겠지만 아마도 그는 '큰 시장의 중요성'을 강조하고 싶었던 것 같다.

이 논리는 '시장이 크면 1등을 하지 않고 대충 묻어가더라도 먹고사는데 지장이 없다'는 수학적 확률에 근거한 것이다. 사실 우리 모두는 막연하게나마 '큰 떡을 만져야 떡고물이라도 더 떨어진다'는 믿음을 가지고 있다. 사업에 실패한 이들이 가장 많은 꼽는 이유 역시 '시장이 없어서'이다. 고기가 모이는 곳에 그물을 던져야 하는데 그걸 못했으니 제대로 되었겠냐는 것이다.

하지만 현실은 이와 정반대다. 아무리 허술한 고객이라 해도 자신이 모르는 제품에 대해서는 단돈 10원도 지출하지 않는다. 이와 반대로, 아무리 꼼꼼한 고객이라도 자신이 잘 아는 제품이라면 10억 원의 지출을 마다하지 않는다. 즉, 10억 명에게 이쑤시개 한 개씩 파는 것보다 한 명에게 10억 원어치를 파는 것이 훨씬 쉽고 성공 확률도 높은 것이다.

비록 1원짜리 이쑤시개 하나를 판다 해도 10억 명을 설득하려면 대규모 마케팅과 홍보 역량을 갖춰야 가능하다. 그래서 1인 기업에 있어서의 '큰 시장'은 무지개 같은 허상일 뿐이다. 이것만 좇다 보면 1년 안에 거덜 나기 딱 좋다. 어떻게 보면 로또 맞을 확률이 오히려 더 높을지 모른다.

작은 기업일수록 100이라는 시장에서 5%의 점유율을 얻는 것보다 10이라는 시장에서 50%의 점유율을 얻는 편이 훨씬 쉽고 영업 비용도 적게 든다. 결론부터 말하자면 '이것도 시장이라 할 수 있나?' 싶을 정도로 아무도 관심을 가지지 않는 작은 시장에서 독점적 지위를 가지는 것, 그것이 바로 1인 기업이 선택할 수 있는 최선의 영업 전략이다.

그런데 사람들은 왜 목표시장을 크게 잡으려고만 하는 걸까?

첫째, 자신이 없기 때문이다. 그래서 100이라는 시장에서 5%를 점유하는 편이 10이라는 시장에서 50%를 점유하는 것보다 편하리라는 착시 현상에 막연히 의지하고 그 뒤에 숨어버린다. 중국인 10억 명에게 이쑤시개 한 개씩 팔자는 사람 치고 제대로 중국 시장을 공부한 사람 없다. 제대로 공부했으면 그런 얘기를 할 수 없기 때문이다. 공부를 안 했으니 자신감이 없고, 그러니 막연한 시장규모에 의지해서 '한 개라도 팔자'는 허황된 계획만 잡는 것이다.

둘째, 구체적이고 실증적인 전략이 없기 때문이다. 나는 1인 제조를 하면서 '단 한 명의 좋은 고객에게 어필할 수 있는 제품이라면 언제라도 열 명에게 팔 수 있고, 그 한 명에게 팔 수 없다면 아무에게도 팔 수 없다'는 것을 뼈저리게 느꼈다. 단 한 명의 고객을 설득할 수 있는 구체적이고도 확실한 전략이 있다면 목표시장을 얼마나 크게 할지에 대한 고민은 전혀 하지 않아도 된다. 그 한 명의 고객이 시장의 전부를 대표하기 때문이다.

셋째, 실패했을 때의 핑계거리를 찾고 싶기 때문이다. 시장을 크게 잡을수록 시장 내 경쟁자 수가 많아지고, 경쟁자 때문에 사업이 실패했다는 핑계를 대기가 용이하다. 반대로 시장을 작게 잡을수록 사업이 안되는 원인을 남이 아닌 나 자신에게서 찾을 수밖에 없다. 시장에서 승리하는 기업들은 공통적으로 실패의 원인을 외부가 아닌 자기 자신에게서 찾는 반면, 시장에서 실패하는 자들은 그것을 경쟁사들에게서 찾는다.

넷째, 혹시 모를 자금 투자를 받기 위해서다. 회사를 운영하면 누구나 자금에 목마를 수밖에 없다. 맷집이 약할수록 돈만 쫓아다니게 되는데, 눈먼 투자라도 받기 위해서는 기대매출을 부풀려야 하고 그러려면 목표시장의 규모를 무조건 크게 잡아야 한다. 대부분의 투자자에게는 10억 명에게 이쑤시개 하나씩 팔겠다는 논리가 한 명에게 10억 원짜리 물건을 팔겠다는 논리보다 더 먹히기 때문이다.

정리하자면, 1인 기업이 목표로 하는 시장은 '이렇게 작은 시장에서 과연 먹고살 수 있을까?' 싶을 정도로 작아야 하고, 그래야만 자신의 장점과 경쟁력을 충분히 발휘하며 시장을 선점할 수 있다. 바퀴벌레는 바퀴벌레만 할 때 최적의 생존력을 가진다. 바퀴벌레가 쥐만큼 컸다면 이미 멸종했을 것이다.

016
chapter

하던 거 해라

'지금 하고 있는 이 일이 과연 최선일까?'

이는 1인 기업 6년 차에 접어드는 내게도 여전히 고민거리다. 사업이 잘되면 잘되는 대로, 안되면 안되는 대로 '이거 계속해도 될까?'라는 두려움은 사실 멈추지 않는다.

6년 차인 나도 이러니 예비창업자의 경우 '무엇을 해야 할까?'에 대한 고민이 최고조일 수밖에 없다. 하지만 장고長考 끝 선택은 대동소이하다. 패자부활전이 허락되지 않는 우리의 창업 환경 속에서 소위 '안전빵'으로 남들 하는 아이템을 쫓아가다가 뒤따라 죽는 것이 우리의 모습이다.

주위를 보면 그동안 자신이 해왔던 일을 기반으로 창업하는 경우는 의외로 적다. 상식적으로는 자신이 익숙하고 잘 아는 그 일을 해야 실패의 위험도 적을 것 같은데, 퇴사하면 한결같이 '새로운 일'만을 찾는다. 대체 왜 우리는 하던 일을 안 하는 걸까? 프롤로그에서도 간략히 언급했지만 여기서는 구체적으로 다섯 가지 이유를 살펴보기로 한다.

첫째, '지긋지긋해서'다. 먹고살기 위해 어쩔 수 없이 했지만, 이젠 더 이상 못하겠고 보기도 싫은 것이다.

그런데 한번 잘 생각해보자. 지긋지긋했던 이유가 정말 그 일 자체에 있었나? 세상에는 죽도록 하기 싫은 일도, 죽어도 하고 싶은 일도 없다. 지긋지긋한 이유는 일 자체가 아니라 일 외적인 것, 즉 같이 일하는 사람이나 그 일을 하는 방식, 그 방식을 강요하는 조직과 문화에 있다. 1인 기업을 하게 되면 이런 외적인 요소들을 배제하고 일 자체만을 바라볼 수 있게 되고, 신기하게도 그 지긋지긋했던 일이 재미있어지면서 내가 그 일을 싫어했던 것이 아님을 깨닫게 된다.

둘째, 속된 말로 '쪽 팔려서'다. 조직에서 한자리할 때는 목에 힘주며 갑행세도 했는데, 이제 1인 기업으로 을의 입장에 서려니 체면이 안 선다. 특히 예전 부하 직원들과 동료들을 찾아가 굽실거리며 싫은 소리 하는 것보다는 차라리 아무도 모르는 곳에서 새로운 일을 하는 것이 편하다.

이런 자세라면 새 일을 하더라도 망하게 되어 있다. 1인 기업을 하겠다는 것은 '작아지고 찌질해지고 창피해지겠다'는 것이다. 이것을 감수하지 않으면 아무것도 못한다. 괜히 큰 사업 하는 척 허세부리는 것보다는 얼른 창피해지는 것이 낫다.

셋째, '익숙하지 않아서'다. 같은 일이라도 조직의 지시를 받아서 하는 것과 1인 기업을 세워 독립적으로 하는 것은 전혀 다르다. 그래서 하던 일을 계속하는 것이 오히려 더 어렵게 느껴지는 것이다.

개인적으로 나는 이 세 번째 이유가 가장 마음에 와 닿는다. 사람은 누구든 자신의 무능을 직면하는 것, 자신이 주체적으로 어떤 일을 할 수 없음을 인정하기가 정말 힘들다. 직장에서는 능력 있다는 이야기를 들었는데, 이제 혼자 나와서 스스로 하려니 엄두가 안 나는 것이다. 쉽게 말해 치킨집 창업해서 닭 튀기다가 망하면 '다들 망하니 나도 망했다'고 말하면 되는데, 내가 잘한다고 인정받던 그 일을 하다가 망하면 과거의 영광까지 다 말아먹는 것 같아 주저하게 된다.

고독의 끝판왕인 1인 기업을 하다 보면 어차피 자신과 직면하지 않을 수 없다. 어떤 업종의 어떤 일을 해도 다 마찬가지다. 자신의 한계와 무능을 직면하는 데 주저하지 말자. 그 시기가 빠르면 빠를수록 1인 기업의 생존 확률은 배로 높아진다.

넷째, '하던 업종의 미래가 불안해서'다. "직장을 그만두게 된 것도 그 업종이 불황인 데다 전망이 안 좋아서인데, 미쳤다고 그 일을 계속해야 하나?"라고 반문할 수 있겠다.

하지만 자신 있게 말할 수 있는 것은, 회사라는 조직에 소속되어 있을 때와 1인 기업의 대표일 때 해당 업종을 바라보는 시각은 180도 다르다는 것이다. 큰 회사에서 한계 업종 내지 사양 산업으로 보이던 시장이 1인 기업의 입장에서 바라보면 블루오션이 된다. 이는 6장에서 '시장이 불황일 때가 1인 기업에는 최적의 시기'라고 말한 것과 일맥상통한다.

다섯째, '이젠 몸도 마음도 예전 같지 않아서'다. 예전엔 직접 실무도 했지만 이젠 손 뗀 지 오래인 데다 여태껏 관리직으로 일해왔는데 새삼 1인 제조를 하려니 엄두가 안 나는 것이다.

하지만 이것은 엄살이다. 다시 몸을 차근차근 가동시키다 보면 원 상태까지는 아니더라도 80% 이상은 틀림없이 회복될 뿐 아니라 오히려 육체적·정신적으로도 젊어지고 건강해진다.

결론은 '하던 일을 해야 성공 가능성도 커진다'는 것이다. 당신이 모든 것을 바쳐 해왔던 그 일은 충분히 그것으로 1인 기업을 창업해볼 만한 가치가 있다. 1만 시간을 투자해야 성공할 수 있다는, 소위 '1만 시간의 법칙'을 굳이 들먹일 필요도 없다. 다만 한 가지 조건이 있다. 하던 일을 하더라도 예전에 조직이 내게 강요하고 지시하던 그 방식이 아닌 자신만의 방식을 찾아야 한다는 것이다. 또한 아무짝에도 쓸모없는 빛바랜 훈장 같은 자존심은 완전히 벗어던져야 한다는 것도 명심해야 한다.

chapter 017

하나만 잡아라

1인 제조란 '혼자서 다 만드는 것'이 아니라 '혼자 만들 수 있는 만큼만 만드는 것'이다. 그렇기에 1인 제조는 혼자 할 수 있는 한 가지 아이템 또는 한 가지 제조공정에 집중해야 한다. 하지만 1인 기업을 하다 보면 '하나 더 해볼까?' 하는 유혹을 떨쳐낼 수 없다. 사업이 잘되면 잘되는 대로 욕심이 생겨서, 안되면 안되는 대로 불안감이 생겨서 아이템이나 제조공정을 늘리게 된다.

하나에만 집중한다는 것은 목표시장을 작게 잡는 것만큼이나 힘들다. 자제력과 인내력은 말할 것도 없고, 내가 만드는 아이템에 대해 어지간한 자신감이 없으면 불가능하다. 말처럼 쉬운 것이 아니다.

다른 경우긴 하지만, 1인 창업자 중엔 더블 잡double job을 생각하는 사람도 더러 있다. 이것저것 하다 보면 그중 하나는 걸려들 것이라는 막연한 기대 때문에 낮에는 1인 제조를 하고 밤에는 다른 아이템을 찾는가 하면, 낮 시간의 절반을 주식 투자에 사용하기도 한다.

이런 분들의 머릿속엔 '일=복권'이라는 등식이 자리 잡고 있는 듯하다. 복권은 n개를 사면 당첨 확률도 n배 높아지니 많이 사고 볼 일이 맞겠지만, 일은 복권이 아니며 오히려 그 반대다. 하나의 일에 집중할 때의 성공 확률이 20%라면 두 가지 일로 에너지를 분산할 때의 성공 확률은 40%로 늘어나는 것이 아니라 20% 미만으로 떨어진다. 하지만 일과 복권이 가지는 공통점이 있긴 하다. 복권 n개를 사려면 n배의 비용이 드는 것처럼, 일도 n가지로 다변화하면 n배의 비용이 들어간다는 것이다. 다시 말해 하나의 일에 집중하지 않으면 그 성공 확률은 한 가지에 집중할 때보다 오히려 떨어지고 비용만 늘어나게 된다. 그 이유는 뭘까? 단순히 이미 우리가 알고 있는 '선택과 집중'의 논리 때문만이 아니라, 1인 기업이 가질 수밖에 없는 특유의 협업구조 때문이다.

1인 기업은 혼자 할 수 없다. 즉, 내가 만든 제품과 보완되는 타사 제품을 묶어서 시장에 공급하거나, 아니면 내가 담당하는 공정 이외의 전후 연관 공정과 협업함으로써 제품을 완성한 뒤 납품해야 한다. 그런데 내가 내 제품 외의 타사 제품까지 만들고자 한다면, 또는 내 공정 이외의 전후 공정까지 맡으려 한다면 어떻게 될까? 당연히 이런 협업체제는 날아가버리고, 오히려 나와 협업해야 할 업체들과 맞서는 상황이 벌어지고 만다. 이런 상황이 되면 기존 사업까지 회복 불가능할 정도로 심각한 타격을 입게 된다.

1인 기업의 필수불가결한 성공 요소는 '주위에 나를 도와주는 지원 세력이 많아야 한다'는 것이다. 나의 지원 세력을 모두 적으로 만드는 것은 1인 기업이 가장 피해야 할 일이다. 회사를 설립하는 준비 단계에서 내가 해야 할 그 '한 가지 일'의 범위를 명확히 설정하고 그것을 지켜가는 것은 상도의商道義상으로는 물론 기업의 생존을 위해서도 너무나 중요하다.

과욕을 부리면 1인 기업은 절대 오래가지 못한다. 혼자 할수록 함께해야 한다. 힘들어도 하나에 집중하자. 그러면 반드시 주위의 도움과 고객의 호응을 받을 것이다.

018 chapter

내가 만든 것만 팔아라

한눈 안 팔고 제품의 생산과 공정 개선에 최선을 다하면 고객으로부터 좋은 평가를 받고 소문도 나게 된다. 이럴 때 반드시 접근하는 자들이 있으니, '내 물건도 같이 팔아달라'며 조르는 업체들이다. 이들은 내 고객에게 물건을 팔기 위해 내 평판을 이용하고자 하는데, 사실 이것이 나쁘게만 볼 일은 아니다. 나 역시 그 평판을 기반으로 타인이 만든 다른 제품을 함께 팔 기회가 생기기 때문이다.

예를 들어보자. 당신은 지갑을 만드는 1인 기업 대표다. '프리미엄 A급 소가죽 소재의 20센티미터짜리 남성용 장지갑'만을 전문으로 만드는 당신은 한 가지에 집중하다 보니 최고급 백화점에 입점하게 되었다. 그런데 누군가 당신을 찾아와 "나는 10센티미터짜리 중지갑을 만드는데 함께 팔아줄 수 없겠습니까?"라고 묻는다. 제품을 보니 품질도 괜찮아 보인다. 협력업체와 경쟁하게 되는 최악의 상황도 아니고, 제품 검수 외에는 많은 시간을 뺏길 것 같지도 않으니 별다른 위험 없이 내 매출과 수익을 증대시킬 수 있을 듯싶다. 이쯤 되면 욕심나지 않겠는가?

하지만 이럴 경우 내 대답은 하나다. "힘들겠지만 당분간은 당신이 만든 것만 판매하는 것이 좋겠습니다." 이유는 세 가지다.

첫째, 제품 이미지가 약해질 수 있다. 1인 기업은 혼자 하기 때문에 순도 높고 집중된 제품 이미지를 가질 수 있다는 큰 장점이 있는데, 다른 것을 함께 팔면 이것이 희석되고 만다. 아무리 내 것과 비슷해 보여도 결국은 다른 제품이기 때문에 고객은 "도대체 이 업체의 정체성은 뭐지?"라는 의문을 갖게 된다.

브랜드에 투자하는 것이 곤란한 1인 기업에게는 순도 99.9%의 제품 이미지를 구축하는 일이 매우 절실하다. 그러나 타인이 만든 제품을 같이 판매하는 순간 이런 이미지 구축은 물 건너가버린다. 더구나 다른 제품의 품질이 내 제품에 비해 떨어지는 경우에는 내 제품에 대한 기존의 신뢰와 평가마저도 현격히 낮아지는 엄청난 부작용이 발생한다.

둘째, 다른 제품을 취급하다 보면 내 제품에 대한 집중력이 떨어질 수밖에 없다. 모든 제품에는 제조사의 철학이 담겨 있는데, 특히 1인 제조회사가 만든 제품은 아무리 작은 것에도 '나'라는 인격이 체화되어 있다. 수십 개의 업체가 동일 제품을 만든다 해도 내 제품은 어딘가 모르게 다르다. 아무리 같은 재료, 같은 방식으로 만들고 같은 기능을 담았다 해도 내 것엔 '나만의 특성'이 담겨 있기 때문이다.

하지만 타인이 만든 제품을 같이 취급하다 보면 그러한 나만의 특성이 사라진다. 특히 타인의 것이 내 제품보다 좋다면 내 것에 대한 자신감과 확신은 점점 작아지고 어느 순간 타인을 따라 하게 되며, 그러다 보면 결국 내가 가졌던 모든 장점을 잃게 된다.

셋째, 복귀가 어렵다. 제조가 아닌 유통에 익숙해지면 다시 제조로 돌아오기가 정말 힘들어진다. 위험을 감수하며 어렵게 제품을 개발하기보다는 누군가 만들어놓은 것을 유통하는 데 익숙해지는 탓이다. 하지만 유통은 그 수명이 제조에 비해 훨씬 짧다. 왜? 내 것만큼 오래가는 것은 없기 때문이다.

1인 기업의 목적은 '단기간에 얼마나 많이 버느냐?'가 아니라 '얼마나 오랫동안 꾸준하게 버느냐'다. 그래서 내가 만든 것을 파는 데만 전념하는 것이 장기적으로 보면 유익하다.

내가 만든 것과 남이 만든 것을 같이 팔지 말자. 남이 만든 것이 안 좋으면 내가 만든 것까지 가치를 떨어뜨리고, 남이 만든 것이 좋으면 남의 것만 팔게 되고 오래가지 못하기 때문이다. 1인 기업의 목적은 결국 '나'라는 존재가 체화된 독특한 제품의 이미지를 만드는 것임을 깨달아야 한다.

사족으로 덧붙이자면, 남이 만든 것을 '당분간' 팔지 말라는 것이지 영원히 팔지 말라는 것은 아니다. 그렇다면 언제 남이 만든 것을 팔 수 있을까? 이 책에서 다루기에는 너무 훗날의 이야기다.

019 chapter 수출할 수 없다면 접어라

총 99개의 단계 중 '~ 할 수 없다면 접으라'고 말하는 유일한 부분이 바로 이 장이다. 수출할 수 없다면 접으라니, 여기에서 책을 덮어버리는 분들이 속출할 것 같다. 혼자 물건 만들기도 바빠 죽겠고 영어는 중학교 수준인데 이런 말을 들으면 당연히 혼란스러울 것이다. 게다가 15장에서는 '목표시장은 작게 잡으라'고 하면서 여기서는 왜 느닷없이 수출 이야기를 하는 걸까? 이쯤에서 2장('왜 하필 제조인가?')으로 돌아가보자. 2장에서 나는 1인 기업이 제조를 해야 할 일곱 가지 이유를 이야기한 바 있는데, 요약해서 다시 살펴보기로 한다.

① 우리나라의 제조환경은 세계적으로 최고 수준이다(최소한 농업이나 서비스업보다는 높은 경쟁력을 갖췄다).

② 고객은 보고 만질 수 있는 유형의 산물이 품질까지 좋다면 기꺼이

돈을 지불한다.

③ 제조된 산물은 누구에게나 동일한 효용을 준다.

④ 제조업에는 A급의 전후방 협력업체가 많아 A급의 최종 제품을 생산하기가 용이하다.

⑤ 고객 입장에서는 나를 대체하는 경쟁업체와 제품을 찾기가 용이하기 때문에 내 제품을 안심하고 쓸 수 있다.

⑥ 제조는 서비스나 1차 산업에 비해 시간·공간에 따르는 공급의 제약이 적다.

⑦ 세계적으로 '메이드 인 코리아'에 대한 인지도와 평가가 높은 편이다.

이상을 찬찬히 살펴보면 놀랍게도 이것들이 바로 수출을 해야 하는 이유임을 쉽게 알 수 있다. 즉, 제조의 경우 우리나라가 가장 잘하고, 해외에서도 이를 인정하며, 공급에 있어 시·공간적 제약이 적으니 물류 및 보관 기간의 문제도 크지 않고, 한국인이든 외국인이든 제품을 통해 얻는 효용이 동일하므로 우리나라에서 만든 것을 그들도 그대로 쓰면 되는 것이다. 내가 1인 기업에서 제조를 키워드로 잡은 가장 큰 이유도 수출 때문이었다. 물론 수출 외에도 1인 기업에서 제조가 갖는 많은 이점이 있지만, 그 어떤 것도 수출만큼 결정적이지는 않다.

내 회사는 RFID 태그를 만드는 업체로 2004년에 설립되었다. RFID 태그는 주파수 대역과 인식 거리, 배터리 유무, 부착 환경에 따라 수백 가지로 세분된다. 그중 우리 회사는 900MHz 대역 태그만을 생산했는데 그 종류만 해도 수십 가지에 이른다.

2009년까지 우리 회사에서는 그 수십 종의 900MHz 태그를 모두 만들었다. 한두 가지만 하기에는 시장이 너무 작다고 판단했기 때문이다. 하지만 이것저것 다 만들다 보니 제대로 된 태그는 하나도 없었고, 설상가상으로 목표시장인 내수시장이 공급과잉 상태가 되어 제품가가 매년 절반씩 떨어지자 더 버틸 재간이 없어졌다.

빚만 떠안은 채 홀로 나는 도대체 무엇부터 해야 할지 몰랐다. 수십 명이 일하던 회사의 사장으로 폼만 잡으며 살다가 하나부터 열까지 혼자 해결해야 했으니 말이다. 어떤 제품은 계속 가져가고 어떤 제품은 버려야 할지, 어떤 고객은 잡고 어떤 고객은 떠나보내야 할지 판단하기 어려워 정말 난감했다. 결국 제품이든 고객이든 뭐든, 나는 나 혼자 할 수 있는 만큼만 남기고 나머지는 다 버려야 했다.

당시 나는 세 가지에만 집중했다. 첫째, 품질로 제일 자신 있는 제품 하나만 남긴다. 둘째, 정상 마진 이상을 지불하고자 하는 고객만 남긴다. 셋째, 자신 있는 그 제품을 살 만한 전 세계 잠재고객사 100군데에 무상 샘플을 보낸다.

그렇게 100곳에 샘플을 보내는 데 수천만 원이 들었다(이 비용은 미국 전시회에 부스 설치하고 참가하는 데 드는 비용과 같았는데, 그때 전시회에 참가하지 않고 무상 샘플을 보낸 것이 내가 한 결정 중 가장 잘한 것이라 생각한다). 얼마 후 샘플을 받은 100군데 중 정확히 일곱 군데에서 연락이 왔고, 두 군데에서 첫 오더를 주었다. 하나는 영국 업체, 하나는 미국 업체였는데 지금까지도 그들은 내게 가장 소중한 VIP 고객들이다. 현재까지도 회사는 여전히 영세하지만, 그래도 30개국 이상에 수출 중이고 첫 수출한 그 제품은 지금까지도 꾸준히 팔고 있다. IT 기술은 하루가 다르게 변한다고들

하지만 제대로 만든 제품이라면 최소 10년은 간다는 것이 나의 지론이다.

놀라운 사실은, 수출에 주력하고 있음에도 얼마 전까지 나는 단 한 번의 해외 출장을 간 적이 없다는 것이다. 해외에 갈 돈과 시간이 없기도 했지만 무엇보다 '제조는 품질로만 말한다'는 믿음 때문이었다.

정말 특화된 제품이라면 세계시장이라고 해봤자 정말 한 줌에 불과하다. 앞서 100군데 잠재고객사에 샘플을 뿌렸다고 했는데 지금도 그 100개 업체가 전 세계시장의 거의 전부다. 내가 고객을 몰라서 못 파는 것이 아니라, 내가 만드는 제품이 팔 만한 수준이 안 되기 때문에 못 파는 것이다. 대신 좋은 제품은 지구 반대편, 이름도 모르는 나라의 고객도 알아본다. 15평짜리 내 회사의 수출국 중 하나는 이름도 생소한 몰타Malta 공화국인데 연간 100만 원 정도의 매출을 올려준다. 그래도 좋다.

역설적이지만 시장이 작으면 작을수록, 품목이 세분화되면 될수록 수출시장은 쉽게 찾을 수 있다. 잘난 척하는 것이 절대 아니다. 요즘 동대문 옷가게 중에는 인터넷으로 해외에 몇억 원어치의 옷을 파는 곳이 정말 많아졌다. 몇 년 전이라면 상상이나 했겠는가? 그렇다고 동대문 옷가게 주인들이 갑자기 다 해외 유학파로 바뀌었는가? 제품만 좋다면 외국인들도 다 산다. 영어는 그다음 문제다.

수출하는 데 있어 한 가지 유의할 점이 있으니, 눈에 안 보이는 국가 간 장벽이 그것이다. 어떤 국가든 수입 제품에 대해 안전, 보건, 환경, 국가 안보 등의 이유로 각종 인증이나 승인, 시험성적서 등을 요구한다. 솔직히 1인 기업이 이에 필요한 비용과 시간, 노력과 전문성을 감당하기란 여간 어려운 것이 아니다. 이런 경우 직접 수출하려고 애쓰기보다는 그 나라를 대상으로 수출해본 경험이 많은 업체를 내세워 우산을 쓰는 편이 낫다. 이것도 분명 수출이다.

chapter 020

예상보다 일이 많다

쥐의 뼈 개수는 223개라고 한다. 또 사람은 태어날 당시 270개의 뼈를 갖고 있는데, 그중 일부가 나이를 먹으면서 서로 붙어 결국 206개의 뼈를 가진다고 한다. 즉, 어릴수록, 또 작을수록 뼈의 개수가 많은 것이다.

뼈 개수를 조직의 업무량과 연관시켜 생각해보자. 얼핏 생각하면 작은 조직보다 큰 조직의 업무량이 훨씬 많을 것 같지만, 사람보다 쥐 뼈의 수가 많은 것처럼 오히려 작은 조직의 업무가 더 많을 수 있다. 또 태어났을 때 뼈의 수가 더 많은 것처럼 설립 초기에 업무량이 더 많을 수 있다. 그렇다면 1인 기업의 설립 첫해에는 감당할 수 없을 정도로 일이 많을 것임을 각오해야 한다.

1인 기업을 결심한 사람이라면 누구든 혼자 서너 명의 몫을 해내겠다는 마음을 가질 것이다. 하지만 현실은 그 결심한 정도를 훨씬 뛰어넘을 가능성이 높다(나 역시 1인 기업 첫해에는 월평균 330시간 정도를 일한 것 같다). 더구나 그 일들 중 자신에게 익숙한 것은 일부에 불과하고 대부분은 처음부터 배워나가야 하니 하루 24시간도 부족할 수밖에 없다. 어디 그뿐인가. 집에 오면 온몸이 천근만근인데 내일 할 일에 대한 걱정에 잠도 안 오니 정말 인생에서 가장 고난스러운 시기다. 이렇게 자신이 예상하고 각오했던 것보다 훨씬 일이 많은 이유는 뭘까?

첫째, 예전엔 전혀 일이라고 생각하지 않았던 것들이 큰일이 되기 때문이다. 청소가 대표적이다. 회사 다니면서 쓸고 닦고 청소한 적이 있는가? 1인 기업에겐 청소가 하루 일과 중에서 가장 중요하다. 혼자 살면 집 안과 냉장고의 청결 유지가 가장 중요한 것과 같은 이치다.

둘째, 예전엔 월급이나 축내는 부류의 일이라고 폄하했던 것들이 1인 기업에서는 중요한 일이 되기 때문이다. 전화 응대, 비품 구매, 프린터 토너 교체, 택배와 우편물 발송 및 수령, 하다못해 주차장에 있는 차를 빼주는 것 등 정말 많은 일을 직접 해야 한다. 전화 받는 것 하나만 해도 하루 1시간 이상을 그냥 잡아먹으니, 예전에 일 안 하고 전화만 받는다고 무시했던 이들에게 뒤늦게나마 감사하는 마음을 가지게 된다.

셋째, 업무 성격상 극과 극인 것들을 함께 처리해야 하는 경우 워밍업의 시간이 필요하기 때문이다. 가령 터프한 현장 일을 하다가 사무실로 돌아와 자금경리 업무를 하고 뒤이어 고객과 영업 미팅을 해야 하는 경우, 각 해당 업무 모드로 내가 완전히 전환되려면 얼마간의 워밍업 시간을 가져야 한다. 다중인격의 소유자라면 또 모르겠지만.

넷째, 예전엔 알아서 편의를 봐주던 서비스 업체들이 1인 기업에게는 그

렇게 하지 않기 때문이다. 식당만 해도 그렇다. 예전엔 장부에 달아놓고 한 달에 한 번 결제하면 됐지만 이젠 매일 결제해야 하고, 택배도 예전과 달리 지금은 곧바로 결제해달란다. 이거, 은근히 시간 잡아먹는다.

1인 기업을 하다 보면 자신이 생각하는 하루 업무시간에 3시간 정도를 더한 것이 실제로 하루에 일하는 시간임을 깨닫게 된다. "오늘은 진짜 할 일 없으니 쉬는 셈 치고 하루 제쳐야지!"라는 생각으로 출근한 날에도 3시간 분량 정도의 일은 항상 있을 것이다. 이것이 1인 기업이다.

021 chapter 의외로 여유롭다

전쟁터와 놀이터, 직장을 표현하는 두 개의 상반된 단어다. 이보다 더 우리가 꿈꾸는 직장의 양면성—치열함과 흥미진진함—을 잘 표현하는 단어가 있을까?

하지만 현실은 사뭇 다르다. 사람들은 직장에서 전쟁터만큼 정말로 치열하게 일하지도 않을 뿐 아니라, 놀이터라 할 만큼 일에서 흥미나 재미를 느끼지도 못한다. 오히려 회사는 전쟁터보다 더 서로 죽이지 못해 안달인 정치판인가 하면, 실제 일하는 시간보다 노는 시간이 더 많기 때문에 놀이터이기도 한 것이다.

곰곰이 직장에서의 일과를 돌아보자. 하루 근무시간 중 서로 욕하고 편 가르며 정치하는 시간이 3분의 1, 끼리끼리 담배 피우고 채팅하며 수다 떨고 쉬는 시간이 3분의 1이다. 여기에 '충성의 보고서' 작성 시간까지 합치면 정작 생산적이고 가치 있는 업무에 투입하는 시간은 3분의 1이 채 안 된다(너무 과장했나? 이 부분은 독자들의 판단에 맡기겠다). 어쨌든 10년 넘는 세월 동안 회사를 위해 바쁘게 살아왔는데 지나고 보니 남은 것이 하나도 없다면, 직장을 정치하고 노는 곳으로 여기며 시간을 보낸 것이 아닌지 곱씹어봐야 한다.

'1만 시간의 법칙'을 들어본 직장인이라면 누구나 한 번쯤 '하루 8시간, 월 160시간 이상 일하니까 60개월, 5년 일하면 1만 시간이네! 나는 5년을 훨씬 넘게 일했는데 왜 변한 게 없지? 1만 시간의 법칙이 아니라 2만 시간의 법칙 아냐?'라고 생각해본 적이 있을 것이다.

이유는 간단하다. 실제 '제대로' 일한 시간은 하루에 한두 시간밖에 안 돼서 그렇다. 제대로 일한 시간이 월 30시간에 불과하니 25년을 일해도 1만 시간이 안 되는 것이고, 그래서 평생 직장에 충성하고도 전문성을 인정받지 못하는 것이다.

1인 기업을 하게 되면 정치할 대상도, 같이 놀 상대도 없으니 이런 시간 낭비가 사라진다. 1인 기업에 어느 정도 익숙해지면 그토록 편 가르고 미워하며 끼리끼리 노는 것이 얼마나 많이 내 시간을 잡아먹고 나를 피곤하게 했는지 절실히 깨닫게 된다. 정치만큼 힘 빠지는 일이 없고, 잔머리만큼 에너지 소비가 많은 일도 없다.

'1인 기업은 생각보다 일이 없다'는 말은 그래서 나온 것이다. 앞장에서 겁준 것처럼 그렇게 일이 많기만 하다면 누가 1인 기업을 하겠는가? 물론 어떨 때는 죽도록 바쁜 것이 사실이지만 바빠도 힘이 덜 들고 의외로 여유롭다. 비록 마음 놓고 며칠 쉬거나 여행 가는 것은 불가능해도 짬짬이 평일 낮에 내 시간을 즐길 수 있기 때문이다. 몇 명의 직원과 일하는 소기업 사장님들은 직원들 눈치 때문에 쉬고 싶을 때 못 쉬기도 하지만 1인 기업은 이런 것도 없다.

사람은 자신이 지금 하고 있는 일을 왜 해야 하는지 그 이유를 모를 때 가장 큰 스트레스를 받는다. 일이 많아서 힘든 것이 아니라 일 같지 않은 일을 할 때 힘든 것이다. 1인 기업에서 최소한 일 같지 않은 일을 시키는 사람은 자기 자신밖에 없다.

상사에게 어떻게 하면 잘 보일지 애쓰는 시간과 제품 납기를 정확히 맞추기 위해 철야하는 시간 중 어느 쪽이 나를 건강하게 할까? 조직 내 경쟁자를 탈락시키려 잔머리 쓰는 시간과 경쟁 제품보다 우위에 서기 위해 기술 개발에 전념하는 시간 중 나를 발전시키는 것은 무엇인가? 눈치 보며 끌려다니는 회식시간과 가족과 함께하는 저녁시간 중 어느 쪽이 내일 다시 일하게 할 내 에너지를 재충전해줄까?

직장생활 25년 해도 못 채우는 1만 시간은 1인 기업 5년만 하면 채울 수 있다. 그래서 1인 기업은 내 소중한 인생을 위해서라도 도전해볼 만한 충분한 가치가 있는 것이다.

022

chapter

생각보다 많이 쓴다

1박 2일짜리 여행이라 해도 처음 계획보다 많은 비용이 지출되는 것처럼, 아무리 작은 사업이라도 계획대로 지출하기란 어렵다. 나는 2000년대 초반 벤처캐피털에서 일하며 많은 사업계획서를 접했는데, 당시 선배로부터 들었던 충고가 하나 있다. '매출은 4로 나누고 지출은 2를 곱하라'는 것이었다. 즉, 계획서상의 매출은 4로 나누고, 지출에는 2를 곱해야 현실에서의 매출 및 지출과 비슷해진다는 것이다.

1인 기업도 '생각보다 많이 쓴다.' 1인 기업에 대해 흔히들 크게 착각하는 것 중 하나가 '혼자 하니 비용이 적게 든다'는 것인데, 현실은 그렇지 않다. 중요한 사실은 1인 기업의 목적은 결코 비용 절감이 아니라는 것이다. 1인 기업은 비용을 아끼기 위한 최적의 기업형태가 아니므로, 돈 아끼려고 1인 기업을 한다면 첫 단추부터 잘못 끼운 것이다.

자동차에 비유해보자. 작은 차라고 해서 큰 차보다 무조건 연비가 좋은 것은 아니다. 차의 배기량, 마력, 중량 및 목적에 따라 작은 차가 기름을 더 소비할 수도 있다. 1인 제조는 어찌 보면 사륜구동의 온/오프로드 소형 SUV라고 할 수 있다. 어떤 도로 조건에도 적응 가능하고 일정 속도 이상의 성능을 보장하며, 장거리에도 안정적이고 견고해야 하기 때문이다. 게다가 시속 100km에 도달하는 시간도 짧을수록 좋다. 그만큼 순발력도 있어야 한다는 뜻이다. 이런 차가 연비까지 좋기를 바라면 안 된다. 좋은 연비를 바란다면 1인 제조가 아닌 다른 회사 형태를 찾는 것이 옳다.

그렇다면 1인 기업은 왜 비용 측면에서 최적의 모델이 아닐까?

첫째, 1인 기업은 1일 기업이기 때문이다. 1일 기업이 되려면 자산을 유동화해야 하는데 여기엔 그에 따르는 비용이 든다. 일례로 사무실을 매매(또는 전세)가 아닌 월세로 계약하거나 차량을 구매하지 않고 리스를 한다면 더 많은 비용이 든다. 이는 이미 앞에서 이야기한 바 있다.

둘째, 1인 기업에서는 납기가 철칙이기 때문이다. 1인 기업은 전후방 연관사들과의 협업이 있어야 제품을 완성할 수 있고, 내가 늦어지면 전체 일정도 늦어진다. 때문에 1인 기업에게 있어 납기는 반드시 지켜야 할 사항인데, 이를 위해서는 미리 일정 수준 이상의 재고를 가지고 있어야 한다. 여기에서 추가적인 비용이 발생한다.

셋째, 1인 기업에 대한 신뢰가 높지 않기 때문이다. 고객은 고객대로 제품 공급을 담보하기 위한 보험을 요구하거나 대금 결제를 미루고, 반대로 협력업체는 대금 지급에 대한 확신이 없어 선결제를 요구하곤 하는 이유가 이것이다. 그러니 1인 기업 입장에서는 받을 돈은 늦게 받고 줄 돈은 빨리 줘야 하므로 자금을 추가로 마련해야 하고, 자연히 이를 위한 비용이 생길 수밖에 없다.

넷째, 1인 기업은 외주 비중이 크기 때문이다. 즉, 고정 비용보다 가변 비용이 큰 구조이므로, 물량이 늘수록 전체 비용도 커진다. 어느 시점 이상이 되어 매출이 늘어나면 고비용 구조가 되는 것이다.

재차 말하지만 1인 기업은 일정 부분에서의 비용 절감은 가능하지만 그 자체가 목적이 되어서는 안 된다. 다만 통제되지 않은 무절제한 자금 관리로 인해 발생한 비용이라면 이는 큰 문제가 된다.

1인 기업은 대표 자신 외에는 통제할 사람이 없고, 어떤 간섭도 없으니 절제력을 잃기 쉽다. 그래서 의도적으로 간섭받는 구조를 만들어야 한다. 그중 하나의 장치가 앞서 이야기한 주식회사 형태로의 회사 설립이고, 그 외에도 내 돈과 회사 돈을 확실히 구분할 수 있는 여러 방안을 고려해야 한다.

퀴즈 하나. 1인 기업 대표를 위한 최적의 간섭자는 누구일까? 내 경험으로 보면 배우자다. 돈 샐 틈이 없게 만드니 말이다.

023 chapter

팔 걸 만들진 마라

제목 그대로다. 팔 걸 만들진 말아라. 그 대신 만든 걸 팔아라. 이건 웬 말장난인가 싶겠지만, 팔 걸 만드는 것과 만든 걸 파는 것은 엄청나게 다르다.

팔 걸 만드는 것은 고객의 요구에 따라 제품을 만들고 그것을 파는 것이다. 팔 걸 만드는 회사에게는 '고객'이 모든 일의 처음이자 마지막이다. 고객의 요구가 있어야 만들고 그렇게 만든 것은 그 고객에게 주로 팔기 때문이다. 이런 회사의 장점은 시장 리스크가 적다는 것이다. 요구하는 것을 만드니 '이거 안 팔리면 어쩌나' 하는 걱정은 피할 수 있다. 또한 그 고객의 요구가 전체 시장의 요구를 정확히 반영한다면 이렇게 만든 제품이 정말 큰 히트를 칠 수도 있다.

하지만 고객의 요구가 없으면 아무것도 못 한다는 것이 단점이다. OEM 제조에 익숙한 '큰' 회사들이 고객 끊긴 뒤에는 뭘 해야 할지 모르고 우왕

좌왕하는 것도 이 때문이다. 또한 고객은 개발비를 부담하거나 최소 구매 수량을 보장해주는 대신 자신의 요구로 만든 제품을 다른 곳에는 납품하지 못하게 한다. 이렇게 고객의 요구에 맞는 제품을 만드는 데만 익숙해질수록 제품 개발력은 점점 없어지고, 고객과 '노예 계약'에 가까운 종속 관계가 형성된다. 이런 관계에 기초한 사업은 오래가기 힘들고, 매출 역시 특정 고객의 오더에 따라 널뛰듯 한다.

1인 기업은 한 건의 대박을 터뜨리는 것이 아니라 장기적으로 안정적 이익을 거두는 것을 목표로 해야 한다. 때문에 '만든 걸 파는 것'이 1인 기업에게는 더 적합하다. 시장의 요구를 스스로 분석하여 개발, 제작한 제품을 고객이 구매하도록 설득하는 것, 다시 말해 특정 고객의 요구에 휘둘리는 것이 아니라 자신의 시장분석력과 개발력에 의지하여 시장을 만들어가는 것이다. 왜 이런 방법이 1인 기업에 적합한지 보다 구체적으로 알아보자.

첫째, 개발비와 일정을 줄일 수 있다. 고객 요구에 따라 제품을 만들면 개발 비용과 일정이 단축될 것 같지만 사실 이와 반대다. 고객은 제품에 대해 자신이 뭘 원하는지 잘 모르고, 그래서 변덕이 심하다. 고객의 요구에 휘둘리다 보면 "이 산이 아닌가봐!" 하고 다른 산으로 이동하는 경우가 수두룩하다. 그러니 내가 만들어 그것으로 고객을 설득시키는 것이 결과적으로 개발 일정이나 비용을 절약하는 방법이다.

둘째, 제품의 완결성이 높아진다. 개발 자원이나 자금이 제한적인 1인 기업에게는 한 번에 제품 개발을 완료하는 것이 절실하다. 근데 개발 과정에 많은 사람이 참여하면 그 제품은 프랑켄슈타인이 되어 누더기 모양새를 띤다. 제품은 단순할수록 완결성이 높아지는데 그런 단순성이 사라지는 것이다. 복잡하고 누더기 같은 제품은 그 1인 기업뿐 아니라 그를 둘러싼 전후방 협력회사에게도 큰 부담이 된다.

셋째, 제품에 대한 자신감이 높아진다. 기업의 영업력은 '제품의 품질×제품에 대한 자신감'이다. 즉, 품질도 좋아야 하지만 그 제품에 대한 자신감이 있어야 팔 수 있다. 자신감이 0이라면 아무리 품질이 좋아도 영업력 또한 0이 된다. 고객의 요구로 만든 제품과 내가 스스로 기획해서 만든 제품, 이 둘의 품질이 똑같더라도 자신감에서는 크게 차이가 날 수밖에 없고, 이 차이는 매출의 차이로 이어진다.

넷째, 개발 노하우와 특허를 쌓을 수 있다. 아무리 열심히 만들었어도 고객의 요청과 개발비 지원을 받아 만든 제품의 노하우와 특허는 당연히 그 1인 기업이 아닌 고객사에 쌓인다. 뒤에서도 이야기하겠지만 사실 1인 기업에게 있어 특허가 절대 전가傳家의 보도寶刀는 아니다. 하지만 그 특허를 고객사가 가지게 된다면 이야기가 다르다. 정말 어느 시점 이후부터는 아무것도 할 수 없어지기 때문이다.

그러니 팔 걸 만들지 말고 만든 걸 팔아라. 내 회사는 1년에 다섯 가지 정도의 RFID 태그제품을 새로 개발하는데, 그중 네 가지는 자체 개발이고 하나 정도만 고객의 요청을 받아 만든다. 즉, 80%는 만든 걸 팔고 20%는 팔 걸 만드는 것이다. 20%는 왜 하냐고? 그냥 오래된 고객에 대한 서비스일 뿐, 큰 의미는 없다.

024 chapter 일이 너무 많다면?

1인 기업의 일이 아무리 많아도 시간이 지나면 조금씩 여유가 생긴다. 일의 양이 줄어들어서라기보다는 일에 익숙해지고, 중첩된 일이 하나로 붙으며 혼자 일하는 습관이 몸에 배는 덕분이다.

첫해는 정말 힘들다. 지금은 30분이면 처리할 일인데 처음에는 온종일 그것과 씨름한다. 계산서 하나 발행하는 데 한 시간, 견적서 하나 보내는 데 반나절이 걸린다. 지금이야 협력업체와 몇 분의 전화통화로 해결할 수 있는 문제인데도, 세상 무너진 듯 밤 지새우며 고민하는 경우가 허다하다.

그래도 1년은 죽었다 생각하고 어떻게든 견뎌내자. 모든 일에는 사이클이 있어서 1년에 한두 번은 다시 돌아오게 되어 있다. 즉, 1년이 지나면 무슨 일이든 한두 번은 해보게 되고, 그것이 할 만한 일인지 아니면 죽어도 못할 일인지 감을 잡게 된다. 죽어도 못할 일이라면 어떻게 하느냐고? 외주로 넘기면 된다. 여하튼 이렇게 저렇게 1년만 참고 견디면 대충 정리도 되고 할 만해진다. 그런데 1년이 지나도 일이 전혀 줄어들지 않고 오히려 더 많아진다면? 이런 경우는 다음의 셋 중 하나다.

첫째, 일이 잘되고 돈이 벌리고 고객이 늘어서 바빠진 경우다. 가장 행복한 고민인데, 이럴 땐 밤을 꼴딱 새워도 피곤하지 않고, 아무리 피곤해도 감기에 걸리는 일이 없으며, 굶어도 배가 안 고프다. 사실 이때의 고민은 한 가지, 즉 '1인 기업을 계속 유지해갈지, 아니면 사람을 충원해야 할지'다. 개인적으로 나는 힘들어도 일단 혼자 해나가며 견디라고 이야기하고 싶다. 지금 생각에는 앞으로도 고객이 쭉 늘어날 것 같지만 경험으로 보건대 오히려 매출이 훅 줄어드는 시기를 몇 번은 꼭 맞이하게 될 것이기 때문이다. 여기에는 예외가 없다. 당신이 잘못해서가 아니라 그냥 그렇게 되는 것이니, 지금 좀 고객과 오더가 늘어난다고 바로 인력이나 설비를 보충하지는 마라. 그보다는 성장과 침체의 사이클을 몇 번 겪은 뒤 충원으로 해결할지 외주로 해결할지를 결정하는 편이 좋다.

둘째, 일이 더 많아져 바쁘긴 한데 정작 수입은 별반 차이가 없는 경우다. 이럴 땐 인원을 충원하거나 일을 외주로 돌리고 싶어도 그럴 수 없다.

수입이 그대로인 이유는 제품의 판매 가격이 너무 낮거나 원자재 구매나 외주 가격이 너무 높기 때문이다. 내가 누려야 할 정당한 이윤이 고객이나 협력회사로 흘러가는 것이니 죽 쒀서 개 주는 셈이다. 그렇다고 해서 단기간 내에 가격 조정에 들어가지는 말고 일단 알고만 있어라.

셋째, 아무리 해도 일이 익숙해지지 않는 경우다. 매출이 그대로거나 더 떨어지는데도 하루하루는 여전히 바쁘다. 일에 익숙해지지 않으니 고객은 당신을 외면한다. 이런 경우라면 빨리 그만두는 것이 좋다. '아닌 건 아닌 것'이기 때문이다.

하지만 일에 익숙해지지 않은 이유가 욕심 때문인 경우도 의외로 많다. 내가 할 수 있는 수준 이상을 하고자 할 때 일은 오히려 더 엉망이 된다. 욕심을 부리니 잘할 것도 못하게 되고 자신감은 더 떨어져 모든 일에 서툴러진다. 야구에 '2년 차 징크스'라는 것이 있다. 1년 차에 잘하던 신입 선수가 욕심 때문에 폼에 힘이 잔뜩 들어가면서 오히려 2년 차에는 죽을 쑤는 것을 이르는 표현이다. 자신이 이런 경우에 해당되는 것은 아닌지 잘 생각해보자.

처음 1년은 죽는다 생각하고 바쁘게 일해라. 하지만 2년, 3년 세월이 지나도 계속 바쁘기만 하다면 뭔가 잘못되어 있다는 신호다.

025 chapter

깔아뭉개는 것도 최선이다

좋은 리더십은 의사결정의 내용만큼이나 그것이 얼마나 시의적절한 시점에 이루어졌는가에 달려 있다.

우리는 대부분 '의사결정은 신속할수록 좋다'고 알고 있다. 의사결정을 해야 할 상황에서 리더는 취합 가능한 모든 유용한 정보를 기반으로 이해당사자의 의견을 종합하여 가급적 빨리 결정해야 한다.

반대로 의사결정을 차일피일 미루며 깔아뭉개는 것은 무능의 대표적 모습이며 리더가 피해야 할 가장 큰 죄악이라고 한다. 아마도 그 이유는 리더의 결정 지연이 조직 전체의 업무 진행을 마비시키기 때문이다. 즉, 의사결정 지체는 조직의 모든 자원 가동을 올스톱시키며, 조직의 규모가 클수록 손실 규모 또한 커진다. 리더가 의사결정을 하루 미루면 열 명짜리 조직에서는 총 80시간(1일 근무시간 8시간×10인)의 손실이 발생하지만 100명 조직에서는 800시간(1일 근무시간 8시간×100인)의 손실이 발생한다. 때문에 의사결정을 미루는 것보다는 차라리 잘못된 의사결정이라도 빠른 것이 나을 수 있다.

잘못된 줄 알면서도 리더들이 의사결정을 깔아뭉개는 이유는 무엇일까? 첫째는 의사결정에 필요한 충분한 데이터와 지식이 없기 때문이고, 둘째는 급박한 환경 변화로 좀더 지켜보다가 결정하는 것이 낫기 때문이다. 셋째는 조직 내부의 정치 역학상 이래도 욕먹고 저래도 욕먹기 때문이고, 넷째는 결정을 내리면 조직에는 좋지만 리더 자신에게는 손해가 되기 때문이다. 이러한 이유들 중 반드시 피해야 하는 것은 세 번째와 네 번째다. 세 번째는 리더의 우유부단을 보여주는 대표적인 경우고 네 번째는 리더의 모럴 해저드moral hazard에 해당하기 때문이다.

그런데 첫째와 둘째의 경우라면 오히려 깔아뭉개는 것이 옳을 수 있다. 특히 의사결정 지체에 따른 인력, 자금, 자원의 손실이 작은 1인 기업이라면 곧바로 결정하는 것보다 깔아뭉개는 것이 최선인 경우도 있다.

의사결정에 필요한 데이터와 지식 수집에 있어 제한이 큰 데다 혼자 결정할 수밖에 없는 1인 기업은 '고Go!'라고 외치는 데 더욱 신중해야 한다. 큰 조직은 잘못된 의사결정이 내려져도 이를 감내할 수 있는 맷집이 있지만, 1인 기업의 경우에는 뒷감당이 안 될 때가 많다. 때문에 보수적이고 우유부단해 보이는 의사결정이 오히려 합리적일 수 있는 것이다.

다만 1인 기업은 자신도 모르는 사이에 이미 많은 결정을 깔아뭉개고 있을 가능성이 크다. 일이 많고 바쁘다 보니 의사결정 시기를 놓칠 뿐 아니라 이마저 잊고 지나가는 때가 허다하다. 어쩌면 1인 기업은 자신의 의도와 달리 너무 많은 결정을 이미 지체하고 있는지 모른다.

026 chapter

거짓말은 곧 죽음이다

아무리 그래도 '죽음'이라니 심하다. 99단계 중 가장 높은 강도로 말하는 것이 이 장이 아닐까 싶다. 유치한 제목이지만 이것은 진실이다. 정말로 1인 기업은 거짓말, 특히 결제와 품질, 납기에 대한 거짓말을 하면 죽는다.

살아가면서 거짓말하지 말라는 것은 숨 쉬지 말라는 것과 같다. 세상 모든 사람은 예외 없이 거짓말을 한다. 거짓말하는 이유를 거꾸로 짚어 올라가보면 상당수가 '돈'과 연관되어 있다. 그러니 돈 벌 목적으로 설립된 회사라면 얼마나 많은 거짓말을 하게 되겠는가?

'거짓말하지 말라'는 것이 '기업은 선하고 윤리적이어야 한다'는 도덕 교과서 같은 뜻은 아니다. '창업은 하되 정직해야 한다'는 것은 어찌 보면 '술집은 가되 술은 마시지 말라'는 말처럼 모순일 수 있다. 창업하지 않고 정직하게 사는 것이 창업하면서 정직하게 사는 것보다 1만 배는 쉽다. 정직하게 살려면 창업하지 않는 편이 훨씬 낫다.

거짓말, 들키지 않을 자신이 있거나 들키더라도 결코 고의로 하지 않았다고 책임을 회피할 자신이 있으면 얼마든지 해라. 하지만 자신 없다면 절대 거짓말하지 마라. 그 거짓이 고의적이었음이 드러날 경우 그 회사는 재기 불능의 상황에 빠지기 때문이다.

큰 회사들의 경우를 살펴보자. 그들은 자신들이 의도했든 의도하지 않았든 거짓말을 조직적으로 은폐할 수 있는 경험과 노하우를 오랜 시간 축적하면서 거짓이 거짓으로 드러나기 어려운 구조로 진화되어왔다. 가끔은 '익명의 제보자(딥 스로트deep throat)' 혹은 '내부 고발자(휘슬 블로어whistle blower)'가 있긴 하지만 이는 정말 예외적인 경우다.

더구나 큰 회사들이 한 거짓말은 그것이 드러난다 해도 그 거짓말을 누가 했는지 밝히기는 더욱 힘들다. 똑같은 거짓말이라도 한 명이 할 경우와 열 명이 할 경우 그리고 백 명이 할 경우 중 어느 쪽이 가려내기 쉽겠는가?

아무리 새빨간 거짓말이라도 그 거짓을 백 명이 분담한다면, 각각은 그 거짓의 100분의 1씩만 분담하면 된다. 아무리 큰 거짓이라도 그것의 100분의 1은 어찌보면 '매우 진실하게' 보인다. 그러니 그 거짓의 책임 소재와 고의 여부를 가려내기가 어려운 것이다.

이에 비해 1인 기업을 보자. 거짓을 드러나지 않게 할 조직과 노하우도 없거니와, 직원이 한 명에 불과하므로 책임소재와 고의성을 밝혀내기란 무척 쉽다. 즉, 아주 조그만 거짓말이라도 언젠가는 모두 밝혀지고 그 거짓말의 주인공이 나라는 것 또한 쉽게 드러난다.

특히 거짓말을 한 자와 해명하는 자가 같으므로, 상황 모면을 위해 다시 거짓말로 돌려막으려 한다면 신뢰에 회복할 수 없는 큰 상처를 남기고 만다. 게다가 1인 기업의 시장 바닥은 좁고 빤하므로 한 달이면 모든 고객이 다 알게 된다. 그래서 1인 기업은 절대 거짓말을 해서는 안 되는 것이다. 특히 큰 조직에서 오래 몸담았던 사람일수록 예전에 익숙했던 거짓말하는 습관을 빨리 끊어내야 한다. 속된 말로, 정말 '한 방에 훅 간다.' 허풍 떨 바엔 차라리 죽는소리를 하는 편이 낫다. 허세 부리는 데 넘어가는 대한민국 국민은 이제 거의 없다. 허풍이나 허세는 과거 고성장 경제에서나 통했던 추억의 잔재주에 불과하다.

chapter 027

신용등급이 성적표다

1인 기업 평가에 있어 최적의 지표는 무엇일까? 매출? 수익? 현금흐름? 유동성 비율? 이자보상 배율? 수출 비중? 부채 비율? 신용등급? 고객 수? 제품 수? 특허 출원 수? 내게 하나만 고르라면 주저 없이 신용등급을 고르겠다.

신용등급에는 개인 신용등급과 기업 신용등급이 있다. 개인 신용등급의 경우 사이렌24(www.siren24.com), 크레딧뱅크(www.crditbank.co.kr), 마이크레딧(www.mycredit.co.kr) 등에 회원으로 가입하여 1만 원 정도의 연회비를 내면 매월 본인의 변동된 신용등급을 제공받을 수 있고, 대출 및 신용등급 등에 변화가 생길 때도 문자나 이메일로 통지받을 수 있다. 나는 2009년부터 가입하여 매월 정기적으로, 그리고 변동사항이 발생할 때마다 수시로 등급 정보를 확인한다.

기업 신용등급의 경우 나이스디앤비(www.nicednb.com), 서울신용평가정보(www.sci.co.kr), 한국신용평가(www.kisrating.com) 등에 신청하여 필요한 서류를 제출하면 1주일 뒤 기업 보고서 및 평가등급 정보를 제공받을 수 있고, 매년 변동 정보만 제공하면 등급을 업데이트해준다. 어디에 가입하든 첫해에는 25만 원 정도의 비용이 든다. 수출 비중이 큰 회사들은 해외 바이어의 요청에 대응하기 위해 디앤비D&B나 무디스Moody's 등과 조인된 신용평가사에 평가를 의뢰하고 있다.

만일 1인 기업이 개인사업자인 경우에는 대표 개인이 곧 기업이므로 개인 신용등급만 확인하면 되고, 주식회사 등 법인사업자라면 개인과 법인이 구분되므로 개인 신용등급과 기업 신용등급 모두를 확인하면 된다.

어쨌든 1인 기업을 설립한 첫해부터 제공받는 개인 신용등급(매월)과 기업 신용등급(매년)은 곧 기업 경영에 관한 내 성적표라 할 수 있다.

신용등급은 왜 그렇게 중요할까? 매출이나 수익, 부채 비율 등은 내 노력으로 어찌해볼 수 없는 경우가 있다. 국내외 경기 및 개별 시장상황에 따라 매출이 줄어들거나 적자가 발생하거나 빚이 늘어날 수 있는가 하면, 중요 고객이 국내외 경쟁상황에 따라 이탈해버리기도 한다. 이렇게 외부환경이 변동하는 중에도 내가 얼마나 회사를 안정적으로 유지하고자 노력했는지를 평가하는 기준이 바로 신용등급이다. 어려우면 어려운 대로 긴축하고 좋을 때는 어려울 때를 대비하여 위험관리 전략을 집행한 결과를 고스란히 나타내는 것이 바로 기업 신용등급과 개인 신용등급이다. 그러니 정말 신용만큼 중요한 것은 없고, 아무리 강조해도 지나치지 않는다. '신용을 잃으면 모두 잃는 것이다'라는 옛말은 지금도 여전히 유효하다. 망해보면 이 말이 실감 난다.

기업 자체나 대표의 신용이 낮다면 그 1인 기업의 어떠한 기술, 어떠한 고객도 무용지물이다. 신용 회복에 소요되는 노력과 시간은 그 어떤 것과 비교해도 최소 몇 배 이상이다. 더욱 심각한 것은 신용을 회복하는 데 걸리는 시간이 그것을 잃는 데 걸리는 시간의 수십, 수백 배라는 것이다. 1등급에서 3등급으로 떨어지는 데는 카드나 대출 상환이 며칠 연체되는 것으로 충분하지만, 3등급에서 1등급으로 올리는 데는 몇 년이라는 기간이 걸린다.

신용이 낮다면 기업 경영에 있어 심각한 악순환을 겪게 된다. 내 경험으로 보면 신용등급이 1등급에서 7등급으로 떨어졌을 때 회사 총비용은 20% 정도 증가한 반면 매출은 10% 정도 감소했다. 이 정도면 신용등급은 회사의 흥망성쇠를 판가름하는 결정적 지표라 해도 과언이 아니다.

028
chapter

빚지지 않으면 남는 거다

아무리 철저히 준비한다 해도 창업 첫 달부터 손익을 맞추는 기업은 없다. 인지도 높은 프랜차이즈 식당의 경우 첫날 오픈과 동시에 최고 매출에 도달할 수 있겠지만, 이렇게 예외적인 경우를 제외하고는 고객이 인지하여 구매하기까지는 상당한 시간이 필요하다.

특히 제조업의 경우엔 제품에 대한 고객의 검증 기간이 상대적으로 길다. 더구나 B2B처럼 완성품이 아닌 중간재로 거래하는 경우라면 구매에까지 이르는 절차가 더욱 까다롭다. 때문에 제조업에서 손익분기를 달성하는 데 걸리는 시간은 다른 업종에 비해 서너 배인 경우가 허다하다.

물론 제조업의 장점도 있다. 다른 업종의 경우 손익분기를 달성하더라도 언제든 적자로 전환될 수 있는 데 반해, 제조업의 경우에는 일단 손익분기에 도달하면 여간해서 적자로 전환되지 않는다. 고객 입장에서는 다른 제품으로 옮겨가는 데 소요되는 검증 시간과 비용이 크기 때문이다.

일반적인 제조사도 이러하니 인지도와 신뢰도 측면에서 더욱 열세인 1인 제조는 고객에게 받아들여지는 데 걸리는 시간도 당연히 더 길다. 손익분기까지 도달하는 기간을 짧게는 12개월에서 길게는 24개월까지는 각오해야 한다.

그렇다면 도대체 언제까지 손익을 못 맞출 때 깨끗이 폐업을 결정해야 할까? '33개월±3개월' 정도가 아닐까 싶다. 근거는 '1만 시간의 법칙'이다. 하루 12시간 근무, 주 1일 휴식을 가정하면 한 달에 300시간, 33개월이면 9,900시간이다. 그 시간을 어떤 한 가지 일에 쏟아부으며 전력투구했는데 손익을 못 맞춘다면 그 이유는 ①목표시장을 잘못 선정했거나, ②그 일을 할 능력이 없거나, ③경쟁자들이 너무 유능한 것 등 셋 중 하나라고 보면 된다. 여하튼 33개월간 하고도 미련이 남는다면 그것은 집착일 가능성이 높다(말은 쉽지만 사실 일을 접는 것은 담배를 끊는 것보다 1,000배쯤 어렵다).

이쯤에서 "12개월에서 24개월 정도까지 적자를 감수해야 한다는 것은 잘 알겠다. 그렇다면 그 기간에는 도대체 어떻게 꾸려나가야 하나? 회사 운영에 최소 1억 이상은 필요하고 집에 생활비도 갖다 줘야 하는데…" 하는 분들이 많으실 거다.

그렇다. 답은 빚이다. 세상에는 기술보증, 신용보증, 중소기업 특례지원 등 이름 번지르르한 제도들이 있지만 1인 기업 창업자에게는 결국 담보 대출 외의 답이 없다. 더러 소상공인이나 창업지원자를 대상으로 하는 신용대출 상품이 있기는 하지만 이는 최대 3,000만 원 정도에 불과하다. 그렇지 않아도 대출이 많은데 더 받으려니 앞이 안 보인다.

창업 첫 달부터 이익을 거두는 사업은 없다. 그러니 은수저 물고 태어났거나 억대 연봉을 받으며 어느 정도 저축해놓은 돈이 있는 경우, 또는 우리사주로 대박을 거두거나 엄청난 퇴직금을 받는 경우가 아니라면 누구나 빚을 지게 되어 있다. "나는 여태껏 빚 한 번 안 지고 살았으니 앞으로도 그렇게 하겠다!"라는 분은 창업 대신 구직을 고려하는 것이 좋다. "나는 창업과 동시에 벤처캐피탈에서 펀딩할 거야! 돈을 왜 꿔?" 하는 사람은 정말 1만 명 중 한 명에 불과하다.

하지만 주위에서 창업한 분들을 보면 '다 있는데 돈만 없는 경우'의 성공 확률이 가장 높고, 반대로 '다 없는데 돈만 있는 경우'의 성공 확률이 가장 낮다. 그러니 돈이 없는 것은 기죽을 일이 아니라 성공의 요건 하나를 확실히 갖춘 것에 해당한다.

한 가지 팁이 더 있다. 빚은 한 번에 져라. 찔끔찔끔 빌리기보단 한 번에 많이 빌리고 그 돈이 다 떨어질 때까지 해도 답이 없으면 깨끗이 손 털고 접어라.

왜 빚은 한 번에 져야 할까? 첫째, 돈 꾸러 다니는 것만큼 시간 쓰고 힘 빠지는 일 없다. 꿔야 한다면 한 번에 꾸고 남는 시간에 일해라. 둘째, 빚은 한 사람에게 지는 것이 좋고, 어쩔 수 없이 여러 사람에게 꿀 수밖에 없다면 한꺼번에 꿔라. '돈 꾸러 다닌다더라'라는 것보다 더 빨리 퍼지는 소문은 없다. 셋째, 돈을 조금씩 여러 번 꾸면 한 번에 빌릴 때보다 신용등급의 하락 속도도 빠르다. 넷째, 이자 면에서도 이득이다. 한 번에 1,000만 원을 빌릴 때의 이자는 100만 원씩 열 번 빌릴 때보다 훨씬 싸다.

여하튼 금쪽같은 돈 꿔서 하는 사업인데 빚 갚고 생활비 쓰고 나면 남는 게 없으니 돈 모으는 재미를 느끼기가 힘들다. 봉급생활 시절에 월급이

들어오면 어떻게 썼는지도 모르게 다 쓰곤 했는데, 1인 기업의 사장이 되어도 이는 변함없다.

여기에서 한번 생각해보자. 직장 다닐 때와 비교했을 때 정말 남는 것도, 변한 것도 없는 걸까? 아니다. 1인 기업과 내가 분리된 주식회사 형태라면 더더욱 그렇다.

1인 기업이라도 회사와 나는 분리된 존재다. 회사는 나라는 개인과 분리되어 매일매일 성장한다. 뒤에서 다시 이야기하겠지만, 시간이 흐름에 따라 나라는 개인이 늙고 생산성이 떨어지는 것과 달리 회사는 업력業歷이 쌓임에 따라 빈티지 명품이 되어간다. 즉, 당장 수중에 모이는 돈이 없어도 회사는 해를 거듭하며 고객의 신뢰가 쌓이고, 그럴수록 그 가치가 무럭무럭 성장한다. 언젠가는 회사가 자신보다 훨씬 커졌음을 뼛속까지 느끼는 시점이 오고, 더 지나면 '내가 없어도 회사가 스스로 자생할 수 있는 수준'에 이른다. 1인 기업임에도 말이다. 이는 SF 소설이 아니라 진실이다! 비록 당장 모이는 돈이 없어도 원리금 갚고 빠듯하게 생활할 정도만 된다면 1인 제조는 남는 장사라고 하는 이유가 바로 이것이다.

029
chapter

모두 돈으로 환산하라

1인 기업은 '작음'에 존재의 가치가 있다. 작기에 살아남을 수 있고, 작은 레고 블록이기에 큰 블록 사이의 작은 틈을 메울 수 있다. 그래서 1인 기업에 걸맞은 창업자는 작고 디테일하고 쪼잔한 모습이어야 한다. 특히 무엇보다도, 돈에 쪼잔해야 한다.

아마 "난 돈에 엄청 쪼잔해질 자신 있어!" 하는 분들이 많을 것이다. 돈이 얼마나 무서운 것인지를 경험해본 사람은 단돈 1만 원도 허투루 쓰지 않는 훈련이 저절로 몸에 배는 것이 사실이다. 하지만 돈은 엉뚱한 데서 샌다. 잔돈 몇천 원 아끼다 보면 몇십, 몇백만 원의 큰돈이 새는 것은 인지하기 어려워진다. 다음의 다섯 가지 사례를 살펴보자.

① '큰 사업 건이 있다'는 어떤 지인과 석 달째 계속 미팅만 가지고 있다. 매주 한 번, 서너 시간씩 만나니 한 달에 거의 열다섯 시간 이상

을 보내는 셈인데 상황에는 별 진척이 없다. 시간당 임금을 2만 원으로 쳐도 한 달에 30만 원, 석 달이니 벌써 90만 원을 쓴 셈이다. 언제까지 미팅만 할 것인가? 앞으로도 이렇게 매월 30만 원씩 계속 지출할 것인지를 결정해야 한다.

② 작년에 큰맘 먹고 미국 전시회를 다녀왔다. 왕복 비행기 티켓값, 숙박비, 전시회 티켓값, 무상 샘플 제공비 등을 따져봤더니 5박 6일에 600만 원을 썼다는 계산이 나온다. 아! 한 가지 중요한 항목, 1주일간의 내 출장비를 포함한 주급을 빼먹었다! 이를 대략 150만 원으로 잡으면 총 경비로 750만 원을 쓴 셈이다. 올해도 전시회에 또 가보고 싶다. 하지만 750만 원이라는 비용과 대비하여 무엇을 얼마만큼 회수했는지 제대로 따져봐야 한다. 회수 금액이 750만 원이 안 된다면 올해 전시회는 갈 수 없다.

③ 제품 광고를 했다. 한 달간 오프라인 잡지 광고비 200만 원과 온라인 배너 광고 300만 원 등 총 500만 원이 들었다. 여기저기에서 광고 잘 봤다는 이야기를 들으니 뿌듯하기도 하다. 하지만 500만 원의 투자로 얼마나 수익이 늘었는지, 광고비는 제대로 회수한 것인지 정밀하게 분석해야 한다. 100% 회수되기 전까지 다시는 광고를 하지 않기로 한다.

④ 새로 개발한 제품이 나왔고, 품질도 좋다. 개발비를 추산해보니 재료비, 가공비, 외주비 등 총 1,200만 원이 들었다. 이 신제품을 통해 한 달에 100만 원 정도의 추가 수익이 발생한다. 12개월의 개발비 회수 기간 동안 일단 다른 신제품 개발은 미룬다.

⑤ 내 접대 수단 중의 필살기는 골프다. 이것저것 다 합치니 월 150만

원의 경비가 든다. 시간을 보면 대략 월 80시간 정도가 사용되는데, 시간당 내 인건비를 2만 원으로만 잡아도 160만 원이니 결국 월 310만 원 정도 쓰는 셈이다. 혹자는 '골프만큼 사업에 유익하고 영업에도 도움되는 운동이 어디 있느냐'고 하지만, 꼼꼼히 계산해보니 골프로 늘어난 영업 매출은 50만 원도 채 안 된다. 오히려 골프에 뺏긴 시간 때문에 발생한 영업 손실은 100만 원이 넘는데 말이다.

고객과의 미팅, 전시회, 광고, 신제품 개발, 고객 접대 등 우리가 사업에 꼭 필요한 것이라고 당연시하는 것에 쓰는 돈은 사실 낭비의 주된 요인이다. 때문에 그런 것에 비용을 집행한 뒤에는 그것을 정말 100% 회수했는지 반드시 짚어보아야 한다.

일반적으로 일단 가치 있는 일이라는 믿음이 형성된 것에 대해 누군가 그것을 돈으로 환산하고자 하면, 사람들은 그를 마치 돈에 환장한 사람처럼 보곤 한다. 하지만 거기에 함정이 있다. 그럴 만한 가치가 있다고 맹목적으로 믿는 그 일이 곧 돈 먹는 하마일 가능성이 크다는 점을 기억하자. 그런 일일수록 더 돈으로 환산하고, 회수할 수 없다면 중단하거나 미루어야 하는 이유는 그 때문이다.

030 chapter

체하느니 굶어라

1인 기업을 하면서 내겐 예전에 상상조차 못했던 취미가 생겼으니, 화초 가꾸기가 그것이다. 내 사무실에는 화분이 여럿 있는데, 출근해서 그것부터 돌아보는 것이 일과가 되었다. '내가 도대체 뭔 짓을 하고 있는 거야? 이젠 늙었나?' 하는 자괴감도 들지만, 혼자 일하는 외로움을 달래기에는 괜찮은 취미인 것 같다.

화초를 가꾸면서 배운 재미있는 사실이 하나 있다. 화초가 말라 죽기 직전까지 물을 주지 않는 편이 자주 많이 주는 것보다 훨씬 좋다는 것이다. 1주일에 한 번 물을 줘야 하는 식물이라면 2~3일의 간격을 두는 것보다 차라리 2주에 한 번 주는 것이 좋다. 이틀에 한 번씩 물을 주기 시작하면 정말 몇 주 지나지 않아 뿌리부터 썩는다. 사람도 마찬가지 아닌가? 과식過食보다는 소식小食이 좋다니 말이다.

기업이라고 예외일 수 없다. 아무리 대박 프로젝트라도 기업이 씹어 삼켜 소화할 수 있는 한도를 넘어선다면 그것은 절대 축복이 아니다. 감당할 수 있는 역량 이상의 일은 회사의 뿌리부터 썩게 한다. 반짝이는 것이 모두 금은 아닌 것과 이치다.

일을 하다 보면 자신의 연매출을 뛰어넘는 큰 프로젝트에 제안 요청을 받는 경우가 있다. 이런 요청을 받으면 한 방에 회사가 훌쩍 성장할 수 있을 것 같아 잠도 설치며 고민하기 일쑤다. 하지만 이렇게 큰 프로젝트를 수주하려면 기본적으로 세 가지가 전제되어야 한다.

첫째, 규모에 따른 가격경쟁력을 가지는 구조여야 한다. 즉, 공급수량이 늘어날수록 공급단가가 급격히 떨어지는 비용 곡선—대부분의 대기업이 이렇다—를 가지고 있어야 한다는 뜻이다. 소량의 제품을 저가로 공급하는 데 최적화되어 있는 1인 기업은 수량이 늘어도 비용 곡선이 매우 완만하게 떨어지기 때문에 대량발주 건에서 가격경쟁력을 갖추기가 쉽지 않다. 자칫하면 프로젝트 수주를 위해 역마진을 감수해야 하는데, 이는 자살 행위이다.

둘째, 담보 능력 또는 자금력, 둘 중 하나는 있어야 한다. 거래에 따라 다소 차이가 있지만 이러한 대형 프로젝트들은 대개 20~30% 정도의 선금을 지불한다. 단, 거저 주는 것이 아니라 선급금에 대한 이행보증 담보를 제공받기 때문에 결국은 담보 능력이 있어야 하는 것이다.

또한 선금을 받는다 해도 잔금은 공급 이행을 완료한 뒤 받게 되어 있다. 대형 프로젝트는 그 원자재와 외주 비용만 해도 어마어마한데, 협력업체들이 나를 어떻게 믿고 그 큰 금액을 외상으로 해주겠는가? 그러니 받는 건 늦게 받더라도 주는 건 모두 선금으로 줘야 하는데, 이런 연유로

1인 기업은 결제 리스크에 100% 노출될 수밖에 없다.

셋째, 손실이 클 수도 있음을 각오해야 한다. 설령 그 대형 프로젝트를 따낸다 해도 1인 기업은 이 한 건의 프로젝트를 소화하기 위해 다른 발주 건을 포기해야 한다. 게다가 역마진까지는 아니더라도 매우 낮은 수준의 마진을 잡을 수밖에 없다. 결국 납품 완료 뒤 결산을 해보면 차라리 그 대형 프로젝트를 포기하고 기존 고객에게 소소히 납품했다면 훨씬 높은 회사 수익을 누릴 수 있었을 것이라는 결론이 나온다. 고생은 고생대로 하고 마진은 적게 남는 데다 나를 먹여 살렸던 기존 고객까지 잃으니 손실이 더 크다.

이 세 가지 전제 조건을 다 고려하고도 꼭 큰 프로젝트에 납품해야겠다면 그렇게 하라. 일단 꽂히면 누구도 못 말리는 것이 사업이고, 망했을 때야 진실을 깨닫곤 하니까. 나 역시 그랬다.

1인 기업의 경우 안정적인 궤도로 접어드는 데 최소 3년이 걸린다. 첫해는 준비하는 기간, 둘째 해는 고객을 획득하는 기간, 셋째 해는 고객의 재구매 및 신뢰가 쌓이는 기간인데, 특히 창업 후 2년간 1인 기업 창업자의 대부분은 인생 최대의 기근을 겪게 된다.

오래 굶은 사람의 눈에는 헛것이 보이듯이, 창업자 역시 굶주리다 보면 그 프로젝트의 유익성 여부를 떠나 일단 삼키고 보려 한다. 차라리 배탈만 나면 좋을 텐데, 정신없이 먹다 보면 그것이 상한 음식인지 독인지도 모르는 경우가 허다하다. 1인 제조회사에 해당하는 '상한 음식 베스트 10'은 다음과 같다.

① 밑지거나 제로 마진을 겨우 맞추어 파는 거래

② 결제 조건이 열악한 외상 거래나 신용이 불량하거나 열악한 고객

③ '다음에 대량발주할 테니 이번 소량발주 건에 한해서는 밑지고 팔아 달라'는 거래

④ 최종 고객은 초우량급이지만 중간유통 단계가 복잡하고 난해한 거래

⑤ 납품해야 할 제품이 너무 특수해서 그 업체가 아니면 다른 어떤 곳에도 납품할 수 없는 거래

⑥ 검수조건 및 제품보증조건이 추상적이고 모호한 거래

⑦ 납품가가 언제든 제3자에게 공개될 수 있는 거래

⑧ 납품조건이나 제품 사양이 발주 시점까지 불명확한 거래

⑨ 납품하기 위한 제품에 필요한 원자재의 최소구매 수량이 너무나 큰 거래

⑩ 납품가가 너무 자주 변경되거나 너무 오래 고정된 거래

아무리 배가 고파 아사餓死 직전이라 해도 이런 거래들에서는 끝까지 신중을 기해야 한다. 굶어 죽는 것이 훨씬 덜 아프지, 먹고 체하거나 식중독에 걸리면 죽기도 힘들다. 굶어 죽은 기업은 먹다 죽은 기업보다 때깔도 훨씬 좋다.

031 chapter

고객을 홀대하라

'고객은 왕이다'라는 비즈니스 명언이 있다. 정말 고객은 왕일까? 백 명에게 물어보면 백 명 모두 답변이 다를 것이다. 나에게 고객은 왕이 아니다. 고객이 목표가 아니기 때문이다.

1인 기업의 목표는 오로지 좋은 제품을 만드는 것이다. 고객은 '좋은 제품'이라는 목표를 달성했을 때 따라오는 선물에 불과하다. 목표는 변하지 않아야 하는데 고객은 변한다. 회사의 모든 것이 다 변하더라도 불변하는 목표는 오직 '제품의 품질'이다. 그렇다면 왜 고객은 목표가 될 수 없을까?

첫째, 고객은 언제든지 다른 제품으로 옮겨 탄다. 게다가 다른 제품으로 바꾸는 이유를 그 자신도 잘 모른다. 나는 S사의 스마트폰을 6년 이상 쓰다가 얼마 전에 A사 제품으로 바꿨지만 솔직히 특별한 이유는 없었다. 그냥 한번 다른 것을 써보고 싶었을 뿐이다.

고객을 잃으면 기업은 꼭 실연한 사람처럼 심각한 자책 모드에 빠지고, 고객이 경쟁 제품을 선택한 것이 100% 자신의 잘못인 양 어떻게든 그 이유를 자기 제품에서 찾으려 한다. 그리고 어찌어찌 찾아서 그것을 제품에 반영하는 순간 제품의 모양새는 이상해진다. 차라리 제품 콘셉트를 그대로 유지했으면 다시 돌아왔을 고객도 이제는 영원히 돌아오지 않는다. 그래서 더한 자책에 빠진 기업은 더 희한한 제품을 탄생시킨다.

둘째, 고객의 속은 고객도 모른다. 앞의 23장 ('팔 걸 만들진 마라')에서도 언급했듯이, 고객은 제품에 대해서는 물론 자신이 무엇을 원하는지조차 잘 모른다. 때문에 고객의 요구를 100% 반영한 제품을 만들어 건네도 고객은 그것을 원하지 않을 가능성이 매우 크다.

또한 고객은 제품의 적정 가격이 어느 정도인지도 알지 못한다. 고객을 대상으로 하는 기업들의 설문조사 문항 중 가장 황당한 것이 '이 제품의 적정 가격은 얼마라고 생각하십니까?'다. 그걸 질문이라고 하는가? 고객 입장에서는 그냥 쌀수록 좋다. 고객이 원하는 그 가격에 제품을 출시한다 해도 그것이 실제 구매로 이어질지의 여부는 또 다른 얘기다.

셋째, 고객은 회사를 가장 먼저 떠나는 이해당사자다. 회사를 둘러싼 이해당사자에는 고객, 주주, 채권자, 협력업체, 직원 등이 있다. 회사가 어려워지면 누가 가장 먼저 떠날까? 고객이다. 그다음은 주주, 채권자, 협력업체 순이고 제일 마지막이 직원이다.

회사의 왕, 즉 캡틴captain은 마지막까지 남는 자다. 그런 면에서 회사의 왕은 직원 혹은 협력업체지 고객은 아니다. 1인 기업의 경우에는 직원이 없으니 협력업체가 왕이다. 가장 어려운 순간을 함께하기 때문이다. 그래서 1인 기업의 대표는 고객 한 번 만날 때 협력업체를 세 번 만나야 한다.

넷째, 고객은 결제를 잘 해줄 때 고객이지, 그렇지 않으면 골칫덩어리가 된다. 1인 기업의 경우 대표자 1인이 영업 부서와 매출채권회수 부서의 역할을 모두 담당해야 하므로 고객에 대해 적절한 포지션을 유지해야 한다. 발주를 줬다고 해서 곧바로 왕으로 대접하고, 결제가 늦어진다 해서 바로 졸卒 취급하면 안 된다는 뜻이다.

정리하자. 1인 기업의 목표는 고객이 아닌 제품의 품질이다. 그러니 고객은 소홀히 대해도, 제품 품질에 결정적 영향을 미치는 협력업체는 왕으로 대접해야 한다.

chapter

032 피해야 할 고객도 있다

앞서 30장에서 우리는 '상한 음식 베스트 10'을 살펴보았다. 이런 음식들은 불량식품이므로 누구든 안 먹고 피하는 게 상책이다. 어느 기업에게나 해가 되는 나쁜 고객이자 거래이기 때문이다.

그에 반해 누가 봐도 괜찮은데 나와는 이상하게 맞지 않는 고객이 있다. 그 고객 자체에는 전혀 문제가 없음에도 그와 일을 하다 보면 크고 작은 문제가 발생한다. 내가 그 사람을 일부러 골탕먹이려는 것도 아니고 오히려 더 잘하려고 하는데 실수 연발이다.

어떤 때는 주문받은 물건과 전혀 다른 엉뚱한 사양의 물건을 납품하는가 하면, 납품 일자를 잊고 납품을 안 하거나 아예 생산 자체를 까먹고 있다가 부리나케 제품을 만들기도 하고, 심지어 검수도 거치지 않은 채 불량제품을 납품하는 경우도 있다. 어디 그뿐인가. 고객이 원하는 것과는 다른 방법으로 제품을 포장해서 내보내거나, 다른 고객에게 보낼 견적서를 잘못 보냈다가 백배사죄하기도 한다. 귀신에 씐 건지 궁합이 안 맞는지 그 고객과 상대할 땐 꼭 문제가 생기니 '전생에 서로 악연이었나' 싶은 생각마저 든다. 이런 일들은 과연 우연히 일어나는 것일까?

이런 실수가 반복되고 문제가 생기는 것은 당신이 의식하든 못하든 간에 그와 소통하기를 싫어하기 때문이다. 열심히 듣고 메모하는 척하지만 그의 말투부터 목소리, 체취는 물론 일하는 스타일, 사고방식, 의사결정 프로세스에 이르기까지 그게 무엇이 됐든 다 싫은 것이다. 어떤 고객과 계속 크고 작은 문제가 발생한다면 거기엔 반드시 소통의 문제가 있다. 그와 나 사이엔 공진共振, coupling이 일어나지 않는 것이다.

공진이란 황동 말발굽 두 개를 세워놓고 하나를 망치로 때려 진동시키면 곧이어 다른 말발굽이 따라서 진동하는 것을 말한다. 하지만 아무 말발굽에서나 이런 공진이 일어나는 것은 아니다. 두 말발굽의 재질, 크기, 간격이 딱 맞아서 한쪽을 때렸을 때 발생하는 전파 에너지의 주파수를 다른 쪽 말발굽이 그대로 받아들일 때라야만 공진이 생기기 때문이다.

흔히들 '주파수가 맞아야 말이 통한다'고 한다. 그의 말발굽을 내 말발굽의 주파수에 맞추든 반대로 내가 그의 주파수에 맞추든 해야 공진도 할 수 있는데, 사실 그것이 참 어렵다. 평생 함께하기로 약속한 배우자와도 주파수가 잘 안 맞지 않는가.

사실 일반 회사라면 이런 경우 대타, 즉 다른 담당자를 기용하여 그로 하여금 대응케 하면 된다. 조직이 클수록 비슷한 주파수 대역의 대타를 찾기도 쉽다. 하지만 1인 기업에서 이런 문제가 발생하면 상당히 곤란하다. 내세울 대타가 없으니 싫어도 그를 피할 수 없고, 그렇다 해서 그 고객과의 거래를 끊을 수도 없으니 말이다. 이럴 때의 해결 방법은 없을까? 몇 가지를 궁리해봤다.

첫째, 대면하거나 구두로 소통하는 대신 모든 소통을 서면으로 하는 것이다. 미팅을 하든 전화통화를 하든 그와 나눈 이야기의 모든 내용을 문서로 기록하고 이를 추후 그에게 확인토록 한다. 이는 내가 가장 애용하는 방법으로, 거래에서 중요한 사항을 놓치는 경우를 사전에 방지할 수 있다. 단, 고객과의 관계 자체가 공식적이고 피상적인 수준에 머무를 수밖에 없다는 한계도 있다.

둘째, 그 고객과의 소통에 한해서만큼은 적절한 에이전트—주파수가 잘 맞는—를 활용하는 것이다. 이 경우 마진의 일정 부분은 에이전트에게 줘야 하지만, 고객을 잃는 최악의 경우는 막을 수 있으므로 꽤 효과적이라 하겠다. 하지만 부작용이 발생할 가능성도 적지는 않다. 당신이 그 고객이라면 여태까지 사장과 협의해왔는데 어느 날부터 에이전트와 이야기하고 싶겠는가? 사장인 나와 협의하면 그 자리에서 해결될 수 있는 문제를 에이전트를 통해 전달하고 싶겠는가? 게다가 이전보다 소통의 오류가 더 심각해질 가능성도 있으니 결국 그 고객은 에이전트를 배제한 채 사장과 직접 소통하려 할 확률이 높다. 돈은 돈대로 썼는데 일은 그대로일 수도 있다는 뜻이다.

셋째, 다른 담당자를 요청하는 것이다. 나는 한 번도 사용해보지 않았지만, '제 커뮤니케이션 스킬이나 능력이 떨어져서 당신과 대화하기가 힘드니, 제 수준에 맞는 새로운 담당자를 붙여주시면 정말 감사드리겠다'고 그에게 솔직히 이야기해보는 방법이 있다. 만일 상대가 흔쾌히 이해해준다면 최고의 방법이 될 수 있지만, 그렇지 않다면 거래 중단까지 각오해야 할지도 모른다는 단점이 있다.

이상은 내가 생각해본 방법들인데, 다른 1인 제조회사 사장님들은 이런 경우 어떻게 대처하고 계시는지 참 궁금하다. 우리 모두에게 가장 힘든 것이 바로 이 인간관계가 아닐까 싶다.

033 chapter

고객을 다변화하라

세상에 '1'만큼 위험한 숫자는 없다. 1인 기업의 가장 큰 위험 요소는 오직 '1인'이라는 데 있다. 거기에 1인 기업이 공급하는 제품이 '한 종류'일 때 그 위험은 배가되고, 그 '한 종류'의 제품을 오직 '한 고객'에게만 공급할 때 위험은 최고조에 이른다.

기업에 있어 가장 위험한 시나리오는 '한 사람이 한 종류의 제품을 만들어 오직 한 고객에게 파는 것'이다. 길이 하나밖에 없어서 되돌아가거나 우회할 길이 없는 것을 두고 장기에서는 '외통수'라고 하는데, 이런 외통수 상황에서는 정말 자칫하면 매출이 제로가 될 뿐 아니라 회사 문을 닫을 수도 있다. 그러니 위험을 낮추려면 '1'이라는 숫자들도 제거해야 한다.

1인 기업의 경우 '1인'은 유지되어야 하니 둘 중 하나, 즉 제품의 종류와 고객 수 중 하나는 반드시 다변화해야 한다. 다시 말해 ①한 고객에게만 공급하되 제품을 다변화하는 것과 ②한 제품만 팔되 고객을 다변화하는 것 중 하나를 택해야 한다는 뜻이다. 내 생각엔 ①보다 ②가 더 유리할 것 같다. 그 이유는 뭘까?

첫째, 비용이 더 적게 든다. 제품의 경우 n가지를 개발하면 대개 n배의 비용이 들지만, 고객은 n명으로 늘어나도 n배의 비용까지는 들지 않는다.

예를 들어 0인 고객 수를 1로 만들기 위한 비용이 10원이라면 고객 수를 9에서 10으로 만들기 위한 비용은 5 이하이고, 고객 수를 19에서 20으로 만들기 위한 비용은 0에 수렴한다. 고객이 늘수록 제품에 대한 인지도와 호감이 급증하여 자발적 구매가 이루어지기 때문이다. 즉, 일정 수 이상의 고객을 넘어서면 기업의 추가적인 노력이나 비용 투입 없이도 일정 기간 동안에는 기하급수적으로 고객이 증가한다. 이렇게 급격히 늘어나는 지점을 티핑 포인트tipping point라고 하는데 이때부터의 고객획득 비용은 0에 가까워진다.

이에 비해 제품은 그 종류가 아무리 늘어나도 기본적으로 투입되는 개발 비용에 큰 차이가 없다. 다시 말해 아홉 가지였던 제품 종류에 추가로 하나를 더 늘릴 때의 개발 비용과 열아홉 가지에서 하나 더 늘릴 때의 개발 비용은 대동소이하다. 그래서 모든 자원이 제한적인 1인 기업에게는 제품 다변화보다 고객 다변화가 유리하다.

둘째, 열세인 협상력을 보완할 수 있다. 고객과의 관계에 있어서 1인 기업의 가장 큰 핸디캡은 '협상력 열세'다. 혼자 협상에 임하다 보니 상대가 누구든 1:n으로 밀릴 수밖에 없는데, 고객 다변화는 이러한 협상력 열세를 타개할 방법이기도 하다.

누군가 나에게 "당신 회사의 가장 큰 경쟁력은 무엇입니까?"라고 묻는다면 나는 "전체 매출의 10% 이상을 차지하는 고객이 하나도 없다는 것입니다"라고 대답할 것이다. 고객들이 여럿인 데다 어느 한 고객도 우월한 지위에 있지 않기 때문에 나는 혼자임에도 동등한 입장에서 협상할 수 있다.

셋째, 시장 예측에 도움이 된다. 팔 걸 만드는 것이 아니라 만든 걸 팔려면 시장을 알아야 한다. 고객이 다변화될수록 그들의 다양한 요구를 취합할 수 있고, 이러한 다양한 정보를 다년에 걸쳐 축적하다 보면 시장의 길목을 미리 지키는 것이 가능해진다. 시장 성장에 따라 어떤 제품을 우선해서 개발해야 할지 그 순위를 조정할 수 있게 되는 것이다. 이렇게 보면 결국 고객 다변화는 제품 다변화의 전제 조건이고, 그렇기에 모든 자원이 제한되어 있는 1인 기업에게는 선先 고객 다변화, 후後 제품 다변화가 최적의 전략임을 알 수 있다.

마침내 n명의 고객으로 다변화가 이루어졌을 때 조심해야 할 것이 하나 있다. 그 고객 모두를 독식하려는 욕심은 버려라. 가장 이상적인 상황은 각각의 고객에게 두 개 이상의 공급업체가 존재하는 것이다. 즉, n명의 고객에게 N개의 공급업체가 있고 그 공급업체들 중 '잘 보이지 않는 내가 있을 때'가 가장 안정적이다. n명의 고객을 모두 독식하려고 욕심부리다 자칫 품질이나 납품에 문제가 생기면 기존의 고객들도 다 떨어져나간다.

일이 잘될수록 겸손해져라. 누구에게나 한 방은 있는 법이니, 있는 듯 없는 듯 조용히 시장을 뜯어먹는 것이 상책이다. 약하디 약한 1인 기업이라면 더더욱.

034 chapter 비관적인 것이 낫다

삶의 어려운 고비에 처할 때마다 가장 마음에 와 닿는 격언 중 하나가 '생각하는 대로 된다'다. 비록 지금은 힘들지만 자신이 처한 상황을 낙관적으로 해석하고 미래에 잘되어 있을 모습을 자꾸 떠올리며 스스로 "된다! 된다!"를 되풀이하면 그대로 된다는 것이다. 그것이 맞을 수도 있겠다. 친구나 가족들이 "넌 할 수 있어! 잘될 거야! 걱정 마!"라고 말해주면 정말 위로가 되고 잘될 것 같은 생각이 들기도 하니 말이다.

그러나 내 경험으로 보면 이런 낙관적인 생각보다는 '현실을 냉정하게 직시하고 사실 그대로 인정하는 것'이 오히려 일에 대한 집중을 높이는 것 같다. 언제든 최악의 상황이 발생할 가능성을 염두에 두고 그것에 대비하는 것이 근거 없는 낙관과 자신감보다는 유익하다.

9장에서 이야기한 '1인 기업은 1일 기업이어야 한다'는 어찌 보면 극단적인 비관론에서 나온 것이다. 리스크에 그대로 노출될 수밖에 없는 1인 기업은 언제든 망할 수 있기에 기업을 접는 것이 가장 합리적이라면 오늘 당장에라도 그 결정을 내릴 수 있어야 한다는 것, 그리고 그런 결정을 신속히 내리는 데 가장 걸림돌이 되는 '폐업 및 청산 비용'을 최소화하려면 보유자산의 유동성을 극대화해야 한다는 것이 9장의 핵심 내용이었다.

아울러 매일 출근 후 하는 기도에 빠지지 않는 내용이 '오늘 당장 회사가 망하더라도 절대 놀라지 않게 해주세요'라는 것도 이야기한 바 있다. 만일 모든 일이 진짜 자기 생각대로 된다면, 망할 생각부터 하는 나는 미친 사람임이 틀림없다. 하지만 이렇게 '비관적인' 기도와 함께 하루를 시작하면 다음과 같은 좋은 점들이 있다.

① 어떤 상황이 닥쳐도 일희일비하지 않게 된다.
② 내일을 걱정하기보다는 오늘 하루에 최선을 다하고 디테일에 꼼꼼해진다.
③ 맞지도 않는 예측과 계획 수립에 시간을 낭비하지 않게 된다.
④ 상대방의 말을 경청하는 태도를 가지게 된다.

나는 성품이 급하고 걱정이 많으며 계획하기를 좋아하고 건방지다. 그나마 이러한 나를 좋은 방향으로 이끌어준 것이 '오늘 회사가 망할지 모른다는 생각'이다. 영국 리버풀 대학 경영대학원의 더크 린데바움Dirk Lindebaum 교수 역시 "낙관적·긍정적 태도보다 부정적·비관적 태도가 실제 사업에서 성공적인 결과를 가져올 가능성이 더 크다. 왜냐하면 위기의식과 긴장감을 가지고 사소한 결정 하나도 꼼꼼히 따지며 넘어가는 습관을 가질 수 있기 때문"이라고 말한 바 있다.

1인 기업, 특히 제조회사에 있어서 꼼꼼함만큼 중요한 것이 있을까? 인텔Intel의 CEO인 앤디 그로브Andy Grove가 『편집광만이 살아남는다Only the paranoid survives』라는 베스트셀러를 남기기도 했지만, 정말 셀 수 없이 많은 창업자들은 가장 중요한 회사 문화로 편집광적인 꼼꼼함을 제시한다. 비관적인 마인드가 1인 기업의 꼼꼼함을 가져오는 데 도움이 된다면 정말 그것만으로도 충분히 유익하다. 하지만 우리 사회는 아직도 그릇이 크고 호탕한 리더를 더욱 선호하는 것 같다. 정주영 회장이나 김우중 회장처럼 불도저 같은 힘으로 밀어붙여야 사업 잘하는 것이라고 생각하는 것을 보면 말이다.

고속으로 성장하던 과거 경제발전기 초반에는 이러한 극단적 낙천주의가 사업가의 필수 덕목일 수 있었다. 하지만 이제 충분히 고도화되고 성숙해졌으며 디테일해진 사회에서는 치밀하고 꼼꼼하지 않으면 사기꾼이라는 소리를 듣기 십상이고, 살아남기도 어렵다. 때문에 '좋은 비관주의'가 필수적으로 갖춰져야 하는데, 이것이 가장 잘 드러나는 부분이 바로 ①납기, ②사양서, ③제품 보증이다.

① **납기:** 비관적인 기업은 납기에 반드시 여유를 두고, 고객이 아무리 불평해도 납기일을 타이트하게 잡는 일이 없다. 생산 과정에서 문제가 발생하면 일정이 지연될 수도 있는데, 빠듯한 납기일을 맞추기 위해 서두르다 보면 제품에 하자가 생길 가능성이 크기 때문이다.

② **사양서:** 비관적인 기업은 사양서상에 기재된 성능을 실제보다 줄이고자 한다. 설사 사양서상의 줄어든 성능 탓에 경쟁 입찰에서 떨어지더라도 상관하지 않는다. 실제 환경에서 그것에 못 미칠 경우 제기

될 고객의 불신과 불만을 사전에 방지하고자 하는 것이다.

③ **제품 보증**: 비관적인 기업은 제품의 무상보증 기간도 최대한 줄이고자 한다. 아무리 검증을 철저히 했어도 실제 환경에서 어떤 하자가 발생할지 모르기 때문이다. "경쟁 제품에 비해 왜 이렇게 보증 기간이 짧은 것이냐"라며 고객이 뭐라 해도, 지킬 수 없는 약속은 처음부터 하지 않는다.

1인 기업의 대표가 되었다면 "왜 이리 비관적이냐?"라는 말을 듣는 데 주저하지 말자.

035
chapter

스마트 팩토리, 3D 프린터 그리고 1인 제조*

요즘 제조업에서 유행처럼 회자되는 몇 개의 단어들이 있다. 스마트 팩토리, 인더스트리 4.0, ICT 융합 서비스, 사물 인터넷, 3D 프린터가 그것이다. 정권이 바뀌고 경제 산업 정책의 새 그림이 그려지면 그에 맞춰 이런 저런 신조어들이 생겨났다 사라지곤 하는데, 지금 언급한 단어들은 비교적 오래갈 수도 있을 것 같다. 외국에서 먼저 널리 쓰인 개념들이기 때문이다.

이제 이 유행어들을 하나씩 설명하면서 그것이 왜 1인 제조와 연관되는지 이야기하겠다. 이 장을 다 읽고 나면 1인 제조라는 개념이 그저 나 혼자 부르짖는 것이 아니라 향후 제조업이 나아갈 방향과 밀접하게 연관되어 있음을 깨닫게 될 것이다.

* 본 장은 "인더스트리 4.0과 제조업 창조경제 전략"(2014.5.30, 한국정보화진흥원)을 참고하였다.

① **스마트 팩토리**smart factory: 말 그대로 공장이 스마트해진다는 개념이다. 작업자 개인의 경험과 수기手技에 의존해왔던 과거의 작업공정을 스마트센서와 유무선 네트워크를 통해 사람의 개입 없이도 자동으로 이루어지게 한 다시 말해, 스스로 제어하는 똑똑한 공장이다.

스마트 팩토리 개념의 탄생은 독일, 미국 등 선진국의 제조업 공멸의 위기에서 비롯되었다. 크리스 앤더슨Chris Anderson은 자신의 책 『메이커스Makers』에서 "강한 국력을 원할수록 제조업을 유지해야 한다. 하지만 거대 공장의 유지 비용이 너무 커졌다. 이를 반전할 유일한 길이 스마트 팩토리다. 크고 집중된 공장이 아니라, 분산되고 개별화된 형태로 기업가 정신을 극대화할 수 있는 신제조업 모델을 만들어야 한다. 세상을 바꾸는 영리한 사업가의 모습을 제조업에서도 찾을 수 있어야 한다"라고 했다.

앤더슨의 주장을 꼼꼼히 읽어보면 이것은 이 책에서 지금까지 말한 1인 제조사의 기본 개념과 무척 유사하다는 것을 알 수 있다. 즉, 1인 제조사의 궁극의 모습은 스마트 팩토리고, 스마트 팩토리는 1인 제조로 구현될 때 가장 적합한 형태를 가질 수 있는 것이다.

미래부는 이러한 스마트 팩토리 1만 개를 2020년까지 집중적으로 육성하겠다는 목표를 세웠다. 정권이 바뀌면 또 어떻게 될지 모르겠지만 그 기본 흐름은 변할 것 같지 않다. 1인 제조에게 있어 이런 분위기는 절호의 기회가 될 가능성이 크다.

② **인더스트리 4.0**industry 4.0: 이것은 1차(18세기), 2차(20세기 초), 3차 산업혁명(1970년대 초)을 거쳐 2020년 이후 또 다른 산업혁명기가 도래할 것이라는 독일의 예측을 나타내는 표현이다.

4차 산업혁명기에는 정보통신기술과 제조업의 완벽한 융합으로 모든 생산장비와 공정이 네트워크화되고 이들이 상호 소통하면서 생산의 최적화를 달성할 것으로 기대된다. 즉, 공장이 스스로 통제 및 보정, 개선을 하는 완전 자동화 공장이 도래할 텐데, 이러한 4차 산업혁명을 통해 선진국의 제조업 비중은 다시 높아질 것으로 보인다.

인더스트리 4.0의 초점은 '어떻게 하면 제조업에서 사람의 간섭을 최소화할 수 있는가'에 맞춰져 있다. 이 역시 인력을 최소화한 1인 제조기업과 매우 궁합이 잘 맞는 개념이다.

③ **ICT 융합 서비스**Information & Communication Technology Convergence Service: 인터넷과 모바일, 스마트폰으로 대표되는 IT 기술(최근엔 ICT라고 부른다)은 과거 30년간 폭발적으로 성장해오면서 사람과 사람 사이의 관계를 새로 규정할 정도로 우리 삶의 모든 부분을 바꾸어놓았다. 하지만 이러한 ICT 기술이 실제 생산현장에서는 극히 제한적으로 활용되어왔다.

ICT 융합 서비스는 사람과 사람 간의 관계에서 더 나아가 사람과 장비, 장비와 생산품, 생산품과 사람 간의 관계를 네트워크화하는 데 ICT 기술을 활용, 이를 제조현장에 융합시키고자 하는 시도를 뜻한다. 다시 말해 유무선 네트워크를 통해 제조현장의 각종 장비와 원자재, 중간재 및 완제품 등에 대한 모든 정보를 작업자가 쉽게 확인하고 제어할 수 있게 하는 것이다.

이러한 기술이 향후 1인 제조의 생산성을 크게 향상시킬 것은 명확하다. 비록 이른 시일 내에 당장 실현될 것 같지는 않지만, 1인 제조를 잘 운영하다 보면 약 10년 후쯤 ICT 기술과 융합되어 폭발적으로 성장할 것이라 기대해도 좋을 듯하다.

④ **사물 인터넷**IoT, Internet of Thing: 사람과 장비, 장비와 물품, 물품과 사람 간의 관계를 원활히 제어하려면 장비와 물품 등의 상태와 동작에 대한 정보가 작업자에게 전달되어야 하는데, 이를 위해서는 각종 센서와 유무선 통신수단이 있어야 한다. 즉, ICT 융합 서비스를 가능케 하는 데 있어 가장 중요한 기술 요소가 바로 유무선 통신센서인 것이고, 이를 일컬어 사물 인터넷이라고 한다. 우리가 알고 있는 인터넷은 보통 '사람 간의 인터넷Internet of Human'이지만, 장비와 물품 등에 통신수단을 부착하여 사물 간 또는 작업자와 소통하게 하는 것이 사물 인터넷인 것이다.

사물 인터넷 기술이 활성화되면 작업자는 어디에 있든 생산현장의 여러 상황을 센서로 수집하여 원격으로 모니터링하고 제어하는 것이 가능해진다. 이러한 기술을 가장 필요로 하는 회사는 어디일까? 당연히 1인 제조회사일 것이다.

⑤ **3D 프린터**3D Printer: 공장에서 일률적으로 만든 물건들을 소비하는 것을 넘어 이제는 개인이 원하는 물건을 스스로 만들어 소비할 수 있는 시대가 눈앞에 다가와 있다. 많은 전문가들은 원하는 제품의 3차원 도면만 입력하면 이를 그대로 출력하는 3D 프린터가 이를 가능케 할 것으로 예측한다.

3D 프린터의 가격은 몇십만 원에서 몇억 원에 이르기까지 천차만별이고, 인공뼈나 인공장기를 제작하는 수준까지 그 정밀도 또한 높아지고 있다. 얼마 전 유튜브YouTube에는 3D 프린터를 이용해 집에서 권총을 만들고

실탄 발사까지 시현하는 동영상이 올라와 논란을 불러일으켰다. 시간 있을 때 셰이프웨이(www.shapeways.com)에 들어가서 3D 프린터로 제작한 수많은 제품과 그 도면들을 한번 직접 눈으로 살펴봐라. 아마 눈이 돌아갈 것이다.

국내에서도 많은 분들이 이 3D 프린터를 활용하여 뭔가 혼자 할 수 있는 사업거리는 없는지 고민하시는 것으로 안다. 사실 현재로서는 장비 값이 너무 비싼 데다 아직은 생소하고 실제 프린터로 제조할 수 있는 재질과 속도의 한계 때문에 사업화하는 데 넘어야 할 장애물이 많다. 하지만 장비가 더욱 발전하고 가격이 하락하면 1인 제조회사를 생각하는 많은 분들께는 없어서는 안 될 필수 도구가 될 것으로 확신한다.

어떤 이름을 붙이든 미래의 공장은 더욱 작아지고 분산되며 사람의 개입을 최소화하게 된다. 이때 1인 제조회사는 미래의 공장을 담아낼 최적의 기업 모델이 될 것이다. 하지만 기술만 있다고 1인 제조가 가능한 것은 절대 아니다. 지금 1인 제조기업을 잘 운영하고 있는 이들은 이런 기술들도 잘 활용할 수 있을 것이고, 또한 이 책을 읽는 독자들은 자신이 이미 맞는 방향으로 가고 있다고 믿어도 좋겠다.

036
chapter

창조? 개나 줘라

창업이라고 하면 흔히 '독창성' '차별성' 등의 단어를 먼저 떠올린다. 우리는 창업은 뭔가 젊고 참신하며 새로워야 한다고 세뇌당해왔다. 정부나 정치나 언론이나 대학의 이야기를 들어봐도 '창업가=뭔가 톡톡 튀는 창조적 인물'이어야 한다는 고정관념을 가지고 있는 것 같다.

창업은 창조적이고 독창적이어야 한다? 일면 맞는 말이다. 그래야만 할지도 모르겠다. 매출 1조 규모의 회사 하나가 새로 탄생할 확률은 매출 1,000억짜리 회사가 열 개 탄생할 확률, 매출 100억짜리 회사가 100개 탄생할 확률, 매출 10억짜리 회사 1,000개가 탄생할 확률보다 훨씬 높다. '될 놈 하나' 밀어주는 데 들어가는 비용과 수고 또한 '그저 그런 열 놈' 밀어주는 데 들어가는 것보다 훨씬 적으니 가급적 크게 될 놈만을 골라 밀어주는 식이다. 그리고 이 '크게 될 놈'과 '그저 그런 놈'을 구별하는 데 흔히 사용되는 기준이 바로 창조성과 차별성, 독창성이다. 남들이 안 하는 것, 처음 보는 것을 해야 더 크게 될 수 있다고 믿으니 말이다.

바로 여기에 치명적인 착시 현상이 있다. 1인 제조 역시 창조적이어야 한다는 생각이 그것인데, 정말 착각도 이런 착각이 없다. 1인 기업의 목표는 매출액 1조, 1,000억, 100억이 아니다.

기껏 연 매출 10억짜리 1인 제조회사를 꿈꾸면서 창조성, 독창성의 개념을 강조하다 보면 얻는 것보다 잃는 것이 훨씬 많다. 왜? 앞서 언급했듯 제조업은 개인 종목이 아니라 단체 종목, 그중에도 사이클 추발 경기이기 때문이다. 나 혼자 잘나서 제일 먼저 들어와봤자 아무 소용없다. 팀에서 가장 처지는 선수가 마지막으로 들어올 때가 우리의 기록, 나의 기록이란 뜻이다.

때문에 나를 둘러싼 전후방 협력회사들과 어떻게 눈높이를 맞춰 협업하느냐가 1인 제조의 성공 요소이고, 그래서 독창성보다는 팀워크가 1만 배 중요하다. 다른 업종에서는 한 명의 메시, 한 명의 호나우두가 중요할지 모르지만 제조업, 특히 1인 제조에서는 있는 듯 없는 듯 팀을 앞세울 수 있는 선수가 성공할 가능성이 훨씬 크다.

또한 제조업은 생각만큼 그렇게 빨리 변하지 않는다. 스마트폰을 일례로 들어보자. 하드웨어를 찬찬히 뜯어보면 지난 5년간 크게 달라지지 않았음을 알 수 있다. 디자인이나 외장 재질에서 조금 달라지고 없던 기능이 조금 추가되었을 뿐 회로 기판에는 큰 변화가 없는 것이다. 지구상 모든 제품 중 가장 많은 돈이 투자되고 최고의 개발 인력이 포진한 스마트폰 산업에서도 이러한데, 하물며 다른 제조업종은 어떻겠는가? 특히 B2B 분야에서는 20년 전에 좋았던 제품이 지금도 좋은 경우가 부지기수로 많다.

5년 전에 많이 팔린 제품이 지금도 괜찮게 팔린다면 5년 후에도 잘 팔린다는 것이다.

그러므로 1인 제조의 경우 어쭙잖게 창조를 들먹이며 스스로 방전하지 말고, 시장에서 스테디셀러인 제품을 잘 베끼는 것이 중요하다. '잘 베끼는 것'은 무턱대고 그대로 베끼는 것이 아니다. 안 베낀 듯 베끼는 것이다. 하늘 아래 새로운 것은 없으니 베끼는 것에 대한 죄책감은 느끼지 말기 바란다. 자기의 수준과 주제를 파악하는 것보다 더 창조적인 것은 없다.

037
chapter

나서지 마라

바로 앞장에서 '자기 수준을 아는 것이 가장 창조적인 것'이라고 말했는데, 이것은 정말 맞는 말 같다. 나를 알아야 내 싸움을 할 수 있고, 내 싸움을 해야 이길 수 있다. 내 싸움을 한다는 것은 싸움의 룰을 내가 만든다는 것이다. 상대방의 룰에 따라 싸우게 되면 어지간히 강하지 않고서는 이길 수 없다. 하물며 1인 기업의 경우 내 싸움을 하지 못하면 백전백패다.

내가 가장 좋아하는 경영 베스트셀러 작가 말콤 글래드웰Malcolm Gladwell은 그의 책 『다윗과 골리앗David and Goliath』에서 '양치기 소년 다윗이 2미터에 이르는 거인인 골리앗을 이긴 것은 절대 기적이 아니라 그가 이길 수밖에 없는 싸움을 했기 때문'이라고 이야기했다. 골리앗과 근접 거리에서 맞짱을 뜰 경우에는 반드시 지게 될 것임을 다윗은 누구보다 잘 알고 있었다. 그래서 자신이 가장 잘하는 돌팔매질로 골리앗을 공략했고, 정확한

투석으로 그의 미간을 가격하여 싸움에서 승리할 수 있었다. 즉, 다윗은 ①상대와 나의 수준을 정확히 파악하고, ②내가 승리할 수 있는 싸움의 룰대로 ③근접 거리가 아닌 중장거리에서 돌팔매질을 함으로써 승리를 거둔 것이다.

약할수록 내 싸움을 해야 한다. 상대의 싸움에 말려들면 깨질 수밖에 없으니 무턱대고 나서면 안 된다. 나서는 순간 1인 기업은 상대방의 싸움을 할 수밖에 없다. 골리앗과 단둘이 맞붙게 되는 것이다.

여기서 말하는 '나서지 말라'는 것에는 두 가지 의미가 있다. 하나는 **'경쟁을 피해 어떻게든 도망 다니라'**는 뜻이다. 이종격투기 경기를 보면 흥행을 위해 덩치가 두 배 차이 나는 선수들끼리 대결시키는 경우가 있다. 이때 작은 선수가 구사할 수 있는 최고의 전략은 뭘까? 마지막 라운드의 종이 울릴 때까지 링 안에서 어떻게든 상대를 피해 도망 다니는 것이다. 큰 선수를 쓰러뜨리지 못했다고 작은 선수를 비난하는 사람은 아무도 없다. 끝까지 피해 다니면 야유야 나오겠지만 그것은 작은 선수가 아닌 큰 선수가 받아야 할 몫이고, 그렇게 경기가 끝나면 작은 선수는 모든 관중의 기립 박수를 받는다.

그렇다면 작은 선수에게 가장 멍청한 전략은 무엇일까? 정정당당하게 이기겠다고 맞서는 것이다. 이런 경우 대부분은 1라운드에 KO패를 당하기 십상인데, 피하는 것이 정정당당하지 않다는 이 생각이야말로 정정당당하지 않다. 작은 선수 입장에서는 계속 도망 다니는 것이 가장 정정당당한 방법이다. 물론 링 밖을 벗어나면 안 되지만 말이다.

1인 기업도 마찬가지다. 큰 기업과의 맞짱은 끝까지 피하고, 자신이 잘

하는 돌팔매질 전략을 찾아 그것으로 싸워야 한다. 뒤의 66장에서 그 전략들을 하나씩 알아보겠다.

'나서지 말라'에 담긴 두 번째 의미는 **'앞장서지 말라'**는 것이다. 1인 기업의 성공은 어떻게 시간을 절약하느냐에 달려 있다. 시간을 가장 효율적으로 배분하려면 모든 의사결정의 기준을 '당장 돈이 되는가'에 두고, 당장 돈이 안 되는 장기적 과제라면 과감히 포기해야 한다.

하루 벌어 하루 먹고 사는 1인 기업의 입장에서 1년 뒤의 일을 고민한다는 것은 시간낭비다. 그런 고민은 돈 많은 큰 회사가 매일 하는 일이니 그들에게 맡기고, 우리는 그러한 큰 회사들의 산출물에 어떻게 접근할 것인지를 고민하는 편이 낫다.

누군가는 "미래에 대한 고민이 없는 기업도 기업인가?"라고 물을지 모른다. 기업의 가장 중요한 목적은 ①오늘 당장 돈을 버는 것과 ②미래에도 돈을 버는 것, 둘 중 하나다. 이 두 가지 목적의 비중을 보면 대기업은 3:7, 중견기업은 5:5, 중소기업은 7:3, 1인 기업은 9:1 내지 10:0이 될 것이다. 즉, 기업의 규모가 작아질수록 오늘, 현재가 더욱 중요하다는 뜻이다.

앞장서지 말라는 이유는 바로 이 때문이다. 1인 기업들은 큰 회사의 시행착오를 보면서 향방을 결정해도 전혀 늦지 않는데 굳이 왜 앞장서서 방향을 정하려고 하는가? 1인 기업의 가장 큰 장점이 신속한 의사결정과 집행이고 가장 큰 약점이 시간 부족인데, 왜 부족한 시간을 어찌 될지도 모르는 미래에 대한 고민에 투자하려 하는가?

여차여차 시장을 선도할 만한 제품을 기획했다고 하자. 기획한 제품을 개발하려면 전후방 연관업체들의 도움이 절대적으로 필요하다. 그들을 어떻게 설득할 수 있을까? 나만 믿고 일단 만들어보자고? 내가 다 책임지겠으니 물건만 잘 만들어달라고?

100이라는 개발비가 들어가는 시장 선도 제품을 개발하는 상황을 예로 들겠다. A라는 기업은 제품 개발에 있어 자체 공정 대 외주 공정 비율이 50:50이고 B라는 기업은 10:90이다. A사는 제품을 개발하는 과정에서 50의 비용을 쓰고 50은 외주업체가 부담하는데, B사는 자체적으로 10만을 부담하고 90은 외주업체에 부담시킨다. 이 B기업이 바로 1인 기업이다. 50을 부담하는 A도 나머지 50을 부담하는 외주업체를 설득하기가 쉽지 않은데, 10만 부담하는 B가 90을 부담해야 할 외주업체들을 과연 설득할 수 있을까?

시장을 선도하며 인정받고 싶은 마음은 누구에게든 있다. 하지만 대부분의 1인 제조사는 나서면 백전백패하게 되어 있으니, 절대 골리앗과 맞서지 말자.

038
chapter

커지고 싶다면?

독신자와 독신주의자는 전혀 다르다. 혼자 산다는 점은 같지만 전자는 어쩔 수 없이 혼자 사는 것이고 독신주의자는 결혼을 할 수 있음에도 혼자 사는 것이다.

마찬가지로 1인 기업자와 1인 기업주의자는 전혀 다르다. 1인 기업자는 할 수 없이 혼자 일하고는 있지만 여건이 된다면 언제든 조직과 규모를 키우고 싶어 하고, 1인 기업주의자는 상황이 나아지더라도 선택과 집중을 통해 1인 기업을 계속 고수하고 싶어 한다.

물론 독신주의자 중에도 눈에 뭐가 씌면 하루아침에 마음을 바꾸는 사람이 있긴 하다. 반대로 결혼만이 인생의 목표였던 독신자 가운데에서도 절망과 자기 직면의 시간을 거쳐 자연스레 독신주의자가 되는 사람이 있다.

역시 마찬가지로 1인 기업주의자 중에도 회사가 정말 잘되어 1인 기업을 포기할 수밖에 없는 사람이 있는가 하면, 반대로 1인 기업 탈출이 지상 목표였다가 한 해 두 해를 보내며 1인 기업을 천직으로 여기게 된 사람도 있을 것이다.

무엇이 되었든, 이 책은 전적으로 1인 기업주의자를 위한 책이다. 1인 기업주의자들은 1인 기업이 나 자신을 계속 채용하게 할 수 있는 가장 이상적인 기업 형태라고 믿는다. 기업을 성장시키기 위한 중간 단계로서가 아니라 1인 기업 그 자체를 궁극적 목표로 삼는 것이다.

1인 제조회사를 어느 정도 안정적 궤도에 올릴 때까지 얼마나 많은 땀과 수고가 따르는지는 말할 필요도 없다. 그토록 고생했으니 이제는 사람도 두고 시간적인 여유도 가지고 싶다. 사업에 좀 자신도 붙었으니 크게 질러도 보고 벌려도 보고 싶다. 말만 사장일 뿐 한 번도 대접받지 못했으니 이젠 대접도 받아보고 싶다. 명절 때 친척들에게 으쓱하기도 해보고, 동창회 때 '척'도 하고 싶다.

이런 생각이 드는 것은 정말 당연한 일이다. 하지만 나는 1인 기업을 고수하고자 하는 분, 작은 화분 안에 소나무를 분재하듯 1인 기업이라는 화분 안에 사업을 분재해가는 분들을 위해 이 책을 쓰고 있다.

사업이 커져서 화분을 가득 채우면 부가가치가 낮은 제품부터 가지를 쳐나가거나 분갈이를 해내야 한다. 이것저것 다 끌어안고 가는 것이 아니라 가장 잘할 수 있는 그것만 가지고 가는 것이다. 가지를 치거나 분갈이 하라는 것은 그 제품 혹은 사업을 그냥 버리라는 뜻이 아니라 분리수거를 하라는 뜻이다. 사업 중 재활용이 가능한 것, 매각할 것, 물물교환할 것, 소각시킬 것 등 여러 옵션이 있지만, 이 주제는 이 책의 범위를 벗어나기에 여기까지만 이야기하겠다.

내 경우에는 기존의 회사가 어려워지면서 직원들 모두 회사를 떠났기 때문에 다른 선택의 여지 없이 1인 기업을 시작하게 되었다. 솔직히 처음 2~3년간은 "나 이거 때려치우련다"는 소리를 매일 입에 달고 살았지만 지금은 1인 기업이 내 몸에 꼭 맞는 옷임을 안다. 1인 기업주의자가 되어가고 있는 것이다. 하지만 솔직히 평생 1인 기업을 하겠다는 장담은 못하겠다. 언제 눈에 콩깍지가 씔지 모르기 때문이다.

039 chapter

모든 일을 모듈화해라

15평짜리 내 사무실에는 여섯 개의 책상과 여섯 대의 컴퓨터가 있다. 그래서 처음 내 사무실을 방문한 분들은 정말 1인 기업이 맞는지, 직원이 더 있는 것은 아닌지 의심할 정도다.

각 책상과 컴퓨터에는 각각의 역할(?)이 부여되어 있다. ①자금 회계, ②영업(내수), ③영업(수출), ④제품 개발, ⑤검수, ⑥포장 및 선적이 그것인데, 나는 각 책상에 앉을 때마다 그 해당 업무에 맞는 모드로 자신을 바꾸기 위해 노력한다. 영업 책상에서는 고객 요구에 열심히 대응하다가 자금 회계 책상으로 옮겨 앉으면 미결제금액과 결제를 고객에게 독촉하는 방안에 골몰한다. 제품 개발 책상에 앉으면 신제품 출시 일자에 초조해하다가도 자금 회계 책상에 앉으면 개발 자금 과부족을 고민하고, 영업 책상에서는 납기를 고민하다가 검수 책상에 앉으면 납기보다 철저한 검수를 더 중시하게 된다.

1인 기업인은 다중인격자가 되어 각 업무에 맞는 마인드와 업무 수칙을 지켜야 한다. 어쩌면 이런 다중인격 행태가 1인 기업인에게 가장 힘들고 피곤한 일인지 모르겠다. 조금만 제어가 안 되면 특정 업무의 마인드로 완전히 쏠려버리니 말이다. 이렇게 잘못 쏠리는 것을 바로잡는 데 있어 여섯 개의 책상과 컴퓨터는 매우 효과적이다. 15평의 좁은 사무실이지만 이렇게 공간을 나눔으로써 기업의 모든 업무를 개별적으로 분리하고 레고 블록처럼 모듈화한 것이다.

사각 물탱크 안에 물을 절반 정도 채운 뒤 전후좌우로 흔들면 물탱크 전체가 휘청거릴 것이다. 이것이 업무를 구획하지 않고 처리할 때의 모습이다. 하지만 물탱크 내부를 바둑판처럼 격자로 나눈 다음 그 안에 물을 채우고 흔든다면 휘청거림은 훨씬 줄어들 것이다. 물이 사각 물탱크의 끝에서 끝으로 흔들리는 것이 아니라 기껏해야 격자 안에서 움직이기 때문이다.

특히 혼자 일할 때 이처럼 격자를 세워 업무를 구획하면 어떤 한 업무의 흔들림으로 인해 전체까지 출렁거리는 위험을 막을 수 있다. 하나의 문제를 그 하나의 문제로 봉쇄하는 것, 이것이 1인 기업에서는 정말 중요한 과제다. 나는 책상과 PC뿐 아니라 이메일 계정도 각 업무 분야에 따라 다른 것을 사용한다. 업무들이 서로 뒤섞이는 것을 어떻게든 최소화하기 위해서다.

이렇게 업무를 모듈화함으로써 얻는 또 하나의 장점은 누가 업무를 인수인계하더라도 쉽게 분리하여 떼어줄 수 있다는 것이다.

1인 기업을 창업하여 모듈화에 대한 고려 없이 몇 년 지나다 보면 이제 회사의 모든 업무가 맞춤옷처럼 나 혼자 일하는 데 딱 맞게 최적화된다. 그런데 이것이 과연 좋기만 한 것일까?

할 만큼 하다가 미련 없이 1인 기업을 접고자 한다면 최선일 수도 있겠다. 하지만 사람 일은 모른다. 피치 못할 사정으로 급하게 회사 업무 전체 또는 일부를 누군가에게 맡겨야 한다면 어떨까? 기업의 모든 업무가 나만 알게 되어 있고 각각 분리될 수 없다면 이럴 경우 큰 낭패일 것이다.

1인 기업을 매각하려 할 때도 고민스러워진다. 나만 알도록 회사 업무가 짜여 있다면 매각에 큰 걸림돌이 되기 때문이다(1인 기업을 누가 사겠냐고? 이에 대해서는 96장에서 살펴보기로 한다). 이런 이유들 때문에 1인 기업일수록 레고 쌓듯이 각 업무를 블록화하고 모듈화하는 것이 필요하다.

040

chapter

사훈을 통해 영점을 유지하라

'각주구검刻舟求劍'이라는 말이 있다. 배를 타고 강을 건너던 중 칼이 물에 빠지자 그것을 빠뜨린 뱃전에 칼자국을 내어 표시해두었다가 나중에 그 뱃전 부근에서 칼을 찾으려 했다는 데서 유래한 고사성어다. 배가 어디에 있는지는 모르고 뱃전에만 정신 팔린 이런 코미디 같은 경우가 정말 있나 싶은데, 웃지 마시라. 남의 일이 아니다.

자의든 타의든 우리는 배처럼 매일 이동을 하고, 내가 인식하지 못하는 그 순간에도 떠밀려간다. 나는 가만히 있는 것 같은데 다른 이들은 나더러 많이 벗어났다고 한다. 어떤 개인이나 조직도 모두 그렇고, 조직이 작으면 작을수록 더욱더 멀리 벗어난다. 그래서 1인 기업은 조금만 방심해도 상상 이상으로 트랙에서 벗어나 있기 일쑤다. 칼을 빠뜨린 그 지점으로부터 얼마나 많이 벗어나 있는지도 모르는 채 여전히 칼자국이 난 뱃전만 바라보며 거기서 칼을 찾으려 하는 것이다. 다른 사람의 각주구검은 훤히 보이지만 나 자신의 각주구검은 전혀 눈에 들어오지 않는다. 정도의 차이는 있지만 1인 기업은 모두 각주구검 상태다. 그만큼 자기 자신의 기업 위치를 정확히 파악하는 것은 불가능에 가깝다.

각주구검을 막으려면 어떻게 해야 할까? 일단 닻을 내린 뒤 그 지점을 표시하고 기억해야 한다. 닻을 내린 지점, 즉 앵커 포인트AP, Anchoring Point가 바로 1인 기업이 견지해야 할 바로 그 좌표다.

AP는 보통 회사의 사훈 내지 미션을 통해 규정된다. 하지만 우리나라 기업들의 사훈은 너무나 모호해서 AP라고 하기에는 다소 무리가 있다. 각주구검을 피하려면 AP가 최소 북위 몇 도, 동경 몇 도라는 정보는 나와 있어야 하는데 그냥 "북동쪽 즈음에 있어"라고 하니 난감한 것이다.

큰 회사야 그리 많이 벗어나지 않으므로 AP가 모호해도 큰 문제는 없겠다. 하지만 1인 기업은 눈 깜짝할 사이에 수십 미터를 떠내려가므로 명확하고 구체적인 사훈을 가지고 있어야 한다.

내 회사의 사훈은 '태그Tag 아니면 택도 없다'다. 사실 최악의 부진에 시달리는 RFID 시장에서 태그만으로 먹고살자니 혼자임에도 너무 빠듯하여 이것저것 다른 사업을 기웃거린 것도 사실이다. 하지만 너무 멀리 간 적은 없었던 것 같고, 갔더라도 결국 다시 돌아왔다. '태그 아니면 택도 없다'는 사훈에 이미 닻을 내렸기 때문이다.

그럼 사훈은 바꿀 수 없는 걸까? 또, 사훈을 바꾸는 건 나쁜 일인가? 그건 아니다. 하지만 나는 '스스로 바꾸지는 말라'고 하고 싶다. 어쩔 수 없이 바뀌는 경우야 있을 수 있지만 최소 1만 시간은 현재의 AP 좌표를 견지하고, 가벼이 바꾸지는 마시라.

041 chapter 왜 저러고 살지?

몇 해 전 TV에서 젖소 키우는 분의 인터뷰를 보았다.

"젖소는 누군가 매일 젖을 짜주어야 한다. 안 짜주면 젖이 불어서 병에 걸리거나 반대로 말라버리기 때문에 하루도 거를 수 없다. 휴일이든 명절이든, 날씨가 춥든 덥든 모든 것을 젖소에 맞춰야 한다. 당일치기 외에는 어떤 여행도 상상할 수 없고, 정말 가봐야 하는 관혼상제에 갈 수 없었던 경우도 한두 번이 아니었다. 사람보다 소가 좋으냐는 힐난도 어르신들로부터 많이 받았다."

나는 그분의 말을 들으며 '어쩌면 저렇게 1인 기업과 똑같을까?'라고 생각했다. 1인 기업인은 3박 4일 정도의 여행도 상상하기 힘들고, 연·월차에 연휴 끼고 해외여행을 가는 직장인들을 보면 그저 부러울 뿐이다. 내가 가장 즐겨보는 TV 채널이 여행 채널인 것도 어쩌면 그 때문일지 모르겠다.

시간적 여유를 가지고 느긋하게 하는 취미 생활 역시 1인 기업인에게는 사치일 뿐이다. 15평짜리 사무실 안에서 내가 하는 운동은 줄넘기와 아령 들어올리기, 팔 굽혀 펴기 등 시간과 장소에 제약이 없는 고효율 운동들 뿐이다.

가끔 직장인들의 모습이 너무나 부러울 때가 있다. 점심시간에 우르르 몰려나와 함께 식사하며 웃고 떠드는 모습, 퇴근길에 고깃집에 들러 같이 삼겹살 구우며 소주 한잔 기울이는 모습도 무척 정겨워 보인다. 1인 기업을 하게 되면 이런 삶의 묘미는 더 이상 없을 뿐 아니라 혼자 하는 일에 대한 부담으로 술맛도 떨어진다. 가끔 친구를 만나 흉금을 터놓고 이야기하고 싶어도 나를 향한 질문은 항상 똑같다. "계속 혼자 할 거야? 사람 좀 써야지 그러고 어떻게 살아? 혼자만 벌어서 뭐 하려고?" 이렇게 속 모르는 이야기만 하니 친구들이지만 힘든 소리도 못하겠다.

1인 기업의 경쟁력은 규모가 작다는 데 있는데, '큰 것만이 아름답다'고 하는 세상에서 작은 것도 아름답다는 것을 믿고 살기란 너무나 어렵다. 혼자 일하고 있을 때는 잘 못 느끼다가도, 사무실 밖으로 나와서 다른 이들과 어울리다 보면 괜히 주눅이 들곤 한다.

돈에 대한 걱정은 365일 하루도 빠짐이 없다. 자금 스트레스 덕분에 항상 내일에 대해 긴장하게 되고, 이렇게 몇 년을 더 운영해야 형편이 나아질지 모르겠다는 불안감이 지속된다. 정신적으로 체력적으로 힘들다 보니 동창, 친목 모임과도 점점 소원해진다. 생활 패턴, 대인관계, 친구 집단까지도 바뀌어가는 것 같다.

심지어 성격도 달라진다. 5장에서 이야기했던 것처럼, 10년 전 MBTI 검사로 검사했을 때의 내 성격 유형은 ESTJ였는데 지금은 ISFJ로 바뀌었다.

외향적인 성격이 내성적으로 바뀌고, 이성적인 판단보다 감성적인 판단을 내리는 유형으로 달라진 것이다. 흔히들 나이 마흔을 넘으면 성격도 잘 안 바뀐다는데, 1인 기업을 한다는 것이 정말 어렵긴 어려운 일인가보다. 이쯤 되면 자신에게 다음과 같은 질문을 던지게 된다. "당신은 왜 이러고 사십니까? 지금 삶에 만족하십니까?"

앞서 언급했던 인터뷰에서 리포터는 그 젖소 농가 주인에게 바로 이 질문을 던졌다. 당시 그분의 답변은 이랬다. "정성껏 보살펴주면 젖소들도 그걸 알고 고마워해요." 지극히 짧고 간단한 답변이었지만 이 하나로 '올 킬'이다. 소들이 좋아하면 되는 것이지 뭘 더 바라겠는가. 그분이야말로 진정한 1인 기업인이었다.

chapter 042

세상을 멀리하라

1인 기업의 장점은 변화하는 환경에 신속히 대응할 수 있다는 것이다. 그러려면 세상의 변화를 감지해내는 촉이 발달해야 하는데 오히려 세상을 멀리하라니 이건 또 무슨 말일까?

'세상을 멀리하라'는 말은 속세를 떠나라는 뜻이 아니라 세상에 휘둘리지 말라는 뜻이다. 변화무쌍한 시장에 휘둘리다가는 시장 뒤꽁무니만 따라다니기 십상이고, 그럼 될 일도 안 된다.

지금까지 우리가 얻고자 했던 정보는 큰 조직을 더욱 크게 만드는 데 필요한 것들이었다. 크면 승자가 되고, 승자가 되면 더 커진다. 즉, 큰 조직일수록 더 커지는 데 유리한 정보를 원하게 된다.

이러한 '부익부 빈익빈' 구조 속에서 사람들이 가장 갖고 싶어 하는 정보는 '커지기 위한 정보'다. 지금 서점에 가서 경영서 코너를 한번 쭉 둘러보라. 대기업이나 거부巨富에 대한 것이 주를 이룬다. TV 드라마도 재벌 얘기 아니면 시청률이 안 나오지 않는가.

'작을수록 유리한' 1인 기업에 필요한 정보를 찾기란 그래서 하늘의 별 따기다. 기존의 정보 획득 방식을 그대로 고수한다면 1인 기업을 하는 데 역기능만 초래하는 정보를 얻게 될 것이다. 그러니 기존의 빨대는 과감히 버리고 내게 맞는 나만의 빨대를 찾아야 한다.

미국의 벤처 투자자들은 창업자를 평가하는 데 있어 3P를 기준으로 한다. 3P란 persistence, perseverance, patience를 지칭하는데, 단어 모양새는 다르지만 그 뜻은 모두 '인내'다. 다시 말해 창업하는 데 인내만큼 중요한 것은 없다는 것이리라.

따라서 창업자의 인내심을 높이는 데 도움을 준다면 그 정보는 좋은 정보, 반대로 인내심을 약화시킨다면 그것은 나쁜 정보다. 한순간의 청량감은 주지만 마실수록 갈증을 유발하는 탄산음료 같은 정보는 피해야 한다. 이런 나쁜 정보들은 세상에 넘쳐흐르고 매일 우리의 인내를 약하게 한다.

비단 정보뿐만이 아니라 내가 만나는 사람들 역시 나의 인내를 강화시키거나 약화시키곤 한다. 어떤 사람이 나의 인내를 강화시킬까? 다음 장에서 이야기할 다섯 명의 조언자와 자신의 가족이다.

그렇다면 탄산음료같이 갈증만 더 유발하는 사람은 누구일까? 안 그런 경우도 물론 많지만 대개는 옛 직장 동료들이 이것의 대표적인 예인 듯하다. 이는 그들이 나쁜 사람이라서가 절대 아니다. 그들 자체에는 좋고 나쁠 것이 없는데, 문제는 내 마음에 있다. 그들을 보면 마구 요동치기 때문이다. 정 그들을 만나고 싶으면 잘된 다음에 만나라. 그전에 만나는 것은 당신에게 해가 될 뿐이다.

또한 세상은 실패의 원인을 내가 아닌 외부에서 찾게 만든다. 왜냐고? 그래야 실패자들이 위로를 받기 때문이다. 사람들은 위로를 받을 때 지갑을 열어 그 위로의 글과 말에 돈을 쓴다. 우리가 세상에 익숙해지는 만큼 실패를 스스로 인정하는 데 서툴러지는 것은 그 때문이다. 하지만 그러면 망해도 남는 게 없다. 실패의 원인을 나 자신에게서 찾아야 하나라도 배울 수 있다.

043 chapter

조언자 5인을 찾아라

좋은 정보를 얻으려면 기존의 빨대를 버리고 나의 빨대를 찾아야 한다고 앞에서 이야기했다. 그렇다면 내게 가장 좋은 빨대 베스트 5는 무엇일까? 이 장에서는 1인 기업인에게 필요한 최고 조언자 5인을 선정하려 한다. 하지만 그에 앞서 이런 조언자들이 갖춰야 할 세 가지 기본 요건이 있다. 여기에 부합하지 않는 인물이라면 과감히 제치는 것이 좋다.

첫째, 나와 이해 상충 관계에 있지 않은 사람이어야 한다. 나의 고충이나 약점을 털어놓았는데 이를 악용할 소지가 있거나 내게 큰 충격을 미칠 만한 관계에 있는 인물이라면 조언자로 삼지 않는 것이 좋다. 그러나 충격이 있더라도 그것이 매우 작거나 한정할 수 있는 경우라면 괜찮다.

둘째, 나의 비밀을 지켜줄 수 있는 사람이어야 한다. 입이 무거운 사람이라면 더욱 좋겠지만, 가장 중요한 것은 그가 교제하는 사람들이 나 또는 나의 업종과 전혀 관계없는 사람이어야 한다는 점이다. 그가 설사 나의 비밀을 여기저기 말하더라도 내게 타격을 줄 일이 없기 때문이다. 세상에 입 무거운 사람은 사실 없다. 그러니 비밀을 말해도 별 상관없는 상황을 만드는 것이 더 중요하다.

셋째, 길고 장황한 내 설명을 들은 뒤에야 조언해줄 수 있는 사람이라면 조언자로 바람직하지 않다. 내 상황과 사안을 설명하는 데 힘이 다 빠져 그가 실제 조언을 해줄 때는 귀에 들어오지 않는 사태가 발생하기 때문이다. 나의 고충에 대해 "아"라고 말하면 "어"할 정도로 잘 알아듣거나 그럴 수 있는 위치에 있는 사람이어야 내게 좋은 조언자가 될 수 있다.

조언자 5인을 분야별로 이야기해보자면 시장 조언자(1인), 기술 조언자(2인), 경영 조언자(1인), 삶 조언자(1인)이다. 만일 1인 기업 대표가 엔지니어인 경우라면 기술 조언자를 한 명으로 줄이고 그 대신 시장 조언자를 두 명으로 늘리는 것도 적절하다. 이에 대해 좀더 자세히 살펴보자.

① **시장 조언자로서의 고객사 대표(또는 ② 동종 업종 신문/잡지사 기자):** 이때의 고객사는 중요도가 낮을수록, 다른 고객들과 지리적으로 멀리 떨어져 있을수록 좋다(해외 바이어면 더욱 좋겠다). 우리 제품 외의 다른 경쟁 제품을 많이 구매하고, 우리 제품의 대체 기술 또한 구매하는 존재라면 더더욱 좋다.

고객사들에게 속마음을 털어놓기란 사실 쉽지 않다. 아무리 취중이라도 이것은 자살행위다. 하지만 언제든 내 물건을 안 사줘도 상관없는 고객이라면 오히려 진솔한 나눔이 가능하다. 그 고객 역시 다른 제품도 구매, 사용 중이므로 오히려 내게 객관적인 조언을 줄 수 있다.

그런데 갑자기 동종 업종의 신문/잡지사 기자라니? 내 이야기를 하는 순간 여기저기 다 퍼지는 것은 아닐지 걱정하는 분도 있을 거다. 하지만 존재감도 전혀 없는 1인 기업을 기삿거리로 생각하는 기자들은 거의 없으니, 오히려 그가 나를 만나기나 해줄지부터 걱정해라. 시장 돌아가는 동향이나 추세를 파악하는 데 이들보다 더 중요한 정보 제공자들은 없고, 내 것 다 줘도 받을 게 훨씬 많다. 동종 업종의 기자를 만나기가 현실적으로 힘들다면 동종 최대 온라인 커뮤니티의 관리자 또는 대표도 괜찮은 조언자가 될 수 있다.

③ **기술 조언자로서의 대기업 연구원(또는 학교나 공공기관 연구원)**: 정말 만나기 힘든 그룹이다. 대기업이든 학교든 국책 연구원이든 그렇게 높으신 분들이 왜 따로 1인 기업 창업자를 만나겠는가? 하지만 어떤 학연과 지연이든 동원해서라도 최소 반년에 한 번은 두세 시간 정도 이야기를 나눌 수 있는 조언자를 가져야 한다.

1인 기업은 땅에 찰싹 붙어 현실에 전전긍긍하는 데 비해 이들 연구원은 대부분 구름 잡는 이야기만 할 것이다. 그러나 바로 이 점 때문에 그들이 조언자로서 최적인 것이다. 당장 당신이 먹고살 것 만드는 데 써먹으라고 그들을 만나라는 것이 아니다. 그냥 그들의 말을 들어두기만 해도 1년, 2년 뒤에 반드시 생각날 때가 있을 것이기 때문이다.

신기술일수록 수요보다는 기술의 발전이 시장을 선도하게 되어 있다. 그들이 툭툭 던지는 말이 당장 돈 버는 데는 별 쓸모없다 생각되어도 장래 제품 개발의 방향을 설정하는 데는 큰 도움이 될 것이다. 특히 1인 제조라면 소재나 재료 쪽 전문가를 만나는 것이 유리하다.

④ **경영 조언자로서의 타 업종 1인 기업 대표**: 1인 기업을 하다 보면 여러 경영상의 고충에 직면할 때가 있기 마련이고, 자연히 조언을 해줄 적격자를 찾게 된다. 그런데 이때 정말 주의해야 한다. '선무당이 사람 잡는다'는 말처럼, 큰 조직에 익숙한 경영 컨설턴트나 기업 관리자, MBA 학위 소지자, 회계사 등의 잘못된 조언이 회사를 잡기 때문이다.

가장 좋은 조언자는 나와 업종은 다르지만 1인 기업의 경험이 나보다 많은 창업 선배다. 동종 업계 종사자라면 더 좋을 것 같지만 그런 사람은 곧 내 경쟁자이기도 하므로 흉금을 털어놓기가 어려우니 연관 업종 또는 타 업종의 선배를 찾아나서야 한다.

사실 1인 기업 대표는 앞서 말한 시장 조언자나 기술 조언자보다 이러한 경영 조언자를 더욱 자주 찾아가야 한다. 특별한 이슈가 없어도 한 달에 한 번 정도는 그런 자리를 가질 것을 권한다. 동업자 의식 덕분에 얼굴만 봐도 위로가 되고 마음이 안정되는 효과가 있기 때문이다.

⑤ **삶의 조언자**: 1인 기업인에게 있어 가장 필요한 조언은 삶에 대한 것이다. 매일 조언을 받아도 과하지 않다. 시간이 흘러 1인 기업이 정착단계에 이르면 시장이나 기술, 경영에 대한 조언의 필요성은 점점 줄어드는 데 비해 삶에 대한 조언의 필요성은 점점 커진다.

그래서 어느 정도 일가를 이룬 기업인일수록 종교에 귀의하는 모습을 많이 볼 수 있다. 점집을 찾는 분도 적지 않다. 그만큼 삶의 스트레스와 고독감이 더욱 커지기 때문이다. 최근엔 전문 정신과 의사를 정기적으로 만나 상담하는 분들도 많다.

자신의 1인 기업을 모래 위의 성처럼 언제 무너질지 모르는 상태에 처하게 하지 않으려면 이러한 삶의 조언자를 반드시 가까이 두어야 한다. 내 삶의, 내 존재의 가치를 모른다면 왜 그토록 힘들게 1인 기업을 경영해나가야 하는지 해석도 안 되고 알 수도 없기 때문이다.

044 chapter 매 순간 거절하라

앞에서도 이야기했지만, 1인 기업은 내가 할 수 있는 분량의 일만큼만 자르고 쥐어주어야 한다는 점에서 작은 분재 화분과도 같다. 이를 위해서는 끊임없는 절제와 철저한 가지치기가 선행되어야 하고, 그래서 거절은 1인 기업인이 반드시 갖추어야 할 필수 덕목에 해당한다. "저 사장은 정말 지독한 놈이야. 찔러도 피 한 방울 안 나와"라는 말까지 들을 각오를 해야 한다. 누가 당신을 두고 "저 사장, 참 사람 좋아!"라고 말했다면 어디 가서 자랑하지 마라. 그건 최고의 욕이다.

최근 경기 침체가 장기화되면서 추락하는 친구나 지인들을 주위에서 너무 많이 보게 된다. 그들의 추락을 눈으로만 보고 있기도 상당히 미안해질 것이다. 하지만 떨어지는 칼은 받지 말고 피해야 한다. 떨어지는 칼을 받는 것은 우정도 의리도 아니다.

이제 보다 구체적으로 당신이 거절해야 할 열두 가지 사례를 나열하겠다. 그러나 자세한 거절 방법은 이야기하지 않으려 한다. 솔직히 이런 상황에서는 나 역시 어찌해야 할지 모르기 때문이다. 냉정히 거절해야 한다는 것은 알겠는데, 그게 말처럼 쉽지 않은 것이 현실이다.

① (고객 왈) **"나중에 발주할 테니 무상으로 새 제품 좀 개발해주십시오. 개발비는 제품값에 포함시키시고요. 저 믿으시죠? 꼭 발주하겠습니다."**

: 나 못 믿느냐고 하는 고객은 안 믿는 것이 좋다. "나중에 꼭" 하는 고객치고 이를 지키는 고객 거의 보지 못했다.

② (고객 왈) **"이번만 결제 조건을 조정해주십시오. 한 달만 연장하거나 이번만 외상으로 받아주십시오." "일시적인 자금난으로 이번에는 현금 결제가 어려우니, 더도 말고 이번 한 번만 어음 좀 받아주십시오."**

: "이번만"이 "매번"이 된다. 혹 이번에는 결제 약속을 지키더라도 매번 받아주다 보면 결국 언젠가는 일이 터지기 마련이다.

③ (고객 왈) **"납기 좀 일주일만 앞당겨주십시오. 정말 급합니다. ○월 ○일까지 납품 못하면 큰일 나니 밤을 새워서라도 맞춰주십시오."**

: 이런 고객은 항상 급하고 보챈다. 언제나 납기를 앞당겨줘야 한다. 이런 고객들이 알고 보면 자신들은 게으른 경우가 태반이다.

④ (협력업체 왈) **"이번에 납품할 원자재는 기존에 납품했던 것과 '아주 조금' 달라질 겁니다. 이번 한 번만 다른 재료 받아주세요. 다시는 이런 일 없을 겁니다."**

: 아주 조금이 아니라 아주 많이 다른 재료인 데다 결국은 문제가 발생하곤 한다. 자재의 품질에는 한 치의 예외도 두지 말자.

⑤ (고객 왈) **"틀림없이 추가 발주를 할 테니, 추가 발주 물량까지 합친 물량 기준으로 가격 좀 싸게 해주십시오. 저 못 믿으십니까?"**

: 추가 발주도 안 나올 뿐 아니라 결국 가격만 낮춘 꼴이 되고 그 가격대로 앞으로도 쭉 가게 된다.

⑥ (고객 왈) **"이번에 납품 잘하면 다른 데서도 많이 쓸 테니, 이번 한 번만 통 크게 가격 좀 팍 깎아주십시오."**

: 1인 기업은 통 크면 안 된다. 최대한 찌질하고 쪼잔해야 한다.

⑦ (협력업체 왈) **"우리가 지금 좀 어려워서 그러는데 다음 달에 납품할 재료를 미리 선결제해주면 안 되겠습니까? 이번 한 번만 좀 당겨주십시오."**

: 결제는 철저히 지켜야 하지만, 선결제는 매우 신중해야 한다. 돈 받기 전과 받은 후의 마인드는 전혀 다르기 때문이다. 돈은 물건을 확인한 뒤 주는 것을 원칙으로 하자.

⑧ (고객 왈) **"지금은 발주 못하지만 다음 주에는 틀림없이 할 테니 오늘부터 납품 준비해주십시오. 납기가 너무 빠듯해서 그럽니다."**

: 이러다가 발주 취소되어 회사 망하기 직전까지 간 경우 여러 번 봤다. 발주서 받기 전에는 절대로 물건을 만들지 마라.

⑨ (고객 왈) **"앞으로도 지속적으로 구매할 테니 최소 몇천 개의 재고는 항상 보유하고 있어주십시오."**

: 잘 팔리는 물건이라면 고려해볼 수 있지만, 그 고객에만 파는 물건이라면 재고를 보유하는 순간부터 고객에 대한 협상력을 잃게 됨을 기억하자.

⑩ (고객 왈) **"뒷돈 좀 만들어주시죠. 이번 납품 건으로 우리가 인사해야 할 곳이 있거든요."**

: 리베이트는 결국 그 고객과의 관계도 망친다. 오래 장사하고 싶으면 뒷돈 주지 마라.

⑪ (고객 왈) **"이번 달 말 기준으로 1억짜리 허위 계산서 좀 발행해주십시오. 다음 달에 저희가 역계산서 발행해드리겠습니다."**

: 자금 사정이 어려운 고객들이 행하는 갑질 중 하나로, 매입을 늘려 부가세 환급분만큼의 자금을 융통하는 방법이다. 이건 범죄다.

⑫ (고객 왈) **"발주 크게 해줄 테니 일단 독점공급권부터 주십시오. 독점공급권이 있어야 어디 가서 명함이라도 내밀 수 있지 않겠습니까."**

: 거래 초기부터 독점권 운운하는 고객치고 약속한 발주 수량 맞추어 주는 경우 못 봤다. 독점권은 당분간 언급하지도 말게 하라.

맷집 약한 1인 기업에게는 이런 상황들이 여간 난감하지 않겠지만, 최소한 위의 것들 중 절반 정도 이상의 것에 대해서는 확실히 거절하겠다는 원칙을 세워두는 편이 좋을 듯하다.

045
chapter

회사 돈은 쌈짓돈이 아니다

1인 기업을 해본 사람만이 아는 '1인 기업의 치명적 단점'이 있다. 나와 회사가 구분이 안 되고 하나로 뭉개지는 것이 그것이다. 좀더 심한 경우에는 나와 가정과 회사가 구별이 안 된다.

내가 회사고 회사가 집이다. 일과 휴식이 구분되지 않고, 집이 사무실이고 사무실이 집이다. 내 돈이 회사 돈이고 회사 돈이 생활비가 되는 등 뒤죽박죽이다. 집에 오면 회사 걱정이고 회사 오면 집 걱정이고, 회사 일 하다 보면 내 일, 또 내 일 하다 보면 회사 일이 생각난다. 이러니 생활도 정리되지 않을 뿐 아니라 모든 게 섞어찌개, 비빔밥이 된다.

이렇듯 각각이 구별되지 않을 때 위험은 극대화된다. 앞서 33장에서 나는 가장 위험한 숫자가 '1'이라고 이야기했다. 회사와 가정과 내가 하나로 뭉개져버리면 그중 어느 하나만 삐끗해도 전체가 출렁거린다. 1인 기업은 처음부터 법인(주식회사) 형태로 설립하는 것이 적절하다고 말했던 이유 역시 이것 때문이다.

또한 회사와 내가 구분되지 않으면 1인 기업이 성장하더라도 그 성장은 한계에 부딪힌다. 28장에서도 '1인 기업은 업력이 쌓이면 회사가 나보다 커지니 당장 돈을 못 번다고 해서 조급해지지는 말라'고 한 바 있다. 하지만 회사가 나보다 커지는 데 있어 기본적인 전제가 되는 것은 회사와 내가 분리되는 것이다. 분리되지 않으면 회사의 성장은 내 안에, 내 집안에 갇히게 된다.

기억해두자. 1인 기업의 위험을 최소화하고 그 성장을 지속하려면 회사와 내가 구별되어야 한다. 그 구별은 크게 세 가지, 즉 돈의 구별, 공간의 구별, 시간의 구별로 나뉜다. 이번 장은 이 세 가지 구별 중 가장 어려운 '돈의 구별'에 관한 것이다.

개인사업자의 경우는 이러한 구별 자체가 없으니 논외로 하겠다. 주식회사의 경우 회사 돈을 내 돈과 구분하지 않으면 상법에 따른 민사상 책임은 물론 회계와 세법상 책임, 더 나아가 횡령 및 배임 등 형사상 책임까지 질 수밖에 없다.

그럼에도 1인 기업인에게, 또 그 가족에게 있어 1인 기업의 통장은 쌈짓돈이다. 갑자기 집안에 돈이 필요하면 일단 회사 돈을 가져다 쓰게 되는데, 이럴 경우에는 당연히 회사와 내가 금전대차계약을 맺고 정해진 만기에 인정 이자율 이상의 이자와 함께 원금을 상환하고, 또한 이를 주임종 대여금이나 가지급금으로 명확히 회계 처리해야 한다.

하지만 대부분은 아무 거리낌 없이 100만 원, 200만 원씩 현금으로 뽑아서 갖다 쓴다. 그러다 보면 언제부턴가 통제 불가능한 상황에 이르는데, 이쯤 되면 이젠 회사라 할 수 없다. 회계 장부는 이미 줄줄 새는 구멍을 막기 위한 분식과 위장으로 지저분해진다.

정말 개인적으로 돈 쓸 일이 많다면 쌈짓돈 빼먹듯 회사 돈을 가져가지 말고 적법한 절차를 통해 대표이사 연봉을 왕창 올려라. 주주총회를 통해 대표이사의 연봉 총액 상한을 올리기만 하면 전혀 문제가 없다.

즉, 금전대차계약을 통해 돈을 정식으로 회사에서 융통하든 주총을 통해 연봉을 올리든, 적법한 절차로 처리하면 되는 것이다. 문제는 내가 회사로부터 너무 많은 연봉을 받는 것이 아니라, 회사 돈과 내 돈을 구별 없이 쓰는 것이다.

왜 1인 기업에게는 회사 돈이 쌈짓돈일까? 1인 기업 대표에게는 회사가 곧 자식이기 때문이다. '아니, 회사가 어렵던 시절에는 어떤 대가도 받지 않고 있는 돈 없는 돈, 갖은 노력과 시간을 들여 돈 좀 벌게 만들어놨더니, 이젠 회사 돈과 내 돈을 구별하라고?' 하며 이해하지 못할 수도 있겠다.

하지만 회사 돈과 당신의 돈이 구별되지 않으면 회사를 둘러싼 모든 이해관계인들은 더 이상 회사의 재무제표를 믿지 않게 된다. 그들은 회사가 아닌 당신의 호주머니만 바라볼 것이고, 그러면 회사는 껍데기만 남은 채 성장을 멈춘다. 아무리 1인 기업이라도 회사 돈은 쌈짓돈이 아니어야 하는 이유다.

046
chapter

회사 공간과 내 공간을 구분하라

모 전직 고위 공직자께서는 일을 쉬고 있을 때에도 아침마다 안방에서 양복을 차려입고 서재로 출근해서 일하다가 퇴근시간이 되면 그제야 편한 옷으로 갈아입었다고 한다. 집 안에 있는데 잠옷 바람이면 뭐 어떨까 싶지만, 그만큼 개인 공간과 일하는 공간을 철저히 분리했다는 점에서는 배울 만하다.

사실 1인 기업인에게는 이러한 마인드가 절실히 필요하다. 출퇴근에 대해 뭐라 하는 사람도 없고 출근부에 도장 찍을 일도 없으니 "어디서든 일만 하면 되지 굳이 회사에 갈 필요가 있겠어? 오늘은 비도 오고 날씨도 구질구질한데 그냥 집에서 일하지 뭐!"하는 나태함에 쉽게 빠지기 때문이다.

그러다 보면 집이 사무실이 된다. 와이프가 바가지를 긁으면 그때서야 집에서 기어 나와 동네 커피 전문점에 죽치고 있기도 한다. 사무실의 공간적 개념은 어느덧 모호해지고, 회사까지 출근하는 것이 점점 귀찮아진다. 특히 1인 제조 공장의 경우 사무실과 달리 여름에는 덥고 겨울에는 춥기 마련이라, 특별한 작업이 없는 날이면 회사에 나가기도 싫고 혼자 점심 챙겨먹는 것도 귀찮다. 이 정도쯤 되면 정말 심각한 중증이다.

하지만 통제받지 않는 1인 기업일수록 회사 공간과 내 공간은 구별되어야 하고 출퇴근의 개념이 명확해야 하며, 집과 회사도 일정 거리 이상 떨어져 있어야 한다. 얼핏 생각하면 혼자 일하니 회사도 집에서 가까울수록 좋을 것 같지만, 오히려 집에서 멀수록 결근하지 않고 더 열심히 다닐 수 있다.

직장 선배들이 '회사는 출근이 절반'이라고 했는데, 정말 그 말이 맞다. 회사는 출퇴근하는 것이 전부다. 내가 의식하든 의식하지 못하든 출퇴근 시간에 하루 업무를 계획하거나 결산하게 되기 때문이다. 하지만 집과 사무실의 구분이 모호하면 계획과 결산 없이 닥치는 대로 일하게 된다.

집과 회사의 구분이 비단 물리적인 공간만을 의미하는 것은 아니다. 어떤 1인 기업인은 회사 전화와 집 전화를 따로 두지 않고 그냥 자신의 휴대폰 번호 하나로 통일하여 쓰기도 하는데, 사무실에는 업무 전용 전화번호가 반드시 있어야 한다. 휴대폰 하나로 모든 전화를 받으면 그것이 업무 목적인지 개인 용도인지 100% 구분하기가 불가능하다. 가령 업무 목적의 전화라면 "여보세요"가 아닌 '회사명과 관등성명'으로 첫마디를 대신해야 한다. 외근 중이라 회사 전화를 휴대폰으로 착신하는 경우가 아니라면 업무 목적의 전화는 회사 전화로 받는 습관을 가지는 것이 좋다.

전화뿐 아니라 이메일의 경우도 마찬가지다. 개인용 이메일과 업무용

이메일은 구별해야 하는데, 특히 업무용 이메일은 반드시 주소에 회사명이 들어간 것을 쓰도록 한다. 즉, @의 앞이나 뒤에 회사 이름이 자리하게 함으로써 이메일을 받으면 누구든 당신 회사의 메일임을 인식할 수 있게 해야 한다는 뜻이다.

회사에 출근하기 싫어 집에서 뒹굴대는 경우를 앞에서 잠시 이야기했는데, 이보다 더 심각한 것은 회사에서 철야하며 습관적으로 사무실에서 외박하는 사람이다. 농담이 아니고, 이쯤 되면 정말 병원에 가봐야 한다.

회사에 절대 야전 침대 놓지 마라. 아무리 바빠도 반드시 귀가해야 한다. 한 두 시간밖에 못 자고 다시 나오더라도 말이다.

마지막으로, 집과 사무실은 심리적으로도 확실히 구별하는 것이 좋다. 사무실의 고민을 집에 모두 싸들고 와서 가족들에게 풀어버리면 이제 사무실뿐 아니라 집도 고민에 싸인다. 어른들은 털어 넘기기가 그래도 쉬운 편이지만, 어린 자녀들은 정말 지옥에서 사는 것과 다름없어진다. 집과 사무실의 거리가 다소 있는 것은 이런 점에서도 좋다. 귀가하는 시간 동안 마음을 가라앉힐 수 있기 때문이다.

047 chapter 휴일은 반드시 있어야 한다

개인택시를 운전하시는 분들의 이야기를 들어보면 거의 한두 번씩은 과로로 인해 위험천만한 사건을 겪어보신 것 같다. 또 실제로 과로사하는 경우도 꽤 많다고 들었는데, 그 이유는 뭘까?

택시 운행거리가 곧 돈이고, 그 운행거리는 운행시간에 비례하기 때문이다. 다시 말해 그분들에겐 시간이 바로 돈이다. 특히 개인택시를 처음 운전하시는 분들의 경우 자기절제가 따르지 않으면 무리하기 일쑤다.

그래서 정부에서는 '개인택시 ㅇ부제'와 같은 제도를 통해 개인택시 운전자들의 휴식을 강제화하고 있다. 즉, 법으로 억지로라도 쉬게 하는 것이다(물론 이를 어기고 몰래 운행하는 개인택시 운전자들도 꽤 있다).

1인 기업도 개인택시와 똑같다. 1인 기업이 보유한 가장 큰 자산은 바로 나 자신이다. 나를 일에 투여하는 시간만큼 회사는 돈을 버는 구조다 보니 점점 내 시간을 더 많이 회사에 투여할 수밖에 없고 과로는 필연적으로 따라붙게 된다. 개인택시는 강제적인 휴식 제도라도 있어서 좀 낫지만, 1인 기업은 그런 것도 없고 누가 말릴 수도 없다.

이제 회사가 좀 살 만해지면, 반대로 회사에서 개인 일을 하는 시간이 늘어간다. 즉, '회사 시간이 내 시간'이 된 것이다. 앞장에서 나는 '내 돈 다 끌어다가 회사를 운영하다 보니 회사가 내 것이 되고 회사 돈이 쌈짓돈이 된다'는 요지의 이야기를 한 바 있는데, 시간 역시 그와 비슷하다. 회사에 내 시간을 전부 바친 덕에 회사가 어느 정도 돌아가게 되니, 이제는 일하기 싫어져서 업무 시간에도 일을 안 하게 된다. 다시 말해 '내 모든 시간은 곧 회사 시간'이라고 당연시하는 순간, 업무 시간에 내 개인 일을 하는 것 또한 당연해진다. 그래서 1인 기업을 창업하는 바로 그때부터 회사 시간과 내 시간을 철저히 구별하는 습관을 가져야 한다.

1인 기업인에게는 일 중독만큼 무서운 것이 없다. 앞장에서도 '회사에 야전 침대 갖다 놓지 말라'고 했지만, 쉬지 않고 일하는 것은 이제 절대 미덕이 아니다. 과거의 경제성장 시기에는 뭐든 만들어만 놓으면 다 팔렸으니 밤새워 많이 만드는 기업이 돈 버는 것은 당연했다. 즉, '성실=돈'이었던 것이다. 하지만 지금처럼 저성장이 고착화된 시대에는 365일 미친 듯이 물건을 찍어낸다 해서 다 팔리는 것도 아니다. 요즘 같은 때에 그런 식으로 일하면 방전되어 죽는다.

'옛날엔 하루 18시간 이상 일했다'고 추억하시는 예전 어른들은 요즘 젊은 사람들을 두고 '패기가 없다' 혹은 '게으르다'며 한심하게 여기곤 하신다. 하지만 나는 그 말에 동의하지 않는다. 오늘날 근무시간당 부가가치는 30년 전의 그것에 비해 몇십 배 높다. 시간당 부가가치가 높다는 것은 시간당 업무 강도가 그만큼 높다는 것이다. 요즘의 업무 강도로 예전 어르신들의 방식처럼 하루 18시간씩 일하면 장담컨대 5년 내에 죽는다. 이는 100미터 달리기를 할 때의 속도로 마라톤을 하라는 것과 같다.

하물며 1인 기업은 업무 강도가 더욱 높을 수밖에 없다. 개인택시의 'ㅇ부제'처럼 1인 기업인 누구에게나 휴식 제도는 필요하다. 하루를 전일로 쉬든 이틀을 반일씩 쉬든 일주일에 하루는 쉬어야 한다. 쉰다는 것이 누워 잠만 퍼질러 자라는 이야기는 아니다. 내 경험으로 보건대 가장 잘 쉬는 것은 바로 '위로받는 것'이다. 당신을 위로해주는 주체가 사람이든 다른 무엇이든, 위로받는 것만큼 꿀 같은 휴식은 없다.

048
chapter

회사가 나보다 커진다

내게 누군가 "이 책 전체 중에서 가장 중요한 메시지 하나를 고르라면 무엇입니까?"라고 묻는다면 나는 이번 장을 고르겠다.

회사는 나보다 커진다. 내가 만들어 나 혼자 경영해왔고 내가 없으면 하루도 굴러가지 않을 것 같은 1인 기업인데 회사가 나보다 커진다니, 선뜻 이해되지 않을 수도 있다. 또한 "봉급쟁이나 1인 기업 대표나 다를 게 뭐야? 둘 다 일한 만큼 버는 거고, 일 안하면 굶는 것도 똑같잖아. 사장은 본인은 놀아도 직원들이 벌어주는 맛에 하는 거 아닌가? 도대체 1인 기업의 장점이 뭐야? 고생은 고생대로 하는데 월급쟁이랑 다를 것도 없고!" 하는 분도 있겠다. 회사가 나보다 커진다는 사실을 이해하지 못하면 이런 질문을 가지는 것도 사실 당연하다. 하지만 단언컨대, 회사는 나보다 커진다.

봉급쟁이는 자신이 일한 시간에 대해서만 돈을 받는다. 월차도 있고 유급 휴가도 있지만, 원칙적으로 일을 안 하면 돈도 받지 못한다. 누구도 나 대신 내 일을 해주거나 내 봉급 인상을 위해 일하지 않기 때문이다. 이에 비해 1인 기업은 내가 놀거나 자고 있는 순간에도 일을 한다. 무슨 소리냐고? 내가 놀고 있는 순간에도 외주업체는 제품을 생산하고, 부품업체는 부품을 만들고, 영업 에이전트는 누군가를 대상으로 제품 영업을 하고 있다. 해외 영업 에이전트는 내가 자고 있는 새벽 시간에도 미국 현지에서 제품을 팔고 있다.

즉, 1인 기업은 '나는 놀고 있어도' 언제나 '나를 위해' 일하는 중이다. 봉급쟁이는 자신이 일한 만큼에 대해서만 돈을 벌지만, 1인 기업은 '내가 일한 것+1인 기업이 나를 위해 일한 것'만큼 나에게 내가 가진 지분율만큼의 돈을 벌어준다. 그래서 아무리 내가 만들고 키운 1인 기업이라도 내가 일한 부분은 1인 기업의 일부분에 지나지 않으며, 1인 기업은 시간이 지날수록 나보다 커져서 어느 시점부터는 나와 따로 놀게 되어 있다.

그렇다고 회사가 항상 나보다 커지는 것은 아니다. 그 반대의 경우도 있기 때문이다. 나는 열심히 일하고 있는데 외주업체와 부품업체가 불량만 만들고 영업 에이전트가 나 몰래 경쟁 제품을 팔고 다닌다면 회사는 오히려 나보다 작아진다. 이렇게 될 바에야 차라리 봉급쟁이로 사는 편이 낫다.

여하튼 한 가지 확실한 것은 '회사는 나와 다르다'는 것이다. 앞서도 이야기했듯 1인 기업은 자식과도 같다. 내가 낳고 똥 기저귀 갈아주며 금이야 옥이야 기른 자식이어도 머리가 크면 자기 인생을 살기 마련이다. 그런 자식을 "너는 내 거야!" 하며 품 안에 가두려는 것처럼 자식 인생을 망치는 것도 없다.

1인 기업도 마찬가지다. 1인 기업이 나보다 커지는 순간부터는 오히려 나의 간섭이 회사를 망치고 가치를 떨어뜨릴 수 있다. 때문에 1인 기업의 대표라 해도 '내가 회사에 정말로 좋은 대표인가, 아닌가'에 대해서는 항상 고민해야 한다.

봉급쟁이는 회사에 사표 던지고 나오면 그 자리에서 끝이다. 하지만 1인 기업은 그 자체에 생명력이 있기 때문에 접는다고 접히는 것도 아니다. 내가 만들긴 했지만 마음대로 죽일 수 없는 것이 1인 기업이다.

믿기지 않는다고? 어느 날 1인 기업 대표인 당신이 "난 오늘부로 이 회사를 접겠으니 누구든 나 대신 해보고 싶은 사람이 있으면 와서 해보시오"라고 선포한 뒤 떠났다가 2년 뒤에 돌아온다 해도, 회사는 놀랍도록 잘 운영되고 있을지 모른다. 아니, 어쩌면 오히려 당신이 할 때보다 훨씬 잘 돌아가고 있을 수도 있다.

그러니 1인 기업, 만만히 보지 마라. 그 엄청난 생명력은 당신이 상상하는 것 이상일 테니까.

049 chapter

가장 큰 적은 외로움이다

외로움은 단순히 감정적인 문제만이 아니다. 2010년 브리검 영Brigham Young 대학에서 30만 명 이상을 추적 조사한 결과, 외로움은 알코올 중독 혹은 하루 10개비 이상의 흡연만큼이나 강력한 사망 요인이라고 한다. 조직에서도 구성원들이 느끼는 외로움의 문제가 큰 이슈가 되었는데, 하물며 1인 기업의 경우는 오죽하겠는가. 안 겪어본 사람은 그 외로움의 수준을 가늠조차 할 수 없을 것이다. 1인 기업을 운영하다가 외로움이 주는 스트레스를 극복하지 못하고 동업 체제로 전환하는 이들은 꽤나 많은데, 이런 경우에는 대개 배우자나 형제 등 가족이 동업자가 된다.

가족 기업은(특히 해외에서) 그 성공사례도 다양할 뿐 아니라 많은 장점을 가지고 있는 것이 사실이다. 하지만 나는 세 가지 이유에서 가족 기업을 선호하지 않는다.

첫째, 달걀을 한 광주리에 담는 것, 즉 회사와 가족이 하나가 되는 경우에는 자칫 한쪽이 잘못되면 전체가 다 잘못될 위험이 있다. 둘째, 가족 간 단합이 너무 잘되면 잘되는 대로 균형을 잃을 수 있고, 가족 간 불화가 생기면 그로 인해 회사가 방향을 잃을 수 있다(경영권과 돈 문제로 파탄 지경에 이른 집안들의 이야기는 언론에 심심치 않게 등장한다). 셋째, 외롭다는 이유 하나로 형제나 배우자를 회사 경영에 참여시키는 것은 어떤 경우에도 합리적이지 않다.

외로움이 1인 기업에게 있어 가장 큰 적이 되는 이유는 무엇보다 그로 인해 발생하는 중독 때문일 것이다. 1인 기업인이 한 번 외로움을 느끼기 시작하면 중독은 끊어지지 않고 다른 중독으로 계속 옮겨 다니며 1인 기업을 갉아먹는다. 다음은 1인 기업인이 보이는 중독 현상 중 대표적인 것들이다.

① **알콜 중독**: 1인 기업을 하면서 혼자 술 마시는 빈도수가 늘었다. 혼자 마시는 것만큼 나쁜 습관이 없다고들 하지만, 혼자 마시는 것이 점점 편해진다. 없던 주사酒邪도 생겼다. 집에 어떻게 왔는지 기억도 나지 않는다.

② **니코틴 중독**: 1인 기업 시작과 함께 금연은 영영 남의 일이 되었다. 함께 끊을 동료도 없으니 누구도 막지 못한다. 이야기할 대상도 없고 혼자 할 일이라곤 담배 태우는 것밖에 없으니 그야말로 담배만이 내 친구다. 흡연량이 늘었지만 담뱃값 인상도 나를 막을 수는 없다.

③ **공간 중독**: 사무실에만 있다 보니 밖에 나가기가 점점 귀찮고 두려워진다. 점심도 항상 시켜 먹게 되고, 출퇴근할 때를 제외하면 사무실 밖으로 한 발자국도 나가지 않는 날이 일주일에 사나흘이다.

④ **일 중독**: 24시간 돈 걱정, 일 걱정뿐이다. 경제 상황이 어려우니 죽도록 일해야 겨우 먹고살 것 같다. 항상 일만 생각하니 가족과 어디에 놀러가도 즐겁지가 않고, 한 시간이라도 빨리 사무실로 복귀하고 싶다. 나는 일할 때 가장 행복하고 내 존재 가치를 느낀다.

⑤ **SNS 중독**: 나가면 돈 쓰고 감정 낭비하는데 뭐 하러 사람을 만나나? 모든 관계는 스마트폰으로 유지할 수 있다. 10분이 멀다하고 스마트폰을 확인해야 직성이 풀리니 밥 먹을 때도 손에서 떼지 못한다. 마음먹고 사진을 올렸는데 아무 댓글도 달리지 않은 날이면 하루 종일 기분이 우울하다.

⑥ **관계 중독**: 나에겐 가족도 일도 다 짐일 뿐이다. 내가 참여하는 동호회는 내가 사는 이유이자 나의 유일한 안식처다. 동호회를 가면 내가 살아 있는 느낌이 들고, 일할 때에도 머릿속엔 동호회 생각밖에 없다. 동호회의 발전에 보탬이 되는 것이 내 삶의 보람이다.

⑦ **도박 중독**: 백날 일해봤자 언제 회사다운 회사 만들겠나? 인생은 한 방이다. 어차피 사업이라는 것도 운칠기삼 아닌가? 인생은 도박이다. 남들은 술도 마시고 바람도 피우러 다니는데, 그깟 경마나 카지노 좀 하는 게 그렇게 나쁜 짓인가? 내 돈 내가 쓰는데 누가 뭐라고 하나? 도박하다 날린 돈의 딱 절반만 회수하면 절대 더 이상 도박하지 않을 거다.

⑧ **음란 중독**: 회사에 와도 스트레스, 집에 들어가도 스트레스…. 내 마

음을 둘 곳이 없다. 그(그녀)와 만날 때가 제일 행복하다. 어디 가도 무시받아 서러운데, 그곳에 가면 왕처럼 대접해주니 도저히 끊을 수가 없다.

이 외에도 중독의 종류는 매우 많다. 특히 술이나 도박에 중독된 사람이라면 1인 기업을 하는 것에 대해 재고하기 바란다. 시간의 문제일 뿐 100% 망할 것이니 말이다.

050 chapter 점심은 기필코 사수하라

당신은 혼자 식사하는 데 익숙한가? 2012년 미국 하트만 그룹Hartman Group의 조사에 따르면 미국인의 46%는 혼자 식당을 찾는다고 한다. 또한 캐나다 토론토 대학은 혼자 식사하는 직장인들의 업무 집중도가 높다는 연구결과도 내놓았다. '상사와 점심식사를 같이하는 것이 하루 중 가장 큰 스트레스'라며 블로그에 올리는 직장인들도 많다.

하지만 우리나라에서 점심 때 혼자 식당을 찾는 것은 어색한 일인 데다 주인이나 종업원의 푸대접을 받는 경우도 적지 않다. 한국 음식의 특성상 2인분 이상 주문해야 하는 메뉴도 많은 탓에 혼자 먹을 수 있는 음식도 마땅치 않다.

그래서 1인 기업인에게 점심시간은 가장 난감한 시간이고, 혼자 밥 먹는 일은 곤욕에 가깝다. 다 먹자고 하는 일인데 밥 한 끼 먹기가 이렇게 힘들다니.

'아니, 이젠 밥 먹는 법까지 알려주려고 하는 건가?' 하는 분들도 계실지 모르지만, 그만큼 점심식사를 얼마나 영양가 있게 챙겨 먹느냐가 1인 기업가에게는 큰 이슈다. 2013년 영국 케임브리지 대학의 연구에 의하면 혼자 밥을 먹을 경우에는 누군가와 함께 식사할 때에 비해 하루 2.3가지의 채소를 덜 섭취한다고 한다. 게다가 혼자 먹을 때는 아무래도 빨리 먹는 식습관이 발동하기 때문에 이로 인한 소화기 질환도 끊이지 않는다. 1인 기업의 가장 중요한 자산인 내 몸을 훼손시키는 것이다. 그렇다면 점심식사는 어떻게 해결하는 것이 최선일까?

일단 가장 피해야 할 것은 매일 지인들과 점심 약속을 잡는 것이다. 부르지도 말고 찾아가지도 말자. 정말 식사만 하면 누가 뭐라고 하겠냐만, 어찌어찌하다 보면 3시간 정도는 그냥 후딱 지나가버린다. 1인 기업 하면서 3시간을 점심식사에 쓰고 나면 일은 언제 하는가?

두 번째 피해야 할 것은 사무실에서 밥을 시켜 먹는 것이다. 이것이 습관으로 자리 잡으면 하루 종일 사무실에서 한 발자국도 안 나가는 날이 많아진다. 식당까지 걸어서 다녀오는 것도 운동이니, 밥은 식당에 찾아가서 먹고 와라.

점심식사를 해결하는 제일 좋은 방법은 사무실 근처의 뷔페식 식당을 한 군데 정하고 그곳에서 계속 점심을 먹는 것이다. '오늘은 어디에 가서 점심을 먹지?' 하며 고민할 필요도 없고, 편하고 싸다는 장점이 있다. 뷔페식 식당을 찾을 수 없다면 매일 추천 메뉴가 바뀌는 식당을 하나 잡고, 그 메뉴대로 매일 먹자. 매일 한 군데만 가다 보면 식당 직원들과도 친해지고 혼자 왔다 해서 머쓱할 필요도 없다. 비슷한 처지의 1인 기업 사장과 안면 트고 지낼 수 있다는 덤도 얻을지 모른다.

차선책으로는 각 요일마다 메뉴를 정하고 2주를 주기로 순환하는 방법이 있다. 가령 첫째 주 월요일은 항상 A식당, 둘째 주 화요일은 외근 후 고객과 식사, 첫째 주 수요일은 와이프랑 점심 겸 데이트, 둘째 주 목요일은 B식당, 첫째 주 금요일은 도시락 등으로 다채로운 계획을 짜는 것이다. 나는 식당 한 곳에서 계속 식사하는 것이 좀 답답해서 돌아가며 먹는 쪽을 선호하지만, 사실 이 방법에는 결국 좋아하는 식당만 찾게 된다는 문제가 있다. 편식할 가능성이 높아진다는 뜻이다. 그러니 균형 있는 영양 섭취를 위해서는 요일에 따라 메뉴가 달라지는 식당 한 군데를 정해놓고 그냥 주는 대로 먹는 것이 좋다.

혼자 일하는 1인 기업인은 몸이 재산이니 반드시 점심을 사수해야 한다. 혼자라고 굶거나 대충 때우면 버티지 못한다. 당신의 몸도, 당신의 회사도 말이다.

051 chapter

혼자 토론하는 법

영국 런던 대학교의 노리나 허츠Noreena Hertz 교수는 "무언가에 푹 빠지면 우리는 그것을 합리화하는 증거만을 찾으려 한다. 그래서 리더일수록 곁에 CCO(Chief Challenge Officer, 최고이의제기자)를 두어야 한다고 말한다.

뭐에 한 번 꽂히면 어떤 말도 들리지 않고 내가 듣고 싶은 말만 듣게 되는 경험을 안 해본 사람은 없을 것이다. 가공물의 표면을 매끈하게 하는 방법 중 배럴 연마Barrel polishing라는 게 있다. 통 속에 가공물들을 넣고 돌리면 자기들끼리 서로 부딪히고 깎이면서 완성도가 높아진다. 재미있는 것은, 가공물이 단단하고 부딪힘이 강렬할수록 더욱 잘 연마된다는 것이다.

토론이나 논쟁도 마찬가지라서 서로의 의견이 서로 다를수록, 또 그 충돌이 크면 클수록 더욱 반짝이는 결론이 나오기 마련이다. 하지만 아쉽게도 1인 기업은 이러한 배럴 연마 과정이 있을 수 없고, 자신을 연마시킬

CCO도 옆에 둘 수 없다.

그렇다면 유일한 방법은 중요한 의사결정이 있을 때마다 주위의 조언자에게 자문을 구하는 것일 듯하다. 하지만 그건 말처럼 쉽지 않은 데다 현실성 또한 없다. 그들은 의사결정을 위한 첫 단계부터 당신과 함께 고민한 것이 아니기 때문에 지금의 결정 단계까지 오게 된 배경과 스토리를 전혀 모른다. 그런 이들에게 지금까지의 상황을 일일이 다 설명하기란 어려울 뿐 아니라 1인 기업인에게는 그럴 시간도 없다.

또한 그들에게 설명을 한다 해도 1인 기업인은 자신이 원하는 결론에 도달하는 데 필요한 설명만을 하게 될 것이다. 결국 조언자들은 그의 편향된 설명에 의거하여 거수기 역할밖에는 할 수 없다.

예를 들어보자. 당신은 지금 ①아파트 매입, ②사무실 매입, ③창고 매입 등 세 가지 옵션 중 하나를 선택해야 하는 기로에 놓여 있다(매입 가격은 4천만원으로 모두 동일하다). 이때 밑도 끝도 없이 "세 가지 중 무엇을 선택해야 할까요?"라고 묻는 것은 아무 소용없는 일이다. 이런 질문에는 누구라도 제대로 된 조언을 할 수 없을 뿐 아니라, 이는 결국 자신이 원하는 답을 얻기 위한 수순에 불과하기 때문이다. 만일 내가 원하는 답이 ①이라면, 나는 ①이라는 결론을 얻기 위해 ②나 ③을 선택하는 데 불리한 사실만을 부풀려 설명할 것이다.

의사결정 트리 분석Decision Tree Analysis은 이런 편향성을 최소화하는 데 매우 유용하다. 잘 짜인 의사결정 트리 구조 자체는 합리적 의사결정 과정을 도식화한 것으로, 주관성이 개입될 여지가 적다.

다음 페이지의 의사결정 트리에서는 경제상황이 호황일 확률을 60%,

불황일 확률을 40%로 예측하고 그에 따라 각각 다른 예상 가격을 도출한다. 호황일 때는 ②사무실 매입(1억원), ①아파트 매입(5천만원), ③창고 매입(3천만원)의 순으로 유리한 반면, 불황일 때는 ①아파트 매입(3천만원), ③창고 매입(1천만원), ②사무실 매입(−4천만원)순으로 유리할 것이다. 다만 불황일 때는 매입 가격 4천만원에 모두 미치지 못하므로 현금으로 가지고 있는 것이 가장 유리하다.

이러한 구조에서는 밑도 끝도 없이 '세 가지 중 무엇을 선택해야 할지'가 아니라 '경제상황이 어떻게 될지' 또 '호황일 확률이 60%가 될지'를 물어볼 수 있다. 호황의 확률이 얼마냐에 따라 무슨 옵션을 선택할지가 자동으로 도출되므로 자의성이 개입될 여지가 적은 것이다. 또한 만일 불황으로 갈 확률이 40%가 아닌 80%로 예상된다면 ①, ②, ③의 세 가지 옵션 중 하나를 선택하는 것이 아니라 아무 선택도 하지 않고 현금을 보유하고 있는

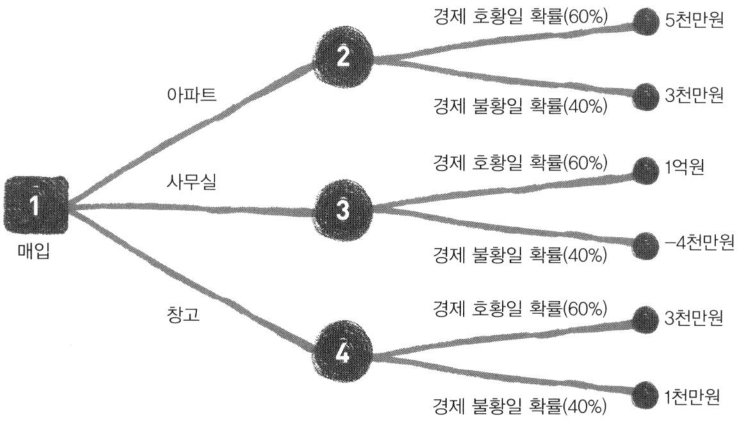

의사결정 트리 분석

것이 최선의 선택일 것이다.

1인 기업은 자신의 의사결정을 객관적으로 검증받을 수 있는 툴, 다시 말해 내 주위의 조언자를 들러리가 아닌 실제 CCO로 끌어들일 수 있는 장치를 반드시 가지고 있어야 한다. 내게 있어서의 그 툴은 위에서 살펴본 의사결정 트리 분석이다. 쉽고 단순하지만 매우 효과적이므로 한번 활용해볼 것을 권한다.

052
chapter

우울할 때

정말 우울할 때가 있다. 그냥 다 놓아버리고 싶다. 새벽에 잠을 설쳐 눈을 떴는데 끝도 없는 낭떠러지 위에 서 있는 느낌…. 서울역 노숙자들의 모습이 남의 일 같지 않다. 길거리에서 폐지를 주워 힘들게 리어카를 끌고 오르막을 오르는 할아버지를 넋 놓고 바라본다. 나의 무능이 너무나 혐오스럽다.

'회사는 전쟁터지만 나오면 지옥'이라는 말이 유행했던 적이 있다. 자기연민이 정신 건강에 가장 안 좋다고 하는데, 정말 내가 제일 불쌍하고 안된 놈 같다. 풀리는 일도 없고, 비극의 주인공이 된 기분이다.

정도의 차이는 있지만 '누구에게나' 이런 마음이 들 때가 있다. 다른 어느 누구보다 내 삶이 가장 힘들고 내가 가장 불쌍한 것 같다. 하지만 현실을 잘 살펴보면 나보다 더 힘든 사람은 정말 많다. 알고 보면 나를 힘들게 하는 것은 내 삶 자체가 아니라 내 마음이다. 그래서 마음먹기 나름이라는 것은 알겠는데, '마음을 밝게 가진다는 것'이 그리 쉽지만은 않다.

1인 기업을 하다 보면 우울증에 빠지기 쉽다. 내가 알고 있는 1인 기업 대표들 대부분도 한 번씩은 이 늪에 빠져 허덕였던 경험들이 있다. 그 이유는 뭘까?

첫째, 스트레스가 차곡차곡 쌓여도 이를 정리할 방법이 없다. 하늘에서는 테트리스 블록이 쉴 새 없이 떨어지는데 정신없이 수습해도 옆에서 도와주는 사람이 하나도 없다. 1년이 지나고 2년이 지나도 상황은 똑같고, 언제 나아질지 기약도 없다.

우스갯소리로 "직장인들 월급의 3분의 1은 상사의 스트레스 해소 대상이 되어주는 데 대한 보상이다"라고 하는데 정말 맞는 말이다. 조직의 상층부로 갈수록 스트레스 강도가 심해지고 이를 받아주는 부하의 맷집도 세져야 하니 직위가 높을수록 봉급을 더 받는 것이다. 하지만 1인 기업의 경우에는 이런 동네북 역할을 해줄 직원이 없다. 스트레스를 풀 대상이 없는 셈이다.

둘째, 1인 기업은 나 자신의 무능과 직면케 함으로써 더 큰 좌절감을 느끼게 한다. 대규모 조직에서 낙오한 경우에는 '조직이 나를 몰라준 탓'으로 돌리면 그만인데, 1인 기업처럼 내 의지대로 할 수 있는데 성과가 부진한 경우에는 정말 그것이 나의 무능력 때문인 것 같다.

베를린 예술대학교의 한병철 교수는 그의 책『피로사회』에서 우울증 환자가 급증하는 이유를 '성과成果 사회' 때문이라고 규정했다. '하면 안 된다'는 강제성이 지배하는 대규모 조직의 규율 사회는 범죄자를 배출하는 데 반해 '무엇이든 할 수 있다'며 성과가 지배하는 사회는 우울증 환자를 배출한다는 것이다. 성과 사회는 내게 준 자유만큼이나 나의 능력 발휘를 요구한다. 다시 말해 성과가 부진하다면 그 이유는 전적으로 나의 무능 때문인 것이다. 어디 핑계 댈 곳이 없게 만드는 이런 사회는 무능력자로 낙인찍힌 우리를 더욱 우울하게 만든다.

셋째, 처리되지 못한 스트레스는 면역력을 저하시키고 이는 몸의 곳곳에 염증과 참을 수 없는 고통을 가져온다. 이쯤 되면 우울증은 극에 달한다. 면역력을 높이려면 균형 잡힌 식사, 충분한 잠, 금주 및 금연, 정기적 운동이 필수인데 1인 기업인은 식사도 불규칙하고 잠도 충분치 않은 데다 술과 담배가 더 늘기 쉽고 운동도 충분히 할 수 없는 환경에 놓여 있다.

1인 기업을 하면서 "나는 항상 행복하고 기분이 좋다"라는 분이 있다면 오히려 이것이 심각한 중증이 아닐까 싶다. 그만큼 1인 기업인에게는 우울증이 항상 따라다닐 가능성이 높다. 우울증은 현대인의 감기라고 할 정도로 흔한 증상이지만, 우울한 기분이 일주일 이상 계속된다면 가차 없이 정신과 상담을 받아보자. 자칫 방치하면 더 큰 병들을 불러올 수 있으니 말이다.

053
chapter

1:N 상대법

머릿수에서 밀리는 협상은 언제나 불리할 수밖에 없다. 그것은 회사 대 회사 간의 거래에서도 예외가 아니다. 특히 나는 혼자인데 상대방이 N명인 게임은 풀어나가기가 정말 쉽지 않다.

가령 나 혼자서 고객사의 네 명(사장, 구매 담당 임원, 구매 담당 사원, 결제 담당자)과 가격 혹은 결제 조건 등에 대해 협상하는 상황을 생각해보자. 그들은 동시에 네 가지 전략을 펼칠 수 있는 데 반해 내겐 오직 하나의 전략밖에 없다. 비유하자면 그들은 10km씩 나누어 뛰는데 나는 40km를 혼자 뛰는 것과 같고, 그들은 자신이 불리할 때마다 다른 멤버들과 바통을 터치하는 태그 매치tag match를 한다면 나는 혼자 싸우는 레슬러와 같다. 그들 중 하나가 "이번이 마지막 가격 협상이니 최선의 견적을 달라"라고 해서 정말 홀딱 벗어줬더니 그다음엔 다른 자가 나타나 "내가 최종 결정권자이니 한 번 더 깎아달라"라고 한다. 그래서 뼈까지 발라줬더니 이번엔 또 다른 자가 나와 "결제를 한 달만 더 늦추자"라고 이야기한다.

이렇듯 1:N의 협상에서는 상대들의 지루한 둔갑술 전략에 말려들 수밖에 없다. 내가 1인 제조를 하면서 가장 힘 빠졌던 순간을 돌이켜봐도 이 상황이 랭킹 3위 안에 들 것 같다. 정말이지 분노보다는 비애를 느끼며 다 집어치우고 싶은 생각이 들기 때문이다. 이런 경우에는 대부분 울며 겨자 먹기로 다 내준다. 그리고 이제 그 고객과는 죽어도 거래하지 않겠다고 소주잔을 기울이며 다짐 또 다짐하지만, 그다음 날 걸려온 그 고객의 전화를 받으면서 또 다시 굽실거리는 자신을 발견하고선 더욱 우울해지곤 한다. 이렇듯 무거운 마음을 갖게 하는 1:N 상황에서 당신이 구사할 수 있는 전략에는 두 가지가 있다.

첫째, 1:N 상황을 2:N 또는 N:N 상황으로 만드는 것이다. 2:N 상황은 에이전트를 고용함으로써 만들 수 있다. 에이전트는 당신의 대리인에 불과하므로 독자적으로 의사결정을 할 수 없고, 오직 상대들의 의사를 내게 전달하며, 내가 허락할 때만 나의 의사를 그들에게 전달할 수 있다. 즉, 에이전트를 내 연막이자 총알받이로 활용하면 내 의사는 정확히 밝히지 않으면서도 상대의 의사를 알아내어 협상할 수 있다.

N:N 상황을 만들려면 협력회사와 연대, 컨소시엄을 구성하여 고객과의 협상에 나서야 한다. 당신 혼자 할 때보다는 다면적으로 그들의 협상에 대응하는 것이다. 다만 이 방법에는 당신이 고객에게 제시하는 가격이 협력회사에 공개될 수 있다는 단점이 있으니 예외적으로만 사용하도록 하자.

둘째, 1:N 상황을 1:1 상황으로 만드는 것이다. 고객사의 단 한 명만을 상대하고, 죽어도 한 명만 패라. 가장 최선인 것은 사장을 그 단 한 명으로 삼는 것이지만, 그것이 힘들다면 최소한 해당 협상에서의 차次상위 결정권자는 되어야 한다.

아마도 거래업체에서는 가장 피하고 싶은 것이 1:1 상황일 것이다. 그래서 쉽지는 않겠지만, 협상 시작과 동시에 "나는 당신 회사의 한 명과만 이야기하려 하니 그에게 전권을 주어 나와 협상하게 해달라"라고 분명히 요청하고 해당 인물과만 협상을 해야 한다.

1:1 상황으로 확실히 못 박기 위해서는 모든 협상을 문서로 진행하는 것이 좋다. 수신자 및 참조자를 명시하는 것이다. 특히 주요 사항과 관련된 내용은 팩스나 우편을 이용하고, 이메일로 하더라도 pdf 포맷으로 공문을 스캔한 뒤 첨부하여 '그 한 명'에게 보내라. 문서 수신 및 발신에 있어 전통적인 방법을 사용하면 1인 기업을 '무시할 수 없게' 하는 데 매우 좋은 효과를 거둘 수 있다.

054
chapter

정말 나에게 맞는가?

학창시절부터 직장생활까지 수십 년간 조직 문화에 길들여졌던 사람이 1인 기업을 창업한다는 것은 천지가 개벽하는 것과도 같다. 때문에 지금까지 쌓여온 자신의 가치관, 사고방식, 인간관계 모두를 바꾸지 않고서는 적응하기가 매우 힘들다.

단순히 일하는 스타일을 바꾸는 것이 아니다. 일의 많고 적음의 문제도 아니고, 시간을 얼마나 타이트하게 관리하느냐의 문제 또한 아니다. 1인 기업에 적응한다는 것은 이 모든 것들을 훨씬 넘어서는 큰 변화인데, 그 중에도 가장 변하기 어려운 두 가지만 이야기하겠다.

첫째, 그간 어떻게 살아왔든 이제부터는 '현금이 최고'다. 큰 조직에 있을 때는 손실이 발생해도 그것을 통해 뭔가 배웠다면 '가치 있는 손실'이 되는 법이지만, 1인 기업에서의 손실은 그냥 손실일 뿐 더 이상 교훈이 될 수 없다.

그렇기에 1인 기업에서는 명분이 아닌 현금이 중요하다. 큰 조직에서는 시장점유율과 성장률이 중요한 요소일지 모르지만, 1인 기업에서는 이런 것들보다 이번 달 수금액이 훨씬 중요하다. "시장점유율이나 성장률에 신경을 쓰면 단기적으로는 손해일지 몰라도 장기적으로는 유익하다"라는 말은 하지 마라. 오늘 당장 돈이 들어오지 않으면 1인 기업에서는 모두 의미 없는 수치들이다.

큰 조직의 입장에서는 '좋은 레퍼런스reference, 좋은 고객'이 중요하겠지만 1인 기업에게는 남들이 좋다는 고객이 아니라 결제 잘 해주는 고객이 최고다. 아무리 평판이 좋아도 가격을 깎거나 결제를 늦추려는 고객은 개한테나 줘라.

체면 차릴 필요도 없다. "돈 가지고 너무 쩨쩨하게 군다" 혹은 "사업하는 사람이 왜 그리 그릇이 작냐"라는 종류의 말들에는 신경 쓰지 마라. 당신에게 중요한 것은 당신의 1인 기업을 경영하고 가정을 꾸려나가는 것이다.

일이 적성에 안 맞는다고? 돈이 적성이다. 돈을 못 버니 적성 따지고 안 할 핑계만 찾는 것이다. 돈은 당신이 일한 만큼 벌게 되어 있고, 돈을 못 벌었다면 헛일만 한 것과 다름없다.

둘째, 이제는 누가 시키는 대로가 아니라 당신만의 방식대로 일해야 한다. 영화 〈머니 볼Money Ball〉에서 브래드 피트Brad Pitt가 했던 명언 "뉴욕 양키즈처럼 생각하고 훈련하니까 뉴욕 양키즈에 매일 깨지는 것이다"를 기억하라.

다윗이 골리앗의 방식대로 그와 맞섰다면 골리앗에게 맞아 죽어도 몇 백 번 죽었을 것이다. 이제 큰 조직에서 배운 방식은 잊고 당신 자신의 게임을 해나가라.

사실 그동안 배웠던 그 습관들을 몸에서 모두 배출시킨다는 것은 너무나 힘든 일이다. 금연이나 금주보다 어려울 뿐 아니라 금단 현상 또한 장난이 아니다. 그래서인지 이 두 가지의 변화를 쉽게 해나가는 사람은 거의 없는 데다가 아무리 해도 안 되는 사람들도 있다. 그렇다고 그분들이 모두 실패자일까? 아니다. 그분들에겐 그냥 1인 기업이 맞지 않는 것뿐이다.

그럼에도 배수진을 치고 죽을 각오로 버티며 포기하지 않으려는 분들이 있다. 정신력으로 버티시는 이런 분들은 몸이 먼저 아프다. 허리, 어깨가 결리고 입안이 헐며 예방주사를 맞아도 때마다 감기에 걸린다. 면역력이 떨어지면 발병한다는 대상포진, 관절염, 그리고 전에 없던 알레르기성 비염이 생기기도 한다. 역류성 식도염과 새벽 위통은 달고 살고 설사와 변비가 반복되며 수면유도제가 없으면 일주일에 하루이틀은 불면증에 시달리기 때문에 1년 365일 갖가지 종류의 약을 입에 털어넣고 산다. 머리로는 "버텨야 돼!" 하는데 몸이 버티질 못하는 것이다.

1인 기업이 자신에게 맞지 않는다고 판단되면 그만둬라. 1인 기업 아니라도 먹고살 길은 틀림없이 있다. 1인 기업 못 한다고 인생 낙오자 아니고, 잘한다고 인생 승자 아니다.

055 chapter

12시간 내로 응답하라

1인 기업과 거래하는 업체들이라면 어느 정도의 불안감은 피할 수 없다. 1인 기업에는 백업back-up 조직이 없고, 그래서 예기치 못한 사태로 거래가 중단될 가능성이 상존하기 때문이다.

이런 불안감 때문에 1인 기업으로부터의 응답이 없으면 고객은 더욱 초조하다. 신호가 세 번 갈 때까지 전화가 연결되지 않으면 '혼자 하니 이렇지'라 생각하고, 자동응답으로 넘어갈 때까지 통화가 이루어지지 않으면 '이 회사 문 닫았나?' 하는 생각부터 한다. 큰 회사 직원들과 전화 연결이 안 되면 '바쁜가? 식사하러 갔나?' 하며 별일 아닌 것으로 넘기면서 1인 기업 대표와 그러할 때만 지레 심각해지는 것이다. 그러니 1인 기업이라면 고객으로부터 온 연락이나 용건에 대해 가능한 한 빠른 시간 내에 답신을 보내는 것이 좋다.

이메일의 경우에는 반나절 안에 응답해야 한다. 오전 중에 수신한 이메일이라면 오후까지, 오후에 수신한 이메일이라면 퇴근 전까지는 응답해야 한다. 상대방이 원하는 세세한 답변까지 반나절 안에 보내야 한다는 뜻은 아니다. 사안에 따라 오랜 시간을 필요로 하는 답변도 있을 것이기 때문이다.

이럴 땐 답변을 나누어 보내라. 첫 응답은 '보내주신 메일 잘 받았다'는 인사와 함께 언제까지는 답변해드리겠다는 내용만으로도 충분하다. 문제는 응대의 내용이 아닌 응대의 시간이다.

1인 기업에게는 '응대 시간'이 중요하다. 하루가 지나도 이메일 답신을 보내지 않는다면 그 이메일을 보낸 고객에게 나는 아웃이다. 1인 기업에게 정말 심각한 사태는 '전화를 해도 안 받고 이메일을 보내도 답신이 없더라'는 소문이 도는 것이다. 이보다 더 최악인 소문은 없다.

한 번쯤은 '깨진 유리창의 법칙'에 대해 들어봤을지 모르겠다. 미국의 범죄심리학자인 제임스 윌슨James Wilson과 조지 켈링George Kelling이 정리한 이 이론에 따르면 '깨진 유리창 하나 때문에 그 지역은 관리되지 않고 치안이 부재한 곳으로 인식되며, 그래서 범죄자들이 들끓고 범죄율이 증가한다'고 한다. 유리창 하나 때문에 지역 전체가 최악의 범죄 발생 지역으로 낙인찍힐 수 있으니 이런 곳일수록 유리창 하나에도 세세히 신경 써야 하는 것처럼, 1인 기업 역시 전화 응대나 이메일 응답 하나하나를 더욱 세심히 챙겨야 한다. 앞서 말했듯 연락이 닿거나 와야 하는데 그렇지 않은 경우, 고객은 큰 회사보다 1인 기업에게 더 매서운 눈초리를 보내기 때문이다.

1인 기업인은 기본적으로 회사 전화 착신 서비스와 스마트폰을 이용해야 한다. 외부에 있더라도 회사 전화를 자신의 휴대폰으로 착신전환시켜야 하고, 어디에 있더라도 이메일은 1시간마다 확인해야 한다. 확인한 이메일에 대해서는 일단 잘 받았다는 메시지만 전하고, 스마트폰으로는 시시콜콜 답변하려 하지 마라. 구체적인 답변은 사무실에서 PC로 작성해서 보내는 것이 좋다.

또한 고객 응대에 빈번히 사용되는 문서 양식들—견적서, 사양서, 제품 소개서, 가격표, 발주서—은 어디서든 참고하고 작성할 수 있도록 사무실과 집 PC는 물론 웹하드(웹드라이브), 스마트폰 등 여러 곳에 저장해놓자.

응답 방식은 자신이 가장 편하고 자신 있는 것을 선택하는 것이 좋다. 고객이 보낸 이메일을 수신했어도 지금 시점에는 애매하게 답변하는 것이 최선이라면 굳이 이메일로 답하지 말고 전화로 해결하자. 반면 전화로 연락받은 내용이지만 확실히 해둘 필요가 있는 사안이라면 이메일이나 팩스를 활용한다. 상대방과 서로 오해할 소지가 많아서 서로 질문을 주고받을 필요가 있는 경우에는 카카오톡 등의 앱도 매우 유용하다. 기억해둬야 할 것은, 어떤 응답 모드를 선택하는가에 따라 당신의 협상력 수준이 결정된다는 사실이다.

056
chapter

24시간 내로 사과하라

고객의 신뢰를 얻는다는 것은 참 어려운 일이다. 제조업, 특히 기업간 B2B 거래의 경우 신뢰를 얻는 과정은 더욱 엄격한 데다 시간도 많이 걸린다. 제품에 하자가 없음에도 과연 신뢰할 만한 회사인지 의문을 품으며 계속 검증하기 때문이다. 1인 기업의 경우는 이런 과정을 더욱 심하게 겪는다. 어떤 고객이든 자신이 거래하는 1인 기업의 위험관리 능력에 의문을 가지는 것은 당연하다. 그 회사 제품의 품질이 아무리 좋다고 해도 말이다.

고객이 기대하는 공급업체의 위험관리 능력에는 두 가지가 있다. 하나는 공급에 차질이 생기거나 납품 제품에 문제가 생겼을 때 이를 신속하게 처리하는 능력이고, 다른 하나는 그 처리 과정을 투명하고 정직하게 보고하는 능력이다. 즉, 어떤 기업에 대한 고객의 신뢰를 결정짓는 가장 중요한 순간은 오히려 문제가 발생했을 때고, 이때 기업이 대응하는 방식은 고객의 신뢰 여부를 결정짓는 가장 중요한 바로미터가 된다.

어떤 문제가 발생한 시점부터 그것이 해결될 때까지의 과정을 단계별로 보면 다음과 같다(A는 고객, B는 1인 기업이다).

①문제 발생 → ②A의 문제 인지 및 통지 → ③B의 문제 접수 및 분석 → ④B의 문제 시인과 사과 → ⑤B의 원인 분석 및 책임 소재 확인 → ⑥B의 해결 방안(일정) 제시 → ⑦B의 해결 방안에 대한 A와 B의 합의 → ⑧B의 문제 해결 집행 및 중간보고 → ⑨B의 문제 해결 완료 및 최종 보고 → ⑩A와 B 간의 최종 정산

이중 특히 ③에서 ④까지의 단계, 즉 고객으로부터 문제를 통지받고 이를 분석하여 시인하고 사과하는 데까지 걸리는 시간은 1인 기업의 위험관리 능력을 판단하는 가장 중요한 골든타임에 해당한다. 나는 이를 '사과의 골든타임'이라고 부른다.

물론 ⑧에서 ⑨까지가 실질적인 문제 해결 단계이긴 하다. 하지만 고객에게 더 중요한 것은 '사과의 골든타임'이다. 내 경우에는 이 골든타임은 24시간이다. 그 이상으로 길어지면 이후의 단계가 얼마나 잘 이루어졌는가와 상관없이 고객은 더 이상 내 회사를 신뢰하지 않는다.

누구든 '사과는 적절한 시간 내에 이루어져야 한다'는 사실을 잘 알고 있다. 인간관계에서뿐 아니라 기업 대 기업, 즉 비즈니스에서도 이것은 예외가 아니다. 그럼에도 사과의 골든타임을 지키는 기업은 드물다. 그 이유는 뭘까?

가장 큰 이유는 잘못을 인정하고 사과하면 큰 손해를 볼 것 같고, 상대가 모든 책임을 내게 떠넘길 것 같기 때문이다. 하지만 잘 생각해보라. 내가 잘못을 인정하든 안 하든, 사과를 하든 안 하든 간에 협상력이 약한 1인 기업은 모든 책임을 떠안을 수밖에 없다. 배상은 배상대로 해줘야 함은 물론이고, 잘못을 인정하려 들지 않으며 이리저리 피하기만 하는 1인 기업과 거래를 지속하고 싶어 하는 고객은 없다. 오히려 고객은 이런 1인 기업이 괘씸해서 자신이 입은 손해보다 더 부풀려 배상 요구를 하게 된다. 내 경험을 바탕으로 생각해보면 차라리 솔직히 시인하고 신속히 사과하면 고객도 책임을 덜 요구할 뿐 아니라 오히려 위기관리 능력 측면에서 좋은 평가를 받으며 신뢰받는 거래처로 자리 잡을 수 있는 절호의 기회를 갖게 되는 것 같다.

⑧의 단계, 즉 실제로 문제를 해결하며 그 과정을 고객에게 알리는 단계에서도 신속하고 정직하게 보고함과 더불어 지겨울 정도로 반복해서 사과하는 것이 좋다. '말 한마디에 천냥 빚도 갚는다'는 속담을 새삼 떠올리게 될 것이다. 너무 많이 사과하면 고객이 나를 우습게 보고 계속 그것을 악용하는 것 아니냐고? 사과한다고 우습게 보는 것이 아니라 우습게 보이니깐 우습게 보는 것이다. 제품부터 잘 만들자.

057 chapter

곧바로 응답하지 마라

고객에 대한 최악의 응답은 무엇일까? 정제되지 않은 당신의 감정이 그대로 드러난 응답일 것이다. 어떤 상황에서도 안정되고 일관된 반응을 보일 때 당신이 속한 조직에 대한 신뢰는 높아진다. 특히 대표이사의 감정적 일관성은 회사 전체의 안정성을 상징적으로 보여준다. 조직이 성숙할수록 리더의 감정적 일관성을 유지하는 데(또는 일관되어 보이게 하려고 포장하는 데) 주력하는 것도 이 때문이다.

TV에 나온 삼성 이재용 부회장의 얼굴을 보라. 마치 마네킹 얼굴 같지 않은가? 표정은 물론 그의 메시지에서도 그의 감정을 읽기란 불가능하다. 그만큼 개인이나 조직이나 리더의 일관된 응답response을 보여주기 위해 끊임없이 훈련받는 것이다.

리더는 자리가 자리인 만큼 온갖 좋지 않은 소리도 듣게 된다. 하지만 리더도 사람이다. 가는 말이 거칠면 오는 말도 거칠 수밖에 없다. 그래서 리더를 향한 욕이 조직에 접수되어 그에게 보고될 때는 필터링filtering을 거쳐 순화된 언어로 바뀐다. 반대로 리더가 내뱉은 욕 역시 순화를 거쳐 정제된 언어로 상대에게 전달된다.

하지만 1인 기업의 경우에는 이러한 필터링과 정제의 과정이 없다. 어떤 매개체도 없기 때문에 상대의 감정은 내게 직접 전달되고, 나의 감정 역시 상대에게 그대로 전해진다. '사과의 골든타임'을 통해서는 말 한마디로 천 냥 빚을 갚을 수 있는 반면, 필터링이 부재한 이런 상황에서는 욕 한마디로 쪽박 차는 상황이 발생할 수 있다. 필터가 없다는 것, 이것은 1인 기업이기 때문에 가질 수밖에 없는 큰 핸디캡이다.

나는 반년에 한 번 이메일함을 대청소한다. 과거의 이메일부터 하나씩 지워나가는데, 감정을 주체하지 못한 상태에서 고객이나 협력업체에 보낸 내 메일을 보노라면 가슴이 덜컹 내려앉는 경우가 많다. 내가 이렇게도 절제가 안 되는 인간인가? 이 메일을 받은 상대는 얼마나 상처를 입었을까? 개중에는 거래가 끊긴 업체도 있는데, 나라도 더 이상 내 회사와 거래하기 싫었을 것 같다.

메일만 봐도 가슴이 덜컹이는데 전화 통화를 생각하면 더욱 아찔하다. 지나치게 흥분했던 탓에 무슨 말을 했는지 기억도 잘 안 난다. 채팅은 또 어떤가? 실시간으로 대꾸하다 보면 희로애락의 감정이 고스란히 전달된다. 고객에게 보여줄 수 있는 최악의 민낯인 것이다. 그 모습을 죄다 드러내지 않으려면 1인 기업인은 자신에게 스스로 필터링 기능을 장착시켜야 한다. 어떻게 하냐고? 간단하다. 곧바로 응답하지 마라. 감정의 동요가 있다면 일정 시간 응답하지 않는 것이 좋다.

내 경우 이메일은 스마트폰으로 먼저 확인하는데, 감정이 동요되는 것 같다는 생각이 들면 내 책상으로 자리를 옮겨 PC로 답신을 보낸다. 책상까지 가는 동안 어느 정도 감정을 가라앉힐 수 있기 때문이다. 또한 불쾌한 전화를 받았다면 "지금은 통화가 곤란하니 이메일로 답변 드리겠습니다"라며 일단 끊고 감정을 냉각시킨다.

적당한 '응답 간격interval'은 내 경험으로 보건대 최소 30분이다. 상대의 메시지에 기분이 나빠졌을 때보다 좋아지고 흥분되었을 때일수록 이런 응답 간격을 길게 가져라. 나를 제어할 마음의 장치가 없을 때 오는 부작용은 전자보다 후자의 경우에 심하다. 전자의 경우에는 분노와 함께 내 안의 방어기제가 작동하여 오히려 멈칫하지만 후자의 경우 방심이 동반되며 모든 방어기제가 허물어지기 때문이다.

또한 응답할 때의 매체는 수신할 때의 매체와는 다른 것을 사용하는 것이 효과적이다. 이메일 때문에 열이 받았다면 전화로 응답하고, 전화로 기분이 상했다면 이메일로 응답하라. 왜냐고? 어쩌면 당신은 상대와 나눈 내용이 아닌, 그 사람 특유의 어법이나 문체에서 기분이 상한 것일 수도 있기 때문이다. 특히 술을 마셨거나 피곤하거나 잠이 부족한 상태에서는 아예 자기 자신을 모든 통신 매체로부터 로그아웃시켜놓는 것도 좋은 방법이다.

058
chapter

가끔은 클레임도 약이 된다

제조업체에게 제품 클레임만큼 골치 아픈 일도 없다. 특히 톱니바퀴처럼 생산 일정이 빡빡하게 맞물려 돌아가고 자금 흐름에 털끝만큼의 여유도 없는 1인 기업에게 있어 클레임은 정말 피하고 싶은 사안이다. 하지만 회사를 망하게 할 정도가 아니라면 1년 중 일어나는 몇 번의 클레임은 오히려 약이 될 수 있다. 왜일까?

첫째, 클레임은 완제품에서 원자재까지 그 과정을 역추적back tracing**해볼 수 있는 절호의 기회다.** 1인 제조를 몇 년 하다 보면 자신이 그 제품에 대해 최고 전문가라는 자만에 빠지기 쉽다. 누구를 만나도 "내가 그거 해봤는데…"가 입에 붙는다. 거짓말은 아니다. 1인 제조업체 대표가 아니고서야 누가 그 모든 업무를 혼자 경험해봤겠는가? 하지만 이렇게 자만하는 상태에서는 문제가 있어도 잘 보이지 않는다.

자만하지 않는 1인 기업 대표라도 평소에 문제를 잘 발견할 수 없는 것은 사실이다. 항상 시간에 쫓기는 1인 기업에게는 모든 공정을 역으로 꼼꼼히 따질 수 있는 기회가 여간해선 없고, 문제 요소가 있어도 그것을 알아채는 시기가 늦을 수밖에 없다. 때문에 클레임은 1인 기업인에게 있어 더 큰 문제의 발생을 예방하는 백신과도 같다.

둘째, 클레임은 제품의 불량 유형과 원인을 정확히 파악하는 기회가 된다. 1인 제조를 하겠다는 창업자라면 대부분 자기가 만드는 제품의 불량 원인과 유형에는 통달했다고 스스로를 평가하지만, 막상 1인 기업을 하다 보면 자신이 몰랐던 불량 유형이 얼마나 많은지 실감하게 된다. 팀으로 일할 때와는 딴판인 것이다. 그래서 1인 기업일수록 창업 초기에 다양한 제품 클레임을 경험하는 것은 두고두고 매우 소중한 자산이 된다. 어차피 맞아야 할 매라면 빨리 맞는 것이 좋다.

셋째, 협력업체에 긴장감을 부여하는 소중한 기회를 제공한다. 이미 31장에서 '고객이 아닌 협력업체를 왕처럼 대접하라'고 말한 바 있다. 1인 기업에게 있어 협력업체는 운명 공동체와도 같으니 특별히 존중하라는 의미에서였다.

하지만 '긴장감'은 어떠한 비즈니스 관계에도 없어서는 안 될 필수 요소다. 그리고 제품 클레임은 이러한 긴장감을 부여하는 데 가장 효과적인 수단이니, 내가 고객으로부터의 제품 클레임을 통해 훈련받은 그것들을 나의 협력업체도 똑같이 받게 해야 한다.

그런데 고객이 제기한 제품 클레임에 대해 끝까지 그 원인을 찾아내지 못한 경우에는 어떻게 해야 할까? 원인을 알 수 없는 불량은 누구의 책임인가? 불량 제품들은 전량 폐기해야 할까? 앞으로 계속 생산해야 하나, 아니면 중단해야 하나? 정말 어려운 질문들이다. 아니, 답은 명확한데 그대로 하자니 회사가 거덜 날 것 같다.

내게도 유사한 사례가 있었다. 클레임이 들어온 사안을 조사해보니 불량의 원인은 알 수 없었지만 그 불량이 특정 조건에서만 발생한다는 사실을 발견했다. 그래서 '특정 조건에서는 불량이 발생할 수 있음'을 명시한 뒤 할인 가격으로 해당 제품들을 팔았고, 보유 중이었던 재고가 다 소진되는 시점에 판매를 중단한 뒤 지금까지 오직 기존 고객을 대상으로만 계속 판매하고 있다. 3년 전의 일인데, 당시의 불량 원인은 아직까지도 찾고 있는 중이다.

즉, 불량 원인과 해법을 도저히 찾을 수 없다면 그 제품은 더 이상 판매하지 않는 것이 원칙이다. 예외적으로 특정 상황에서만 불량이 발생한다면, 그리고 그런 사실을 고객이 충분히 인지하고도 그 제품을 구매하기 원한다면 그 고객에 한해서는 판매가 가능할 수 있겠다.

059 chapter 특허에 목매지 마라

약자인 1인 기업이 자신의 기술을 보호받을 수 있는 길은 오직 특허뿐이라고 생각하는 창업자들이 많다. 발명특허로 등록되면 20년간, 그보다 하위인 실용신안으로 등록되면 10년간은 보호를 받을 수 있으니 일면 맞는 이야기일 것이다. 이것도 없다면 1인 기업의 기술이 보호받을 길은 전혀 없어 보인다. 나는 심지어 매달 한 가지씩 특허를 출원하시는 사장님도 봤는데, 이 정도면 가히 특허 중독이라고 할 수 있다.

하지만 1인 기업이 출원하는 특허는 파생특허나 실용신안이 대부분이고, 근본적인 표준특허나 원천/기반기술특허인 경우는 극히 일부에 불과하다. 게다가 2013년 국정감사 보고에 따르면 우리나라에서 제기된 특허 무효화 소송에서 무효 결정을 받는 비율은 50%를 넘는다고 한다. 절반 이상의 특허가 소송을 통해 무효가 되는 셈이다. 파생특허나 실용신안만을 놓고 보면 이 비율을 훨씬 넘어설 것이다.

또한 누군가 자신의 특허를 침해하여 특허 소송을 제기하는 경우에도 승소율은 20%에 불과하며 배상액 역시 700~800만 원에 불과하다. 특히나 1인 기업이 대기업을 상대로 제기하는 소송에서 이길 확률은 그 20%의 절반에도 못 미칠 테고, 그래서 나는 특허 소송을 걸지 않는다. 변리사 좋은 일만 시키는 셈이기 때문이다.

다시 정리해보자. 1인 기업이 출원한 특허는 등록되더라도 무효가 될 확률이 높고, 누군가 그 특허를 침해하더라도 소송을 통해 잃는 것이 더 많다. 그런데도 당신은 여전히 특허에 목을 맬 것인가?

누군가는 이렇게 이야기할 것이다. "특허를 출원하면 특허기술 상용화 지원사업이나 특허 담보대출, 또는 기술보증을 쉽게 받을 수 있다." 특허로 기술 보호를 받진 못해도 낮은 이자에 돈을 빌릴 수는 있으니 아주 틀린 이야기는 아니다. 하지만 실제 지원사업 기관에 문의해보면 그 지원금은 극히 적다는 것을 알 수 있다. 특허 기술을 기반으로 한 기존의 매출이 없다면 사실상 신청서 작성하느라 수고한 인건비조차도 건지기 힘든 셈이다.

그렇다고 특허를 출원할 필요가 없다는 뜻은 아니다. 특허를 보유하고 있으면 최소한 나의 협력업체나 고객들이 나를 배신할 가능성은 줄일 수 있다. 내가 특허를 가지고 있다는 것만으로도 그들은 내 제품과 유사한 것을 만드는 데 큰 부담을 느낄 것이기 때문이다. 또한 특허가 있는 기업은 각종 기업인증 과정에서 가산점을 받거나 이노비즈나 벤처기업 인증 또는 조달업체 등록을 통해 1인 기업의 공신력을 대외적으로 인정받는 등의 장점도 있다.

이렇듯 특허는 1인 기업에게 히든카드hidden card나 전가의 보도가 아니다. 오히려 특허괴물Tron 등이 특허 침해로 1인 기업을 공격하면 1인 기업은 치명타를 입게 된다. 특허 소송은 예외 없이 작고 돈 없는 자에게 불리하기 때문이다. 그래서 나는 불미스러운 일이 일어나기 전에 예비적으로 대응할 것을 권한다.

1인 기업의 경우 공급 수량이 작고 로열티 부담이 작기 때문에 특허권자와 선제적으로 라이선스(로열티) 계약을 하는 것이 한 가지 방법이다. 또한 이러한 라이선스 계약 체결을 내세워 '나는 경쟁업체와는 달리 특허 문제에 있어 깨끗하다'는 점을 강조하며 마케팅/홍보 활동을 전개하는 것도 좋다.

보통 라이선스 계약을 할 때는 과거 3년간의 공급 물량까지 소급하여 로열티를 지불케 하므로 사업 초기에 라이선스 계약을 체결할수록 로열티 부담을 최소화할 수 있다. 만일 이와 같은 선제 방어가 어렵다면 지적재산권IP, Intellectual Property 소송 보험에 가입하는 것도 생각해볼 만하다.

1인 기업에게 특허는 그것을 기반으로 제품을 개발하고 그 제품을 '많이' 팔고 있을 때에만 의미가 있다. 사무실 벽에 줄줄이 붙여놓은 특허권리증은 그저 장식일 뿐임을 기억하자.

060
chapter

납기 준수가 품질이다

납기 준수는 어느 회사에게나 주요 이슈지만 특히 1인 기업에게는 절대절명의 과제다. 그 이유는 다음 세 가지다.

첫째, 고객에게 신뢰를 주는 지름길이기 때문이다. 고객들은 1인 기업에 대해 '사장 혼자 하는 회사인데 납기나 제대로 지킬 수 있을까?'라는 의구심을 갖기 마련이다. 한두 번 납기 지켰다고 이런 의구심이 사라지는 것도 아니다. 내 경험으로는 고객을 안심시키는 데 2년 정도의 시간이 걸리고, 그쯤 되어야 고객은 내가 약속한 납기에 대해 불안해하지 않는다.

둘째, 납기 지연은 협력업체들에게 예상보다 큰 손실을 입히기 때문이다. 1인 기업이 공급하는 제품이나 담당하는 공정은 완성품 또는 전체 공정 중 극히 일부에 불과하다. 물론 처음부터 끝까지 혼자 제품을 만드는 경우도 있지만 이는 극히 예외적인 경우고, 대부분은 전체 공정의 10% 정도만을 차지한다.

가령 100원짜리 완제품이 있다면 10원어치만 1인 기업이 만들고 나머지 90원어치는 전후방업체들이 만든다. 만일 1인 기업의 10원 공정이 지연되면 나머지 90원 공정도 놀게 된다. 10원 때문에 90원이 손 놓고 있는 것이다. 이처럼 1인 기업의 납기 지연은 전후방업체들에게 큰 손실을 준다.

셋째, 납기 지연은 전체 제품의 가치를 떨어뜨릴 수 있기 때문이다. 1인 제조업체가 핵심(또는 주요) 부품(또는 공정)을 담당하는 경우는 극히 드물다. 그보다는 제품의 기능을 보조하는 부품, 외장 디자인 관련 공정, 또는 핵심 부품을 보호하기 위한 표면 처리나 가공을 맡는 것이 일반적이다. 어떤 고객도 선뜻 1인 기업에게 주연을 맡기기를 주저하기 때문에 1인 기업은 기껏해야 엑스트라 내지 조연처럼 비중이 낮은 과정만을 담당하게 되는 것이다.

그럼에도 그 얼마 되지 않는 과정이 잘못되거나 늦어지는 경우에는 전체 제품의 경제적 가치가 폭락하고 만다. 예를 들어 100만 원짜리 제품에 50원짜리 로고 인쇄를 담당하는 1인 기업이 있는데, 그 로고 인쇄가 늦어져 1만 개 제품의 납기가 일주일이 늦어졌다고 치자. 이때의 손실은 단지 50만원이 아닐 것이다.

납기를 지킨다는 것은 특정 일자까지 제품 생산이나 공정을 완료한다는 것 이상을 의미한다. 납기는 '고객이 안전하게 제품을 받아 그 제품을 사용 가능하게 하는 시점'이기 때문이다.

즉, 제품만 제때 만들었다고 해서 끝나는 것이 아니라 ①얼마나 안전하고 튼튼하게 포장했는지, ②수령자가 쉽게 포장을 해체하고 바로 사용할 수 있도록 고객의 요구에 따라 잘 정렬했는지, ③수출의 경우 현지 세관의 해체 및 재봉인이 이루어져도 제품의 품질에 영향을 미치지 않도록 포장 설계되었는지, ④해상 또는 항공 운송 시 급격한 온도 변화 및 물리적 충격에 따른 문제는 없는지, ⑤특히 까다로운 항공 운송의 경우 요구되는 포장 및 적재 기준에 잘 부합되는지 등은 모두 납기와 관련된 이슈다. 이런 요건들을 지키지 않는 경우 납품은 지연될 수밖에 없다.

만약 납기를 지킬 수 없을 것 같다는 판단이 들면 그 즉시 고객에게 알려야 한다. 지킬 수 없는 납기를 앞에 둔 채 어찌해야 할지 몰라 전전긍긍, 우물쭈물하지 말고 곧바로 고객에게 전화하라. 그래야 고객에게도 대응할 여유가 생긴다.

061
chapter

비용보다 시간을 아껴라

일을 하다 보면 여기저기 샘플 등을 보내야 하는 경우가 적지 않다. 이럴 때 '편하고 빠르다'는 장점만 떠올려서 아무 생각 없이 퀵 서비스만 이용하다 보면 월 수십만 원은 그냥 날아간다. 하루만 일찍 준비하면 택배(익일 배송, 5,000원)로도 충분한데 꼭 퀵 서비스(당일 배송, 30,000원)만 이용하는 분들이 꽤 있다.

나는 퀵 서비스 이용을 정말 질색한다. 택배와 퀵서비스 중 하나를 선택하라면 당연히 택배를 고르고, 심지어 고객이 착불로 퀵서비스를 보내달라고 해도 "꼭 오늘 받으셔야 하는 것이 아니시면 선불 택배로 보내드려도 될까요? 내일 받으시게 해드리겠습니다"라고 이야기할 정도다.

하지만 불가피하게 당일 배송을 해야 하는 경우라면 직접 배달하는 것과 퀵서비스 중 하나를 골라야 하는데, 이때는 후자를 택한다. 왕복

50km의 거리를 직접 배달하는 경우에는 기름값을 포함하여 8,000원이 소비되므로 퀵서비스를 이용할 때보다 22,000원 정도가 절약되긴 한다. 하지만 22,000원을 절약하기 위해 2시간을 들여 내가 직접 배달을 한다면 결국 나의 시간당 가치는 11,000원(22,000원/2시간)에 불과한 것이다.

물론 직접 배달하는 방법을 선택할 때도 있다. 첫째, 배달을 핑계로 그곳에 직접 가볼 필요가 있을 경우다. 처음 거래하는 고객이라면 직접 탐방해보는 것이 큰 의미가 있고, 협력업체라면 가끔 들러보는 것도 유익하다. 둘째, 배달 가는 김에 그 근처에 있는 고객을 만나거나 협력업체를 방문할 경우다. 특별한 이슈가 없이 가볍게 만나는 자리에서도 간혹 큰 건을 건지는 경우가 있다. 셋째, 정말 할 일이 하나도 없고 사무실에 박혀 있는 것이 답답할 때다. 개인적으로는 이런 때 잠 한숨 더 자는 것이 백 번 유익하다고 생각하지만, 기분전환 겸 드라이브하는 것도 나쁘지 않겠다.

이 세 가지 경우 이외에는 22,000원 아끼겠다고 직접 배달 가는 경우가 최소한 내겐 없다. 무엇보다도 자존심이 허락하질 않는다. 1인 기업의 가장 중요한 자산인 나의 시간당 가치를 11,000원으로 떨어뜨리는 일을 할 바엔 차라리 1인 기업 접는 편이 낫다.

기업에 있어 가장 중요한 자산은 무엇인가? 돈? 장비? 기술? 어떤 회사든 '사람'이 가장 중요하다고 답한다. 실제 그렇든 그렇지 않든 말이다. 심지어 어떤 회사는 TV 광고에서도 제품이 아닌 '사람'을 앞세운다. 1인 제조회사에서 제일 중시하는 것 역시 사람일 것이다. 다만 그 사람이 오직 한 사람, '나'라는 것이 다를 뿐이다.

그렇다면 '나'의 무엇이 가장 중요할까? 지능? 기술? 경험? 인맥? 체력?

정신력? 재력? 답은 '시간'이다. 앞의 것들은 모두 내게 더 많은 시간을 벌어주기 위한 수단에 불과하다. 다른 것들은 내 노력에 따라 늘어날 수 있지만, 시간은 결코 늘어나지 않기 때문이다. 그래서 1인 기업의 가장 중요한 자산은 '나의 시간'이다.

다시 말해 1인 기업의 가치는 대표가 자신의 시간을 어떻게 활용하느냐에 따라 시간당 1만 원이 될 수도 있고, 10만 원 혹은 100만 원이 될 수도 있다. 내 시간을 헛되이 보내는 것만큼 회사의 자산을 낭비하는 것은 없다. 내 시간은 곧 회사의 자존심이다.

가끔 내게 사전 연락을 하지 않고 회사에 들이닥치는 고객들이 있다. '이 근처 지나다가 생각나서 들렀다'면서 말이다. 아무래도 나 혼자 일하는 곳이니 여타 회사들보다 편하게들 여기시는 듯하다. 이런 경우 나는 바쁜 척 '곧 나가봐야 한다'며 문전박대하기 일쑤다. 1인 기업 대표로서 끝까지 지켜야 할 마지막 자존심은 '나의 시간'이다. 다른 건 다 양보해도 이건 양보 못 한다.

062 chapter

품질이 영업이다

모든 회사는 업종이나 규모와 상관없이 '품질'을 강조한다. 너도나도 '품질 제일주의'를 외치니 이것만큼 식상한 말도 이젠 없다. 그럼에도 실제로 품질에 목을 매는 회사는 의외로 적다. 왜일까?

첫째, 고객에겐 품질의 차이를 구별하는 능력이 없다고 생각해서다. 사실 틀린 말은 아니다. 실제로 많은 고객들은 전문성이 부족해서 경쟁 제품 간의 품질 차이를 구별해내지 못할 뿐 아니라 불량품이 몇 개 섞여 납품되어도 이를 찾아내지도 못한다. 그러니 회사 입장에서는 품질 향상이나 불량률 감소보다 영업이나 마케팅에 돈과 인력을 쏟아부어 고객으로 하여금 일단 자신들의 제품을 쓰게 만드는 것이 돈 버는 데 훨씬 유리하다.

둘째, 누구든 신제품 개발에는 투자할 가치가 있다고 동의하지만, 품질을 일관되게 유지하는 것은 잘해야 본전이라고 생각한다. 그래서 품질 유지를 위한 예산은 항상 우선순위에서 밀려나고 그에 투입되는 인력은 찬밥 신세를 면하기 어렵다.

하지만 고객의 신뢰를 획득하기 위해서는 신제품만큼이나 품질 유지 또한 중시해야 한다. 고객의 신뢰는 '언제 사도 그 제품의 품질은 똑같다는 믿음'에서 나온다 해도 과언이 아니다. 그럼에도 품질 유지는 어떤 회사에서도 인기 없는 후순위 목표일 뿐이다.

셋째, 큰 회사일수록 자신들의 영업력을 믿는다. 즉, 제품에 문제가 생겨도 영업력으로 이를 막고 해결할 수 있다고 자신한다. 특히나 내수 중심의 기업들 중 절반은 이렇다 해도 과언이 아니다.

모든 회사들이 외치는 '품질 제일주의'는 이러한 이유로 한낱 구호에 그치고 있다. 그러나 1인 제조회사까지 그래서는 안 된다. 1인 제조회사가 믿을 것이라고는 품질밖에 없기 때문이다. 그 이유는 뭘까?

첫째, 1인 기업의 제품을 구매하는 고객은 품질의 미묘한 차이를 쉽게 분별해낼 수 있는 전문가들이기 때문이다. 1인 기업은 전체 공정 중 한 공정을 담당하거나 중간재를 제조하는 경우가 많다. 그렇기에 이때의 고객들은 최종 생산된 제품만을 구입하는 일반 소비자들에 비해 상대적으로 전문성이 높을 수밖에 없다. 아무리 요란한 광고로 도배를 해놔도 결과물의 품질이 나쁘면 쳐다보지도 않는 것은 물론이다.

둘째, 1인 기업이 가장 많이 투자해야 하는 분야가 검수 공정이기 때문이다. 1인 기업을 통해 절감된 비용은 검수 공정에 대한 투자를 통해 품질 유지로 이어질 때 의미가 있다. 1인 기업의 목적은 혼자 일해서 비용을 아끼는 것이 아니라, 동일한 비용으로 더욱 일관되고 안정된 품질의 제품을 만드는 것이다.

셋째, 1인 기업은 기대고 의지할 수 있는 영업력이 전혀 없기 때문이다. 품질에 전력을 다해도 고객이 살까말까 하는데 언제 영업까지 하러 다니겠는가? 영업력에 기댈 수 없으니 품질밖에 믿을 것이 없고, 그렇기에 1인 기업에 있어서 품질을 높인다는 것은 곧 최고의 영업 전략을 구사하는 것이다. 1인 기업의 제품을 구매하는 고객들은 높은 전문성을 가지고 있으며, 조금만 품질이 떨어져도 쉽게 알아차리는 까다로운 존재임을 알아야 한다.

영업이나 마케팅이 아닌 품질로 고객을 획득하는 과정은 지루하고 인내를 필요로 한다. 하지만 1인 기업에겐 품질로 고객의 마음을 사는 것 외에는 다른 길이 없다. 보통의 회사라면 어정쩡한 제품으로도 살아남을 수 있겠지만 1인 기업은 100% 죽는다. 어쩌면 품질 이외에 고객의 마음을 사는 다른 방법이 없다는 것, 이것이 1인 기업의 가장 큰 행운일지 모른다.

063
chapter

검수, 검수 또 검수

1인 기업을 하면서 다른 건 모두 외주를 주더라도 반드시 자신이 해야 할 일을 두 가지만 고르라면 나는 '자금'과 '검수'라고 답하겠다.

사업을 몇 년 해본 분들이라면 돈은 누구에게도 맡길 수 없다는 것에 무조건 공감할 것이다. 잘못 맡기면 사람까지 잃을 수 있으니 말이다. 1인 기업의 경우 가족에게 맡기는 경우가 많은데 자칫하면 가족까지 다 잃게 된다. 그래서 아무리 바빠도 돈은 직접 챙겨야 한다.

그다음으로 챙겨야 할 일이 검수QC, Quality Control다. 검수만 하다가 날 다 새겠다고? 그래도 할 수 없다. 1인 기업에게 일관된 품질만큼 중요한 것은 없으니. 이것이 지켜지지 않으면 고객 불만 뒤처리하러 다니느라 아무 일도 할 수 없는데, 이는 회사가 가장 빨리 망하는 길이다.

검수는 성가시거나 마지못해 해야 하는 것이 아니다. 제품에 대한 가장 확실한 투자가 검수다. 최고의 제품을 만드는 것보다 일관된 제품을 만드는 것이 중요한데, 검수는 이를 위해 반드시 필요하다.

일관된 품질은 엄격한 검수에서 나오며, 엄격한 검수는 스스로 할 때 100% 담보할 수 있다. 남에게 검수를 맡기면 그 엄격성은 급격히 저하된다. 내 물건이 아니기 때문이다. 내 이름으로 파는 내 물건은 내가 그것을 최종 검수하고 '필畢'해야 고객도 신뢰한다.

모든 생산 공정을 외주로 돌리고 제품 개발과 마케팅만 하는 1인 기업도 많은데, 이런 경우라 해도 검수는 1인 기업이 직접 해야 한다. 검수 과정을 모두 담당하기가 여의치 않다면 최소한 줄곧 지켜보거나 무작위로 샘플을 뽑아 살펴보는 재검수만큼은 해야 한다.

검수 과정에서 품질에 조금의 의심이라도 발견되는 경우에는 모든 것을 올 스톱시켜야 한다. 말처럼 쉬운 것은 아니다. 당장 제품을 출하해야 결제받고 결제를 받아야 모든 것이 돌아가는, 말 그대로 하루 벌어 하루 먹고 사는 1인 기업 입장에서 라인을 멈춘다는 것은 보통 의지가 아니고선 불가능한 일이다. 그래서 검수를 할 수 있는 사람은 세상에 단 한 명—최종적으로 회사를 책임질 나 하나—밖에 없다.

검수에는 완제품 출고 검수뿐만 아니라 원부자재 입고 검수도 있다. 사실 제품의 품질을 결정짓는 가장 중요한 요소는 원부자재다. A급 자재가 들어와서 C급 제품이 나오는 경우는 있어도, C급 자재가 들어왔는데 A급 제품이 나오는 경우는 없다. 입고 검수만큼 확실한 품질 보증 방법이 없는 것이다. 그래서 원부자재의 품질 관리를 협력업체에게만 맡겨선 안 된다.

"제품(출고) 검수하기도 바쁜데 언제 입고 검수까지 하란 겁니까? 아무리 중요하다 해도 하루 종일 검수만 하고 있을 수는 없지 않습니까?" 하는 사람도 있을 것이다. 옳은 말이다. 그래서 검수에는 투자가 필요하다. 검수 자동화를 위한 장비 투자에도 과감해야 하고, 필요하다면 단기 또는 계약직 고용이 가능한 검수 인력 몇 명은 언제든 가동시킬 수 있게 해놔야 한다. 내 경우에는 전체 판관비의 절반 이상을 검수 장비 임대 및 검수 인력 인건비에 쓰고 있는데, 신제품 개발비와 비교하면 세 배 이상에 달하는 금액이다.

시간과 돈은 들지만, 제대로 된 검수는 고객으로부터 반드시 보상을 받는다. 여기에는 1%의 예외도 없다.

064 chapter

재고는 넉넉하게

앞서 '1인 기업에게는 납기 준수가 매우 중요하다'고 이야기한 바 있다. 그런데 1인 기업은 납기를 지킬 수 없는 본질적 한계를 가지고 있는 것도 사실이다.

혼자 하루 한 개의 제품을 만드는 1인 제조공장과 열 명이 하루 열 개의 제품을 만드는 10인 제조공장이 있다고 가정하자. 1인 제조공장에는 하루 한 개의 오더가, 10인 제조공장에는 하루 열 개의 오더가 온다. 그런데 1인이 당일 생산에 참여할 수 없는 확률은 10분의 1이고, 긴급할 때 1인이 하루 추가로 만들 수 있는 제품은 0.2개다. 즉, 1인은 열흘에 하루 생산에 참여할 수 없고, 긴급 상황에서는 하루 최대 1.2개까지 만들 수 있다.

1인 제조공장을 먼저 보자. 단 한 개의 재고도 가지고 있지 않다면 확률적으로 열흘에 하루는 납품할 수 없다. 만일 재고를 한 개 가지고 있다면 20일에 하루만 납품할 수 없다. 아홉 개의 재고를 보유하고 있다면? 100일에 하루만 납품할 수 없다.

10인 제조공장을 보자. 확률적으로 매일 1인이 생산에 참여할 수 없으니 제품 한 개의 과부족이 발생하고, 따라서 1일 평균 아홉 개의 제품만 납품할 수 있다. 그러나 제품 재고가 없어도 실제 납품에는 전혀 문제가 없다. 나머지 9인 중 5인이 생산에 투입되어 0.2개×5명=1.0개, 즉 제품 하나를 추가로 생산할 수 있기 때문이다. 다시 말해 10인 제조의 경우에는 생산에 차질이 발생하더라도 그 과부족을 보정할 수 있는 충분한 인력이 있으므로 재고 수량을 0으로 해도 문제가 없다.

하지만 1인 제조의 경우 그 1인이 일을 할 수 없는 상황이 발생하면 꼼짝없이 납품도 불가능해진다. 이를 방지하려면 10인 제조와 달리 재고를 넉넉히 보유하고 있어야 한다. 1인 제조회사는 납기를 맞추기 위한 재고 확보에 드는 비용을 아껴서는 안 된다.

어쩌면 충분한 재고를 보유하는 것이 '1인 기업은 자산의 유동성을 극대화해야 한다'는 대원칙에 어긋날 수도 있겠다. 재고로 보유한다는 것은 미래의 매출을 위해 현금을 유동성이 적은 자산으로 바꿔서 갖고 있음을 뜻하기 때문이다. 하지만 1인 기업의 재고는 언제 팔릴지 모르는 고정 자산이 아니라 단기간 내 오더가 예상되는 유동자산, 즉 최악의 경우에도 언제든 시장에서 현금화가 가능한 시장성 있는 자산이다.

어쨌든 재고를 넉넉하게 보유해야 한다는 나의 주장은 지금 시대에 매우 뒤떨어진 것으로 여겨진다. 재고 보유량은 어떻게든 줄이고 시장 수요에 따라 실시간으로 탄력적으로 가져가야 한다는 것이 최근 제조업의 추세기 때문이다. 하지만 1인 기업들이 유행처럼 최소한의 재고 수준만을 유지하려 한다면 결국 실현 불가능한 납기를 맞추기 위해 애쓰다가 탈진할 뿐 아니라 협력업체들 역시 얼마 안 가 나가떨어지게 될 것이다.

어설프게 큰 회사들 흉내내지 말고, 자기 회사에 맞는 최적의 재고 수준을 찾아라. 재차 강조하지만, 1인 기업에게는 비용 절감보다 납기 준수가 중요하다.

065 chapter 영업보다는 마케팅을 하라

영업과 마케팅은 다른 개념이다. 그 차이를 가장 쉽게 설명한 것이 "마케팅은 영업을 필요 없게 만든다"라는 피터 드러커Peter Drucker의 말이다. 그의 정의에 따르면 마케팅은 영업의 상위 개념으로, 마케팅이 잘 이루어지는 회사라면 영업을 위한 별도의 노력은 필요치 않다.

'영업보다는 마케팅을 하라'에는 크게 두 가지 의미가 있다. 하나는 많이 파는 것보다 오래 파는 데 초점을 맞추라는 것이고, 다른 하나는 영업한다고 고객 쫓아다니지 말고 마케팅을 통해 길목을 지키라는 것이다. 이 두 가지를 구체적으로 살펴보자.

첫째, 많이 팔지 말고 오래 팔아라. 영업의 핵심은 '내게 할당된 물량을 얼마나 빠른 시간 내에 모두 파느냐'다. 다시 말해 '빨리, 많이 파는 것'이 영업이다.

A라는 기업에게 1,000원짜리 제품의 재고가 1,000개 있다고 치자. 이대로 가면 한 달 내 100개만 1,000원에 팔리고 나머지는 재고로 이월될 것이다. 이런 상황에서 영업의 목적은 당연히 '어떻게든 이월 재고 없이 모두 파는 것'이고, 그래서 1,000원에 100개를 구매하고자 하는 고객에게 제품가를 80% 낮춘 200원에 500개를 판매한다. 그리고 나머지 500개는 90% 할인한 가격인 100원에 다른 고객들에게 넘긴다. 깔끔하다. 어차피 이월되면 팔 수도 없고 소각시켜야 하니 말이다. 본래의 계획대로 팔았다면 1,000원×100개=10만 원의 매출만 발생했겠지만 이러한 영업적 전략을 따르면 (200원×500개)+(100원×500개)=15만 원의 매출이 발생한다. 매출도 50% 더 발생하고 이월 재고로 골치 아플 일도 없으니 이런 영업 전략을 실행하는 것이 이상한 일은 아니다.

하지만 마케팅의 관점에서 보면 1,000원짜리 제품을 200원과 100원에 파는 것은 자살 행위에 해당한다. 1,000원의 가치를 인정받던 기존 제품을 아무리 재고 정리 때문이라 해도 반의 반값도 안 받고 팔아버리면 다시 제값으로 올려 받기가 불가능해지기 때문이다(그다음 해에 반값이라도 받으면 다행이다). 그러므로 차라리 1,000원에 100개만 팔고 나머지 900개는 태워버리는 것이 제품의 가치를 유지하고 장기적으로 이윤을 도모하는 데 훨씬 도움이 된다. 이것이 마케팅의 전략, 오래 파는 전략이다.

"1인 기업에게는 오늘 당장 들어올 현금이 가장 중요하다고 했으면서 오래 파는 전략을 따라야 한다고 말하는 것은 모순 아닌가?"라는 반론도 있을 수 있다. 그러나 내가 만든 제품의 가치를 유지하는 것만큼 제조업에서 중요한 것은 없다. 때문에 아무리 목이 말라도 소금물을 마시면 안 된다.

둘째, 영업한다고 고객 쫓아다니지 말고, 마케팅을 통해 고객이 지나갈 길목을 지켜라. '개미지옥'이라는 곤충이 있다. 명주잠자리의 애벌레인데, 모래밭에 깔때기 모양의 개미지옥을 만들고 그 속에 숨어 있다가 개미 등이 빠지면 큰 턱으로 그것을 물어 옴짝달싹하지 못하게 만든 다음 체액을 빨아먹는다. 이들은 6개월간 먹지 못해도 견딜 수 있다. 움직임을 최소화하는 덕에 가능한 일이다. 여하튼 개미지옥에 빠지면 어떤 개미도 빠져나올 수 없다.

1인 기업은 바로 이러한 개미지옥이 되어야 한다. 깔때기 모양의 개미지옥을 만드는 것이 바로 마케팅이고, 한 번 물면 옴짝달싹 못하게 만드는 것이 제품의 품질이다. 1인 기업의 생존 전략은 마케팅을 통해 고객이 지나갈 길목을 분석하거나 그곳을 지나가지 않을 수 없게끔 만드는 것이어야 한다. 고객 잡겠다고 쫓아다니다 보면—이것이 영업이다—탈진해서 죽는다.

앞서 '1인 기업은 다른 업무는 모두 외주를 주더라도 자금과 검수 업무만큼은 스스로 해야 한다'고 이야기했다. 이 두 가지 외에 하나를 더 추가하자면 마케팅이다. 영업은 누구라도 시키면 되지만, 마케팅은 시켜서 될 일이 아니기 때문이다.

마케팅은 흔히 '4P(Product, Price, Place, Promotion)'라고 한다. 즉, 어떤 제품을, 어떤 가격에, 어떤 유통 경로로, 어떤 판촉과 홍보 수단으로 판매할지를 결정하는 것이다. 아무리 큰 기업이라도 이 역할은 최고 책임자가 직접 맡아야 한다. 마케팅은 모든 부서의 업무를 총망라하기 때문에 어떤 CEO도 이 역할과 책임에서 자유로울 수는 없다.

만일 기업의 최고 책임자가 이 역할을 피하거나 제대로 챙기지 못하면 영업이 득세하게 되는데, 이때 나타나는 끔찍한 증상으로는 다음과 같은 것들이 있다.

① 제대로 기억할 수도 없을 만큼 제품 종류가 많아진다.
② 제품 라이프 사이클이 급격히 짧아진다.
③ 수시로 파격 세일을 한다.
④ 기존의 유통 채널 이외에도 팔 수 있다면 어디를 통해서든 팔아 제친다.
⑤ 제품이 복잡해지는 만큼 조잡해진다.
⑥ 제품이 점점 어디서 본 듯한 모양새를 띤다.
⑦ 톱스타만 모델로 쓰는데도 광고에서 전하려는 메시지가 전혀 보이지 않는다.

그러면 1인 제조회사는 구체적으로 어떤 마케팅 전략을 세워야 할까? 이때 필요한 것이 43장에서 이야기했던 '조언자 5인'이다. 이들이 4P 각각의 전략을 세우는 데 도움을 줄 멘토들인 것이다. 하지만 어디까지나 도움을 줄 수 있는 존재들일 뿐, 당신 대신 그 일을 해줄 사람은 어디에도 없다는 것을 명심해야 한다.

한 가지 위안거리는, 이는 1인 기업뿐 아니라 어떤 큰 기업도 예외가 아니라는 점이다. CEO가 마케팅을 회피하면 할수록 회사는 영업에 의존하게 되고 그 수명 역시 짧아진다는 사실은 기업의 규모와는 상관없는 불변의 진리다.

066
chapter

경쟁을 피하라

개그맨 박명수의 주옥같은 어록 중 개인적으로 최고를 꼽자면 "즐길 수 없으면 피하라"다. 피할 수 있을 때는 피하는 것이 최선의 방법이다. 경쟁이 안 되는 상대와 경쟁하는 것처럼 바보 같은 일도 없다.

그렇다고 이 말을 '시장을 떠나라'는 뜻으로 해석하면 곤란하다. '경쟁을 피하라'는 것은 시장 안에 있되 경쟁 자체가 이루어지지 않게 하라는 것, 동일선상에서의 비교 자체를 할 수 없게 하라는 것이다. 이를 가능케 하는 전략에는 어떤 것들이 있을까?

① 경쟁 기업에서 취급 가능한 최소 수량 이하만 만든다.

② 일반적으로 고객들이 찾는 사이즈, 색상, 재질 이외의 제품만 취급한다.

③ 일반적으로 고객들이 찾는 제품의 기능을 파격적으로 단순화한 제

품만 취급한다.

④ 계절을 많이 타는 제품은 성수기가 아닌 비수기에 집중적으로 취급한다.

⑤ 일반적으로 경쟁 기업이 취급하는 공정보다 훨씬 작고 세분화된 한두 공정만을 취급한다.

⑥ 지근거리 내의 고객만을 대상으로 하여 고객 현장에서 수리, 가공과 납품이 이루어지도록 한다.

⑦ 시중에서 절판된 부품 또는 소모품만을 제조하거나 그것의 수리만을 전문으로 취급한다.

⑧ 흔히 취급하지 않는 품목 중 긴급히 납품할 필요가 있는 제품만을 전문으로 취급한다.

⑨ 외산(중국) 제품이 이미 국내 시장을 점령해버렸지만, 그래도 국산만을 선호하는 고객들이 있다. 이들을 상대로 하는 국산 제품을 소량으로 만든다.

⑩ 영어, 중국어 또는 일본어 실력을 기반으로 영어권, 중화권 또는 일본 고객을 위한 신속 특송 제품만을 전문으로 취급한다.

⑪ 특수 보관 관리를 요하는 제품만을 전문적으로 취급한다.

⑫ 외산 고급 제품(또는 장비) 중 국내 A/S 센터가 없는 것의 수리만을 전문으로 하거나 관련 부품 중 빈번한 고장이 발생하는 것만을 전문적으로 취급한다.

⑬ 타사의 어떤 제품이 경쟁 제품과 비교했을 때 특정 기능만 열세인 경우 그 단점을 보완해주는 부품 제조 또는 처리 공정만을 취급한다.

⑭ 이미 일반에 보편화된 제품이라면 전 세계 최고 수준의 재료 또는

귀금속 재료 등을 사용, 극소수 고객들을 대상으로 하는 한정판 제품을 제조한다.

이 외에도 경쟁을 피하는 방법은 수백 가지가 있겠다. 아직 창업 준비 중이라면 하루 1시간 경쟁을 피하는 방안을 고민하라.

067 chapter

회사는 이름만 남는다

창업 준비 과정에서 가장 고민하고 심혈을 기울이게 되는 일 중 하나가 작명일 것이다. '부르기 쉬운 것이 좋을까?' '친근한 게 좋을까?' '독창적이고 기억에 남는 이름이 좋을까?' 등을 고민하는 것처럼 가슴 두근거리고 설레는 작업도 사실 없다.

하지만 1인 기업의 경우 작명에 크게 신경 쓰지 않는다. 자신이 곧 회사고 회사가 곧 자신이기 때문이다. 그래서 그냥 자기 이름으로 회사 이름을 짓는가 하면 배우자나 자녀, 애완견 이름 또는 자기가 졸업한 학교명을 넣기도 한다. 1인 기업이니 마음에 들지 않으면 언제든 개명해도 되기 때문이다.

하지만 48장에서 말한 바와 같이 1인 기업은 그 자체로 생명력을 가진다. 창업 초기에 고객들은 100% 나를 보고 찾아오고, 회사 이름에 대해서는 관심도 없고 기억하지도 않는다. 그들이 기억하는 것은 오직 내 이름뿐이다. 그러나 회사가 성장하면서 나보다는 회사 이름을 아는 사람들이 많아지고, 어느 순간부터 내 이름은 온데간데없고 회사명만 사람들 뇌리에 기억된다. 분명 회사엔 나밖에 없는데, 나보다 회사가 유명해지는 것이다. 이제 그들의 머릿속에 각인된 것은 회사명과 제품 이미지다. 이러한 사실을 깨닫는 순간 기분이 참 묘해진다. 뿌듯하기도 하지만 한편으로는 섭섭하고 좀 화가 나기도 한다.

얼마 전에 누가 내 회사를 인수하겠다며 접근한 적이 있다. 그때 회사를 인수하려는 이유에 대해 물었는데 상대는 첫 번째 이유로 '회사의 인지도'를, 두 번째 이유로 '다변화된 고객'을, 세 번째로 '수출 성장 잠재력'을 꼽았다. 나는 큰 충격을 받았다. 분명 5년 넘게 내가 혼자 업어 키워온 회사인데, 회사를 인수하고자 하는 이유에 내가 없었기 때문이다. 어쩌면 그분은, 비록 지금까지 끌고 온 사람은 나일지라도 향후 회사가 더 성장하는 데 있어서는 내가 장애물이 될 수도 있을 것이라 생각했을지도 모르겠다. 회사는 계속 성장하지만, 이미 나 개인의 성장 곡선은 내리막을 향해 가고 있을 수도 있다. 내가 너무 예민하게 생각한 걸까? 어쨌든 중요한 것은 회사는 이미 나와는 다른 존재로 분리되어 성장하고 있다는 사실이다.

다시 작명에 대한 이야기로 돌아가자. 회사는 내가 아닌 그 자체의 브랜드로 남는다. 그렇기에 자신의 이름을 따서 회사명을 짓는 것은 바람직한 일이 아니다. 물론 처음에는 이런 방법으로 신뢰도를 높일 수도 있다. 요즘 제품의 포장에 생산 책임자의 사진이나 이름 등이 인쇄되어 있는 것도 이와 같은 이유에서일 것이다. 하지만 회사가 나를 넘어 성장하는 데 있어 이것은 분명 장애가 된다. 회사의 이미지를 내 이름 안에 가둬버리는 셈이기 때문이다. 누군가는 "회사가 커지면 그때 가서 회사 이름 바꾸면 되지. 회사 개명하는 것이 뭐 그리 어렵다고"라고 할지 모른다. 하지만 일단 알려진 회사명을 바꾸는 것은 절대 쉬운 일이 아니다. 비즈니스를 하는 데 있어 끝까지 피해야 할 일이, 회사 이름 바꾸는 것과 전화번호 바꾸는 것이다.

아무리 1인 기업이라 해도 회사는 결국 이름으로 남는다. '○○회사' 하면 1초 안에 떠오르는 이미지 '그것'이 바로 그 회사의 가치다. 그리고 바로 '그것'만큼 오래도록 변하지 않는 것도 없다.

068
chapter

가격만큼은 끝까지 지켜라

우리가 크게 착각하는 것 중의 하나는 '고객은 싸게 살수록 좋아한다'는 것이다. 물론 가격이 내려가면 더 많이 사는 것은 사실이다. 일시적으로 말이다. 하지만 빈번하게 세일을 하거나 가격을 내려 판매하는 제품은 욕하며 산다.

가격을 낮춘다는 것은 특히 충성심을 가지고 그 제품을 구매했던 고객들에게 굉장히 기분 나쁜 일이다. 비싸게 샀다는 후회 때문만은 아니고, 가격 인하를 알리지 않은 회사에 대한 배신감 때문만도 아니다. 그들이 기분 나쁜 이유는 제품을 보는 자기 안목이 무시당했다는 점에서 자존심이 상하기 때문이다. 고객은 자신을 무시한 회사에 대해서는 언제든 기회만 되면 제품을 갈아타려 한다.

반대로 툭하면 가격을 올리는 기업도 있다. 이 역시 기분 나쁘다. 고객을 대상으로 장난치는 것 같기도 하고, 가격 올릴 틈만 노리는 것 같은 그

얍삽함도 싫다. 어쩔 수 없어서 당장은 그 제품을 구매하지만 속으로는 칼을 갈게 된다. 물론 가격을 자주 올리는 기업 중에는 착한 기업도 있다. 실날같은 이윤만을 책정하다 보니 물가가 조금만 올라도 불가피하게 제품 가격을 높여야 하는 것이다.

예를 들어보자. A사는 총 제조비TC, Total Cost가 100원인 제품을 110원에 팔았지만 어느 시점부터는 120원으로 제품 가격을 올렸다. 물가가 10% 오르면서 TC가 110원으로 높아졌기 때문이다. 그러다가 또 다시 상승한 10%의 물가 때문에 TC가 121원이 되었고, 가격 역시 130원으로 올려야 했다.

그런데 A사의 경쟁사인 B사는 이렇게 물가 및 TC가 두 차례에 걸쳐 오르는 중에도 제품 가격을 처음 책정한 125원 그대로 계속 유지했다.

누가 더 착한 회사인가? 당연히 A사다. A사는 B사보다 더 작은 마진으로 싸게 팔려고 노력하기 때문이다. 하지만 고객은 B사를 더 좋아한다. 고객은 착한 회사보다 변하지 않는 회사를 더 신뢰한다. 그러므로 한번 책정한 가격은 특별한 상황이 발생하기 전까지는 그대로 유지하고, 자주 내리거나 올려서는 안 된다.

특히 영업력이 없는 1인 기업은 가격 조정에 더욱 신중해야 하고, 오직 일관된 품질과 가격으로 '우리는 작지만 변하지 않는다'는 강한 메시지를 주어야 한다. 그래야 바람 불면 훅 날아갈 것 같은 1인 기업이라도 고객의 신뢰를 얻을 수 있다.

만일 여러분이 야구 감독이라면 구속은 시속 140km 중반인데 제구력이 좋은 투수를 선택하겠는가? 아니면 구속은 시속 160km까지 나오는데 제구가 안 되는 투수를 선택하겠는가? 고객은 품질은 최고지만 가격이 들쭉날쭉하는 제품보다 일관된 품질과 가격을 유지하는 제품을 신뢰한다. 비록 일시적으로는 가격 후려치는 제품이 고객들의 선택을 받을지 모르지만, 가격이 널뛰는 제품은 결국 그 품질 역시 널뛰게 되어 있다.

그렇다면 1인 기업이 가격을 견지하는 것은 현실적으로 가능한 일일까? 1인 기업은 납품하는 제품의 수량이 적다. 그래서 가격이 다소 높더라도 고객이 그리 민감하게 받아들이지는 않는다. 즉, 1인 기업이 공급하는 제품이나 공정은 그 비중이 극히 작다. 비유하자면 주 요리main dish가 아니므로 가격 변동에 대한 고객의 반응도 덜 민감한 것이다.

그러나 고객은 1인 기업의 제품이라도 품질에 대해서만큼은 주 요리만큼이나 민감하게 반응한다. 흔히들 '김치가 맛없는 식당은 설렁탕도 맛없다'고 평가하는 것과 같다. 때문에 1인 기업은 가격보다 제품의 품질과 신뢰성 측면에 더 중점을 두어야 한다.

1인 기업 입장에서 보더라도 빈번하게 가격을 조정하는 것은 바람직하지 않다. 매번 고객에게 통보하며 설득하는 것에는 생각보다 많은 시간과 노력을 필요로 한다. 그러니 차라리 처음부터 여유 있게 마진을 잡고, 물가가 올라도 웬만하면 처음의 가격을 유지하는 편이 좋다. 경쟁사들이 가격을 내리는 경우에도 그에 휘둘리지 말고 가장 늦게 반응하라.

069 chapter

청결을 유지하라

똑같이 지저분하고 더러운 집이 두 채 있다. 하나는 작고 거주하는 사람도 한 명이지만, 다른 하나는 넓고 가족 수도 많다. 이럴 때 일반적으로는 전자의 경우를 게으르고 부정적으로 평가하고, 후자의 경우는 오히려 인간적이고 정감 있게 여기곤 한다.

앞서 '깨진 유리창의 법칙'을 잠시 언급했던 바 있지만, 유리창이 깨졌는지 유심히 살펴봐야 할 동네는 부촌이 아닌 빈민가다. 부촌에서는 유리창이 좀 깨졌다 해서 범죄가 발생하지는 않기 때문이다. 반면 빈민가에서는 즉각 사건이 터진다. CCTV 몇 대가 부서지거나 고장 나서 사각지대가 생겨도 부촌은 별 영향을 받지 않지만, 빈민가에서는 상대적으로 시간이 얼마 지나지 않아 사고가 발생한다.

1인 기업이 일반 회사보다 더 깔끔하고 청결해야 하는 이유 역시 이것이다. 혼자 일한다고 사무실까지 토끼굴처럼 해놓으면 안 된다. 큰 조직에서 일할 때는 책상을 엉망으로 해놓고 있어도 개인적 취향 정도의 문제에서 끝날 수 있지만, 1인 기업을 하면서 그렇게 해놓으면 '관리 안 되는 회사'로 평가받기 십상이다. 나 역시 나이 마흔이 될 때까지 청소 안 하는 것으로는 둘째가라면 서러웠는데, 1인 기업을 운영한 지 6년만에 청소로 시작해서 청소로 끝나는 생활을 하게 되었다.

청결을 유지하라는 것은 단지 회사 공간을 청소하라는 뜻만이 아니다. 청결이 필요한 영역을 하나씩 나열하면 다음과 같다.

① **회사 차량**: 고객이 자연스럽게 주목하는 대상이 차량이다. 무슨 차종인지가 1차 관심이겠지만, 노련한 고객일수록 차량의 관리 상태와 세차 및 실내 청소 여부에 주목한다(회사 광고 스티커는 잔뜩 붙였으면서 내일 폐차할 것처럼 상태가 엉망인 차량도 가끔 보는데, 네거티브 마케팅인지 궁금하다).

② **우편함**: 1인 기업은 며칠만 신경 쓰지 못해도 미어터지는 것이 우편함이다. 이런 우편함을 보면 얼마 안 가서 망할 회사 같은데, 정말 이것만큼 볼썽사나운 것은 없다.

③ **이메일함**: 그때그때 과감히 지워라. 바로 지우기 아쉬우면 컴퓨터 하드디스크로 옮기고 이메일함에서는 지워라. 이메일함에는 수신한 지 1주일 내의 이메일만 남아 있도록 관리하자.

④ **나 자신**: 대표적인 것이 옷차림과 헤어스타일이다. 지저분한 느낌을 주는 것은 어떤 것도 피하라. 헤어스타일은 웬만하면 바꾸지 마라. 헤어스타일을 바꾸는 빈도가 그 사람의 인내심과 반비

례한다고 생각하는 고객들이 꽤 많다. 앞서 창업가가 갖추어야 할 3P(persistence, perseverance, patience)가 인내, 인내, 인내라고 말했던 것을 기억하자.

⑤ **명함:** 명함은 언제나 청결하고 반듯해야 한다. 고객을 만나서 명함을 건네야 하는데 구겨지거나 더럽혀진 것밖에 없다면 차라리 명함이 없다고 양해를 구하고 다음번에 만났을 때 주는 쪽을 택하라.

⑥ **브로슈어와 회사 소개서:** 최소 페이지로 간결하게 작성하자. 눈에 띄고 화려하게 만들수록 거기엔 '뻥'이 들어갈 수밖에 없다.

⑦ **각종 문서:** 발주서, 공문, 견적서 등 회사에서 사용하는 문서는 중복되는 내용 없이, 검정과 회색 위주의 색상으로 간결하게 작성하라.

⑧ **각종 포장재:** 제품 포장에 쓰이는 박스나 포장 재료, 테이프 등도 깔끔한 것, 모노톤의 것을 사용하라. 아무리 하찮은 고객에게 납품하는 경우라도 절대 한 번 사용된 박스를 재활용해서는 안 된다. 항상 새 박스를 사용하라.

⑨ **제품:** 제품 역시 포장하기 전에 반드시 청결한 상태인지 확인하라. 제품의 청결 상태는 기능만큼이나 중요하다.

070 chapter

버려라, 버려라, 버려라

일본 무사시노武蔵野 주식회사의 사장 고야마 노보루小山昇가 지은 『아침 청소 30분朝30分の掃除から儲かる会社に変わる』이라는 책이 있다. 워낙 유명한 책이라 아는 독자들도 많을 것이다. 정말 형편없던 회사가 '청소 제일 잘하는 회사'를 목표로 세운 뒤 버림과 정리정돈에 집중한 결과 일류 기업으로 거듭났다는 실화를 담은 책이다. 곤도 마리에近藤麻理惠가 지은 『버리면서 채우는 정리의 기적人生がときめく片づけの魔法』이라는 책 역시 버림을 통해 인생을 역전시킨 일본 여성의 이야기다.

무언가를 버림으로써 위기의 상황을 반전시킨 개인이나 기업의 이야기는 무척 많다. 버린다는 행위가 그토록 엄청난 결과를 불러올 수 있는 이유는 뭘까?

첫째, 내가 찾고자 하는 것을 신속히 찾게 된다. 미국의 한 중장비 제조업체는 필요한 부품을 찾는 데 매일 근무시간의 17%를 허비한다고 한다. 사실 모든 기업의 직원들은 뭔가를 찾아 헤매는 데 하루 근무시간의 10% 이상을 보낸다고 해도 과언이 아니다. 특히 1인 기업의 경우는 이것이 단지 시간을 허비하는 일에 그치지 않는다. '혼자' 무언가를 찾는 일에는 극도의 스트레스가 동반되기 때문이다. 안경이든 열쇠든 리모컨이든, 집에서 무언가를 혼자 몇십 분 찾아본 사람이라면 그 고통을 잘 알 것이다.

둘째, 공간에 여유가 생긴다. 1인 기업의 공간은 가뜩이나 좁은데, 이마저 관리되지 않으면 일도 휴식도 할 수 없는 지옥이 된다. 지옥 같은 곳에서 무슨 일을 할 수 있겠는가? 출근하기 싫어지는 것은 물론 누구의 방문도 불허하게 된다. 그러다 보면 사무실은 늪지처럼 버려진 공간으로 전락하고 만다. 즉, 공간을 비우지 못하면 그 공간에 내가 함몰되는 것이다.

셋째, 집중하게 된다. 재고 정리를 하다 보면 '계륵鷄肋'이 수두룩하다. 가지고 있으면 언젠가는 돈이 될 것 같긴 하지만, 끼고 있자니 공간만 차지하는 것들이 '계륵'에 해당한다. 이런 것들은 과감하게 버려라. 계속 껴안고 있으면 제품 가짓수만 늘어나다가 나중엔 통제 불능 상태에 이르고 마니 차라리 버려라. 그래야 새 제품에 집중할 수 있다.

넷째, 잊고 있었던 보물을 건질 수 있다. 메일함을 정리하다 보면 잊고 지내던 고객이나 깜박 지나쳤던 프로젝트 등 숨어 있던 보물을 건질 수 있다. 예전에 참관했던 전시회에서 무심코 받아 넣어뒀던 카탈로그가 지금은 내게 꼭 필요한 보석 같은 정보가 되기도 한다.

우리가 버려야 할 것은 회사의 웹사이트에도 있다. 스팸이나 광고성 글 등은 모두 삭제하고, 팔리지 않는 제품에 대한 페이지는 과감히 지워버리자.

뭔가를 버리는 것이 말처럼 쉬운 일은 아니다. 막상 버리려고 해도 어쩐지 언젠가는 필요해질 것 같다는 생각이 들기 때문이다. 하지만 그런 것들을 버려야 정말 필요한 것에 집중할 수 있다. 하나를 포기해야 다른 하나를 얻을 수 있음을 기억하자.

071 chapter

유행색이라도 눈에 익혀라

제조를 하는 사람이라면 누구도 디자인에서 자유로울 수 없다. '눈에 보이지도 않는 부품 하나 만들 뿐인데 웬 디자인?' 하고 생각할지 모르겠다. 하지만 눈에 안 보이는 부품의 크기, 형태, 재질 및 기능을 결정하는 것은 바로 눈에 보이는 전체 제품의 디자인이다.

더구나 내 제품의 극히 일부분이라도 눈에 보이는 외형을 포함하는 경우, 이미 디자인은 그 제품의 경쟁력을 결정짓는 가장 중요한 요소가 된다. 동서고금 어떤 제품을 막론하고 예외가 없다. 심지어 "우리 제품은 전혀 디자인적인 고려를 하지 않았다"라는 말 자체가 가장 디자인적인 것이기도 하다.

하지만 그렇지 않아도 여유가 없는 1인 기업에게는 '디자인에 투자하라'는 말 자체가 꿈처럼 들린다. 실력 좋다는 전문 디자인업체에 제품 디자인을 맡기고 싶어도 그 엄청난 비용에 감히 엄두가 나지 않는 것이 현실이기 때문이다. 설령 정부나 지방자치단체의 디자인 지원 사업을 통해 진행한다 해도, 어렵게 획득한 혁신적 디자인을 바탕으로 실제 제품을 구현하는 것은 또 다른 얘기다. 그러니 다시 현실에 안주하려 하고 '만들던 거나 만들자'며 주저앉게 되는 것이다.

제품에 있어 디자인적 요소는 '빈익빈 부익부'다. 즉, 제품에 디자인을 입혀 성공한 경험이 있는 기업만이 디자인의 가치를 깨닫고 디자인에 더 많이 투자함으로써 더 큰 성공을 거둔다. 이에 반해 디자인으로 재미를 본 적이 없는 기업에게는 백날 디자인의 중요성을 부르짖어봐야 별 소용이 없다.

제품 디자인에서 성과를 얻으려면 단기간에 자원을 쏟아붓기보다는 인내를 가지고 지속적이고 꾸준하게 투자하는 것이 좋다. 때문에 1인 기업의 경우에는 돈이 안 들면서도 시험을 해볼 수 있는 여러 부분에서부터 하나씩 디자인을 가미해가는 것이 최선의 방법이라 생각된다.

그런 의미에서 1인 기업의 디자인적 전략은 CMF Color, Material & Finishing 에서부터 차근차근 시작해보는 것이 어떨까 싶다. 제품의 형태나 크기, 기능 등을 변화시키는 디자인에는 아무래도 리스크가 따르기 때문에 1인 기업 혼자 감당하기 어렵고, 실패 시의 충격도 너무나 크다. 그래서 그보다는 작은 범위, 다시 말해 제품의 색상 color 이나 재질 material 또는 표면 처리 finishing 등에 변화를 줌으로써 최소 비용으로 디자인적 효과를 확인해보는 것이다. 색상 하나만 바꿔도 그것이 제품에 미치는 영향은 절대적이다. 표면 거칠기에만 변화를 줘도 제품의 느낌은 완전히 달라지고, 재질이야

말할 것도 없다. CMF는 1인 기업들도 충분히 해볼 만하다. 이 정도의 변화라면 협력업체들을 설득하여 몇 가지 시도해보는 데 큰 어려움이 없을 것이다.

제품 색상 하나만 보더라도 일단 결정하면 바꾸는 것이 정말 힘들다. 내가 만드는 RFID 태그의 색상은 11년간 한 번도 변함없이 검정색이다. 고객들로부터 색깔을 바꿔달라는 요청은 무수히 받았지만, 딱 한 번 표면에 유광glossy 처리를 했다가 다시 무광matte으로 돌아온 적이 있을 뿐 색깔은 그대로다. 내부적으로는 정말 무수한 시도를 했었지만 시도에 그쳤다.

1인 기업의 대표라면 최소한 유행색은 눈에 익혀야 한다. 싫어도 백화점이나 시내 번화가에 나가보라. 시간 여유가 있다면 제품과 전혀 연관성이 없는 전시회도 그냥 어슬렁거려라. 색상과 관련하여 페인트 회사인 KCC의 컬러&디자인 사이트(www.kcccolorndesign.com)도 살펴볼 만하다. 이런 조그만 실천들이 조금씩 내 제품에 디자인적 요소를 가미케 하는 작은 시도가 된다. 한 번에 제품 디자인을 모두 바꾸려 하면 오히려 추잡스러워지니 천천히 CMF부터 고민하자.

072
chapter

동정, 감사히 받아라

1인 기업을 하면서 가장 먼저 버려야 할 것은 자존심이다. 허세는 금물이고, 거품과 기름은 모조리 빼야 한다. 하지만 말처럼 쉽지 않다. 동창회에 나가서 명함을 건네면 다들 첫마디가 "사장 됐구나? 뭐 하는 회사야?"라는 질문이고, 그다음은 어김없이 "직원은 몇 명이야?"다.

"직원은 나밖에 없어. 혼자 해"라고 말하는 순간 상대방의 표정에서 괜히 물어봤다는 난감함과 미안함을 알아챌 수 있다. 나는 전혀 불행하지 않은데 상대방은 나를 동정한다. 상대로부터 동정받는 것, 그리 유쾌한 경험은 아니다.

고백하자면 나 역시 회사를 혼자 하기 시작한 처음 몇 년은 직원 몇 명이 있는 것처럼 행세했다. 가상의 직원 이메일을 만들어 메일을 서로 전달하고 회신하며 의견 조율 후 응답하는 식의 쇼도 해봤고, 영업 미팅을 하면서도 직원 수를 부풀렸는가 하면, 혼자 하는 것이 들통날까봐 고객이 사무실을 방문하겠다는 요청을 거절하는 데 진땀을 흘린 적도 있다.

근데 시간이 지나면서 한두 고객에게 1인 기업임을 솔직히 이야기하게 되더니 어느덧 이제는 "혼자 일해요!" 라는 말이 자연스럽게 나온다. 내가 선하고 정직해서 그런 것이 절대 아니고, 1인 기업임을 말해야 일하기가 훨씬 편하기 때문이다.

내 상황을 고객이 정확히 알면 무슨 문제가 생길 때 내가 대처할 운신의 폭도 넓어진다. 이제는 친한 해외 고객에게도 당당히 1인 회사임을 말한다. 사실 그들에게까지 진실을 말할 필요는 없는데 말이다. 지구 반대편에 있으니 회사에 방문할 일이 거의 없는 그들에게 굳이 그런 약점은 말하지 않아도 되지 않을까? 하지만 상대를 오래도록 함께할 파트너로 생각한다면 솔직하게 대하는 것이 여러모로 편하다.

자의든 타의든 정직해진다는 것에는 사실 현실적인 불리함도 적지 않이 동반된다. 일단 영업에 있어 1인 기업이라는 것은 치명적인 핸디캡이다. 고객은 당연히 "당신이 없으면 누가 납품할 건데요? 결국 당신 하나 믿고 거래하라는 건가요?"라는 질문을 할 테니 말이다. 특히 대한민국처럼 실속보다 외형을 따지는 사회에서는 더욱 그렇다. 이런 특징은 거래와 고객의 규모가 클수록 강하게 나타난다.

하지만 회사 외형만 보고 거래하려는 고객만큼이나 정직함과 실속을 보고 거래하려는 고객의 수도 많아지고 있다. 그렇기에 오히려 1인 기업임을 정직하게 고객에게 이야기하고 대응과 납기에 한계가 있음을 솔직하게 인정하는 것, 그래서 그들의 공감과 동정을 적극적으로 끌어내는 것은 엄청난 힘이 된다.

우리 경제가 장기적인 침체에 진입하면서부터는 다행스럽게도 고정비용이 작은 1인 기업이 오히려 더욱 안정적이고 생존 가능성이 높다는 점을 고객들도 이해하기 시작했다. 2년 정도만 차질 없이 잘 납품하면 고객은 더 이상 1인 기업임에 토를 달지 않는다. 더구나 해외 바이어들, 특히 선진국일수록 1인 기업이라는 점을 전혀 문제 삼지 않는다. 문제는 오히려 큰 회사인 것처럼 위장하는 경우에 생긴다.

부끄럽고 창피해도 사람들의 동정을 기꺼이 받고 그것에 감사하자. 1년에 몇 번이나 동창회에 나가고, 만나기 싫은 친척들을 몇 번이나 만나겠는가? 부끄러운 것은 순간에 지나지 않는다.

왜 혼자 하는지도 억지로 설명하지 말라. 무엇 때문에 그들을 설득해야 하는가? 나만 힘 빠진다. 그들의 표정에서 나타났던 난처함이 어느 순간 부러움으로 바뀔 날은 틀림없이 온다. 그때까지 참자.

073 chapter

때로는 커 보여라

우리가 1인 기업을 하는 이유는 '다른 선택이 없으니 어쩔 수 없어서'가 아니라 '지금의 경제 환경에 가장 적합한 형태이기 때문'이다. 1인 기업임을 고객에게 솔직히 말해야 하는 이유 역시 '정직한 것이 좋기 때문'이 아니라 '그것이 비즈니스에 가장 좋기 때문'이다. 1인 기업의 대표는 당당하고 솔직해야 한다. 그런데 때로는 기회를 잡기 위해 '커 보이는' 융통성을 발휘해야 할 때도 있다.

1인 제조는 다품종 소량생산에 최적화된 사업 모델이다. 1인 기업은 고정 비용의 비중이 작기 때문에 소량생산 시 가격 경쟁력이 가장 높다. 반면 물량이 크면 가격경쟁력이 떨어질 수밖에 없다. 변동 비용의 비중이 높은 1인 기업의 특성상 공급량이 증가해도 비용을 크게 낮출 수 없기 때문이다. 그래서 작은 물량의 납품에 주력하는 것이 1인 기업에게는 최선의 전략이고, 큰 물량을 수주하면 앞으로 남는 듯해도 뒤로 까지는 경우가 많은 것이다.

하지만 납기와 품질을 성실히 지키며 자잘하게 납품하다 보면 뜻하지 않은 행운, 즉 오랜 고객으로부터 별도의 경쟁입찰 없이 대규모 발주 의뢰가 들어오는 경우가 있다. 수의계약이니만큼 적정 이윤도 보장되니 1인 기업으로서는 더할 수 없는 절호의 기회다.

이런 행운이 찾아올 경우에 대비해 미리 준비하고 있지 않으면 그 기회를 날려버리기 십상이다. 갑자기 많아진 물량을 정해진 기간 내에 납품할 수 있는 방법은 찾기가 어렵고, 그래서 허둥거리다가 결국 포기하기에 이르기 때문이다. 물론 조바심에 무리해서 납품하다가 불량품만 잔뜩 나오고 마는 대참사보다는 차라리 기회를 못 잡는 편이 낫긴 하겠지만, 그렇게 한두 번 놓치다 보면 기회는 영영 사라지고 만다.

그렇다면 앞으로 찾아올 대규모 수주에 대해서는 어떤 준비를 해야 할까?

무엇보다 언제든 기회가 오면 '즉시 커질 수 있어야' 한다. 전후방 협력업체를 컨소시엄으로 묶어 한 회사처럼 움직일 수 있는 네트워킹 역량을 갖추고 있어야 한다는 뜻이다. 그것으로도 생산 역량 면에서 부족하다 싶으면 경쟁업체까지도 끌어들일 수 있어야 한다. 이를 위해 민방위 훈련처럼, 언제든 올 인 원all in one이 되는 시뮬레이션 훈련을 정기적으로 해야 한다.

내 경우에는 1년에 한 번 정도 해외에서 대량 발주 문의를 받는데, 설사 발주 가능성이 낮다는 생각이 들어도 2주 정도는 가상훈련에 들어간다. 실제 납품할 경우를 대비하여 협력회사 및 경쟁업체들과 격일로 미팅을 가지며 일 최대/최소 생산량 산출, 원자재 수급 계획, 결제 일정, 운송 수단 및 물류 분석, 양산 과정에서의 기술적 이슈 등을 꼼꼼히 따진다. 이런 준비를 매번 했음에도 아직 대규모 수주를 받은 적은 한 번도 없다. 하지만 언젠가 대량 수주를 하게 되는 날이 오면 이렇게 해온 가상훈련이 큰 위력을 발휘할 것이라고 믿는다.

또한 어떤 고객이든 공급업체를 직접 눈으로 확인하고 싶은 것은 당연하다. 하지만 아무리 솔직한 것이 좋다고 해도 혼자 하는 1인 기업만 달랑 보여주는 것은 성의 있는 자세와 거리가 멀다. 그러니 오히려 이런 기회에 고객이 협력업체까지 함께 방문할 수 있도록 일정을 잡자. 어차피 나중에는 다른 업체들에 대해서도 모두 알게 되기 마련이니 말이다.

한편으로는 협력업체들을 빼앗길까 싶은 마음에 불안할 수도 있다. 하지만 당신이 아무리 감추고 숨겨도 상대가 마음먹으면 어떻게든 그들을 빼앗아버릴 수 있다. 그러니 차라리 처음부터 전체 협업체제를 보여주는 것이 나에 대한 고객의 신뢰 향상을 위해서도 좋다. 물론 모든 고객이 아닌, 정말 핵심 고객에 대해서만 말이다.

1인 기업임을 속이지는 말되, '나' 혼자는 작아도 나와 함께하는 '우리'는 결코 작지 않음을 보여줘라. '나'만이 아닌 '우리'를 보여주는 것, 그것이 고객뿐 아니라 협력업체까지도 나를 신뢰하게 만드는 지름길이다.

074 chapter

승리는 보급에 있다

1인 기업으로서 치열한 시장 경쟁에서 살아남는다는 것은 어찌 보면 기적이라 할 수 있다. 골리앗을 단 하나의 돌멩이로 쓰러뜨린 다윗이나 열두 척의 배로 수백 척의 왜구를 무찌른 충무공의 비범한 전략이 아니면 도저히 승리할 수 있을 것 같지 않다.

혹시 당신에게 그러한 비범한 전략이 없다 해도 결코 실망해선 안 된다. 다행스럽게도 전쟁, 특히 장기전에서의 승리를 좌우하는 것은 신출귀몰한 전술 전략이나 신무기가 아니기 때문이다. 승리에 있어 가장 중요한 요인은 전방에서의 결투가 아닌, 후방에서의 보급이다.

보급은 '전쟁을 수행하는 군사들에게 지속적으로 식량과 의약품, 유류, 의복, 무기 및 탄약 등을 안정적으로 공급하는 것'을 뜻한다. 제아무리 날고 기는 군인들이라도 이틀 굶으면 전의를 상실하기 마련이고, 최신 살상

무기로 무장한 탱크와 비행기라도 기름이 없으면 움직일 수 없다. 보급이 막히면 어떠한 전략 전술이나 전쟁 수행 역량도 모두 무용지물이다. 반대로 다소 전략 전술이 부족하지만 안정적인 보급이 유지된다면 장기전에서 얼마든지 승리할 수 있다.

통조림을 전투식량에 처음 도입한 사람이 유럽 정복에 성공한 나폴레옹Napoleon이라는 사실을 알고 있는가? 천하를 호령한 칭기스칸Chingiz Khan이 이동 중에도 간편하게 조리할 수 있는 샤브샤브를 만들었다는 사실은 어떤가? 그들이 백전백승한 것은 싸움을 잘해서가 아니라, 보급의 중요성을 그 누구보다 잘 알고 있었기 때문이다.

'사막의 여우'라 불리던 독일의 에르빈 롬멜Erwin Romme 장군은 "상대방의 병력 숫자보다 그들의 보급 상황을 먼저 살펴라"라는 명언을 남겼다. 이 말을 우리에게 적용해보면 이렇게 바꿀 수 있겠다. 경쟁사의 직원 수가 몇 명인지, 매출이 얼마인지, 자본금이 얼마인지, 그 회사 사장이 어떤 차를 타고 누구를 만나 어떤 접대를 하는지에 촉각을 곤두세우지 마라. 중요한 것은 경쟁사의 규모가 아니라 그가 실제 협력업체들과 얼마나 유기적으로 잘 협업하고 있는지, 윈-윈 관계인지 아니면 일방적으로 갑이 착취하는 구조인지, 모든 원부자재나 부품, 외주 생산이 계획에 따라 순조롭게 진행되는지, 결제는 정상적으로 이루어지고 있는지의 여부다.

고객이 보기에는 A급 회사인데 실제 협력업체들로부터는 F급이라고 평가받는 회사들이 우리나라에는 의외로 많다. 고객 입장에서 보면 발주 전까지는 그토록 완벽한 회사가 없는데, 발주 이후 실제 납품을 해야 할 시점이 다가오면 도대체 이 회사가 내가 봤던 그 회사인가 싶을 정도로 엉망

진창인 면이 눈에 들어온다.

이는 보급에 문제가 있는 전형적 사례다. 즉, 전방인 영업 부서만 화려할 뿐, 원부자재를 조달하고 외주로 제품을 만들며 검수 후 납품하는 후방, 다시 말해 보급은 수준 이하인 것이다. 이런 회사는 결코 오래가지 못한다.

이런 회사의 특징 중 하나는 멀쑥한 영업 직원이 참 많다는 것이다. 그런데 실상 그들이 하는 가장 중요한 일은 협력업체들을 찾아다니며 '이달 말에 꼭 결제해줄 테니 이번만은 납기 맞출 수 있도록 부품 좀 공급해달라'며 읍소하는 것이다(제정신이라면 오래지 않아 회사를 떠나게 되어 있다).

반면 협력업체들에게 업종 최고 수준의 결제를 해준다면, 아니 최소한 나보다 협력업체의 결제를 우선적으로 챙긴다면 그들은 단순히 내 협력업체에 그치지 않고 내 회사의 직원과도 같아진다. 1인 기업이라도 이런 회사가 경쟁업체들과의 전쟁에서 지겠는가? 절대 안 진다. 기억하자. 1인 기업의 승리의 기적은 오로지 보급에 있다.

075 chapter

터야만 벌 수 있다

돈은 물처럼 흘러 들어와 물처럼 흘러 나간다. 그러니 돈이 들어오는 문은 크게 열고 나가는 문은 어떻게든 막으면 돈을 모을 수 있을 것 같다. 받을 돈은 어떻게든 빨리 다 받고, 줄 돈은 안 주거나 늦게 주는 것이 돈 버는 방법이다.

그래서인지 돈 번 회사들 중 상당수는 한번 들어온 돈을 좀처럼 내보내는 법이 없다. 협력업체들에게는 어떻게든 가격을 깎거나 심한 경우 트집을 잡아서라도 돈을 덜 주려 하고, 그것이 여의치 않은 상황에서는 "여분 물량을 5%쯤 더 달라" "물류비는 그쪽이 부담해라" 등등 뭐 하나라도 더 받으려 하면서 끝까지 실속을 차린다.

게다가 결제는 어떻게든 늦게 한다. 매월 30일이 결제일인데 마침 토요일이라고 하자. 이런 경우 하루 전인 금요일에 대금을 지불하면 되는데 꼭 월요일인 익월 2일에 결제하려는 회사들이 많다. 이틀 치의 이자를 더 챙길 수 있다는 얄팍한 생각, 그것이 돈을 버는 길이라 여기는 탓이다. 사실 칼같이 결제일 지키는 업체를 찾기란 무척 어렵다. 형편이 안 되어서 그러는 것이라면 이해할 수 있지만, 돈을 쌓아놓은 회사도 결제를 며칠 늦게 하는 것이 아예 체질화되어 있다. 그것이 협력업체를 제대로 관리하는 방법이라고 생각하는 듯하다.

정말 이래야 돈을 버는 것일까? 일면 맞다. 아무리 크고 수익률 좋은 회사라 해도 자금 관리를 제대로 못 하면 3년을 버티기 어렵다. 앞서 '아무리 바빠도 자금 관리는 직접 해야 한다'고 이야기했던 이유 역시 이것이다.

나가는 돈은 당연히 최대한 틀어막아야 한다. 하지만 반드시 나가야 할 돈까지 막는 것은 큰 문제다. 나갈 돈을 틀어막고 있으면 들어올 돈도 머지않아 끊어지기 때문이다. 인공 연못의 물레방아를 생각하면 쉽게 이해할 수 있다. 물레방아를 돌리고 떨어진 물은 물길이 뚫려 있어야 다시 돌아와 또다시 물레방아를 돌릴 수 있지 않은가.

고객으로부터 들어오는 돈은 어떻게든 다 받아내는 한편 협력업체에 나가야 할 돈은 어떻게든 틀어막으면 잠시야 돈을 벌지 모르지만, 결국에는 돈이 말라버리고 만다. 곰곰이 생각해보면 내게 돈을 주는 사람은 고객이 아닌 협력업체다. 제품이 없으면 고객이 내게 돈 줄 이유가 없기 때문이다. 때문에 협력업체에 인색해지면 내가 고객으로부터 받아야 할 돈 역시 그만큼 인색해진다.

그래서 돈을 막으면 돈을 벌 수가 없다. 터야만 버는 것이다. 협력업체에 주어야 할 돈이라면 제대로 줘라. 아르바이트비, 생수비, 택배비, 토너비나 잉크비, 유류비 등 사소하지만 작은 돈 역시 철저히 날짜를 지켜서 지불해라. 임대료나 전기료, 각종 공과금 결제일도 엄수해서 납부해야 함은 물론이다.

거래는 물리고 물리는 것이라서 내가 협력업체에게 하루 늦게 돈을 지불하면 내 협력업체는 그의 협력업체에게 이틀 늦게, 그 업체는 또 자신의 협력업체에게 사나흘 늦게 지불하게 된다. 나는 겨우 하루 늦게 지불했을 뿐인데 저 밑의 업체들에 이르러서는 그 파급이 일주일에 이르는 것이다. 이것이 반복되면 나의 거래 사슬엔 피로감과 불신만이 누적되고, 언젠가는 반드시 품질에 영향을 미침으로써 고객도 잃고 자금도 마르는 결과를 초래한다.

훌륭한 비즈니스를 하는 사람은 나보다 상대방에게 먼저 이익이 돌아가게 하는 사람이다. 상대에게 먼저 이익을 주면 그것이 한 바퀴 돌아 나에게 기회라는 모습으로 찾아온다. 내가 하는 이야기가 아니라 일본 교세라 Kyocera 주식회사의 이나모리 가즈오稻盛和夫 회장이 한 말이다.

076 chapter 모르면 깎지 마라

앞장에서는 '벌려면 인색해지지 말고 털어야 한다'고 이야기했는데, 사실 누구나 갑이 되면 을에게 인색해질 수밖에 없다. 100원을 깎으면 100원만큼이 고스란히 내 회사에 이익이 되니 어떻게든 쥐어짜고자 하는 심리는 어찌 보면 당연하다.

그래도 시장이 급성장했던 과거에는 갑과 을 간에 '너의 이익이 곧 나의 이익'이라는 윈-윈의 동반 성장 개념이 있었다. 하지만 경기침체가 장기화되고 시장구조가 고착화된 최근에는 '너의 이익이 늘어난 만큼 내 이익은 줄어든다'는 제로섬zero-sum 게임의 양상이 일반화되고 있다. 그렇기에 을을 쥐어짜야 갑이 산다는 '갑질 문화'가 더욱 심화된 것이다.

게다가 1인 기업은 더 이상 고정비를 줄일 수 없는 비용구조의 특성상, 변동비를 줄이는 데 최우선 순위를 둘 수밖에 없다. 변동비 중 절대적인 비중을 차지하는 것이 협력회사로부터 공급받는 원부자재, 중간재 및 그들의 외주 비용이다. 따라서 1인 기업에게는 협력업체의 가격을 어떻게든 깎는 것이 최대 목표일 수밖에 없다.

하지만 다음의 세 가지 조건 중 두 가지 이상에 해당되지 않으면 무리하게 가격을 깎으려 들지 않는 것이 좋다. 첫째는 내가 협력업체만큼 또는 그 이상으로 그들의 제품에 대해 아는 경우고, 둘째는 가격을 깎아도 품질에까지 영향을 미칠 수 없는 경우, 즉 어떤 경우에도 제품의 원재료와 공정을 더 싼 것으로 바꿀 수 없는 경우이며, 셋째는 다른 대안을 얼마든지 찾을 수 있는 경우다. 두 가지 이상을 충족하지 못한다면 가급적 협력업체의 가격은 그대로 수용하자. 그 이유 역시 세 가지이다.

첫째, 1인 기업은 구매량이 적으므로 협력업체 입장에서 봤을 때 전혀 매력적인 고객이 아니다. 그런데 가격까지 심하게 깎으려 하면 '별 거지 같은 게 다 갑질이네!' 하는 생각이 절로 들 것이다. 세상 사람들이 다 나 같지는 않다. 나야 10원 벌기 위해 무엇이든 하려 하지만, 10원 남길 바엔 안 하고 만다는 협력업체들도 의외로 많다.

둘째, 1인 기업의 공급가격은 고객이 구매를 결정하는 데 그리 큰 역할을 하지 않는다. 고객은 가격보다 안정적 품질과 납기에 더 민감하다. 그러니 1인 기업 역시 협력업체를 결정하는 데 있어 가격 요소에 너무 치중할 필요가 없다. 그보다는 그 업체의 품질과 납기가 훨씬 중요하다.

셋째, 내가 갑이라 해도 현실적인 역학 관계에서는 갑이 아닐 수 있다. 대안이 될 만한 업체가 없거나 제품 개발에 있어 협력업체에 대한 의존도가 절대적이라면 오히려 내가 을일 수 있는 것이다. 이런 현실도 모르고

10원 깎으려 들다가 외려 100원을 손해 볼 수 있다. 전형적 소탐대실이다.

내게도 이와 유사한 사례가 있었다. 개당 15원에 납품받던 부품을 12원에 주겠다는 곳이 있어 업체를 갈아탔다. 그런데 이전 업체는 납기를 어긴 적이 없었던 것에 반해, 갈아탄 업체는 납기일을 하루이틀 넘기기가 예사였다. 나는 나와 계약했던 외주업체에게 제때 부품을 넘기지 못했고, 부품이 넘어오지 않으니 외주업체도 생산 준비를 하고 있다가 공치는 날이 많아졌다. 나중에 일정 지연에 따른 보상을 외주업체에 해주고 나서 계산해보니 결국 12원짜리 부품을 20원에 납품받은 셈이었다. 이 사업 10년 넘게 해온 나 역시 이렇게 탈탈 털릴 수 있으니, 모르면 정말 깎지 마라.

077 chapter 협력업체를 다변화하라?

바둑에서든 장기에서든 최악의 수는 외통수, 즉 오직 한 길 외에는 없어 오도가도 피하지도 못하고 코너에 몰려서 힘 한 번 제대로 못 쓰고 억울하게 죽는 수다. 이는 사업에서도 마찬가지다. 내가 선택할 수 있는 길이 하나밖에 없다면 "악!" 소리도 못 내고 죽을 수 있다.

제품 제조에 있어 필수적인 부품을 오직 한 업체에서만 조달하거나 핵심 외주가공을 한 업체에게 의지하는 경우, 갑은 내가 아니라 그 업체다. 회사의 운명이 그의 손에 달려 있고, 그가 손 놓으면 나는 꼼짝없이 죽을 수밖에 없기 때문이다.

이러한 외통수를 벗어나려면 어떻게 하는 것이 좋을까? 가장 먼저 떠오르는 대안이 외통수를 다多통수로 만드는 것, 다시 말해 '협력업체를 다변화한다'는 것이다. 이보다 더 확실하고 완벽한 솔루션은 없어 보인다. 하지만 이런 다변화 전략이 1인 기업에게 있어서는 다음의 이유들로 가능하지 않을 뿐 아니라 최선의 전략 또한 아니다.

첫째, 구매량이 적어 단일 협력업체를 상대하기도 벅찬 1인 기업이 복수의 협력업체와 협상하여 만족스러운 견적을 받는다는 것이 현실적으로 가능할까?

둘째, 단일 협력업체를 관리하는 것도 사실 만만치 않다. 31장에서 이미 이야기했던 것처럼, 1인 기업은 VIP 고객보다 핵심 협력업체에 투자하는 시간이 더 많아야 한다. 하물며 다수의 협력업체를 도대체 어떻게 관리하려 하는가?

셋째, 단일 협력업체로부터 조달하는 부품이라 해도 생산 로트lot에 따라 편차가 발생한다. 이들의 품질 편차를 통제하는 것 역시 1인 기업에게 가장 부담이 되는 업무 중 하나인데, 복수 협력업체의 품질 편차를 어떻게 통제할 수 있을까?

넷째, 불량 발생 시 그 원인을 파악하기 위해서는 생산물류 전체에 대한 역추적이 필수적이다. 그런데 1인 기업이 과연 복수의 협력업체가 개입된 제품의 역추적을 혼자 감당할 수 있을까?

다섯째, 복수의 협력업체를 통해 납품을 진행하는 경우 한 업체만 지체되어도 전체 납품 일정에 차질이 생기기 때문에 오히려 단일 협력업체 체제보다 납기가 지연될 가능성이 높다.

이상의 이유들로 협력업체 다변화는 외통수를 벗어나기 위한 대안이 될 수 없다. 물론 외통수는 피해야 하고 계란은 한 광주리에 담으면 안 된다. 하지만 1인 기업에겐 사실상 계란이 하나밖에 없다. 여러 광주리에 담으려고 계란을 깰 바엔, 차라리 한 광주리에 담고 외통수를 인정하는 편이 낫다.

그러면 다른 대안이 없을까? 외통수의 상황을 피할 수 없다면 상대방도 외통수 상황으로 만들어보자. 즉, 쌍방 외통수 전략을 쓰는 것이다. 협력업체도 내 것만 만들게 하고, 경쟁사에게는 납품하지 못하게 하면 된다. 만일 이런 내 전략을 협력업체가 받아들이지 않는다면 점점 범위를 좁혀보자. 다시 말해 특정 지역, 특정 고객, 특정 응용 분야, 특정 기능에 한정해서 그 범위 내에서는 경쟁사에게 납품하지 말 것을 요청하는 것이다.

신사협정gentlemanship agreement을 제안하는 것도 대안이 될 수 있겠다. 경쟁사가 내 협력업체에게 발주를 주고자 할 때, 협력업체가 이를 먼저 내게 고지하고 내가 만일 같은 발주를 협력업체에게 줄 용의가 있다면 협력업체는 경쟁사의 발주 건을 포기하는 것이다. 이처럼 경쟁사와 내가 동일한 건으로 경쟁하게 되는 경우에는 내가 최소한 그 협력업체에 대해서만큼은 우선권을 가지는 효과를 누리게 된다.

078 chapter

협력업체 사장만 상대하라

앞장에서 1인 기업은 협력업체를 다변화하는 것이 현실적으로 불가능하므로 쌍방 외통수 전략을 택해야 한다고 이야기했다. 하지만 어떠한 쌍방 외통수 전략도 설득이 안 되는 경우가 있으니, 협력사가 대기업 또는 그 계열사이거나 외국 글로벌 브랜드인 경우가 그것이다. 이들에게는 시쳇말로 아예 이빨도 안 들어간다. 아니면 말고 식이라서 어떤 협상의 여지도 없기 때문이다.

물론 이들에게는 부인할 수 없는 큰 장점도 있다. 생산 로트당 생산수량이 월등히 크므로 품질의 일관성이 보장되고, 조업 중단이나 폐업 가능성이 적으며, 조달 부품이 예고 없이 단종될 가능성도 거의 없다. 무엇보다 그 회사의 부품을 썼다는 것 자체가 1인 기업 제품에 대한 고객의 신뢰를 높이는 데 결정적 역할을 한다. 과거 PC 산업에서의 '인텔 인사이드Intel inside' 효과를 연상하면 된다.

인텔 인사이드 효과는 인텔Intel 사의 CPU가 탑재되어 있다는 사실만으로도 해당 PC 제품에 대한 평가가 높아지는 현상을 일컫는 표현이다. 이런 효과, 정말 무시할 수 없다. 1인 기업 초기 단계에서 제품의 신뢰도를 급격히 올리는 데 가장 효과적인 방법이 바로 제품을 특A급 명품 원자재와 부품으로 떡칠을 하는 것이다. '나'는 슬며시 뒤로 빠지고 이들 명품 원자재 및 부품을 앞세우는 것만큼 효과적인 마케팅 전략도 없다.

하지만 대기업이나 글로벌 브랜드는 1인 기업 입장에서 봤을 때 치명적인 단점들 역시 가지고 있다. 첫째, 최소 구매수량이 커서 사실상 거래 자체가 불가능하고, 설령 구매한다 해도 대량 구매에 따른 유휴 재고 발생으로 감당 못할 재정적 손실이 우려된다. 중간 대리점을 통해 쪼개서 구매할 수는 있지만 이럴 경우 구매단가가 크게 상승하고 납기도 제각각이 될 가능성이 높다.

둘째, 신제품 개발에 있어 대응이 느리거나 아예 없고, 내 개별 사정을 봐주지 않는다. 경쟁업체에 납품하는 것은 당연하고 나에 대한 정보를 경쟁업체에 흘리는 경우도 다반사지만, 그런 일이 발생했을 때 뭐라 하소연할 수도 없다. 특히 부품에 불량이 발생하여 교체나 배상을 요구해도 받아들여지는 경우는 거의 없다.

나는 대기업이나 글로벌 브랜드보다는 작지만 실력 있는 협력업체를 선호하고, 불가피하게 빅 브랜드의 부품을 조달해야 하는 경우에도 직접 거래보다는 협력업체를 통한 간접 거래를 선택한다. 혹시라도 문제가 생길 때를 대비하여 협력업체를 끼는 것이다. 솔직히 그들의 갑질 횡포를 감당할 만큼 내가 성품이 넉넉하지 못하기 때문이기도 하다.

좋은 협력업체를 찾는 건 정말 어렵다. 그럼에도 서로 의지하며 함께할 직원이 없는 1인 기업에게 있어 협력업체만큼 소중한 것은 없다. 당연한 이야기겠지만 한눈에 협력업체를 좋다 나쁘다 평가하지 않았으면 한다. 내 경험으로 보면 초반에는 죽이 착착 잘 맞고 지나치리만큼 친절한 업체들이 나중에 문제를 일으키는 경우가 훨씬 많다. 반면 처음엔 어눌하고 불친절하며 앞뒤도 다소 막혀 보이는 업체가 정말 신뢰할 만하고 품질 관리에 목숨 거는 경우를 많이 봤다.

협력업체를 구한 뒤에도 가장 중요한 과제가 남아 있다. 오로지 협력업체의 사장만 상대하라. 최종 의사결정권자와 직접 거래하는 것만큼 협력사의 모든 역량을 끌어낼 수 있는 방법은 없다. 사장과 직접 상대할 수 없다면 작은 회사를 협력업체로 선정할 이유의 절반 이상을 잃는 것이다.

아무리 실무 담당자가 성실하고 문제없이 일처리를 한다 해도 가급적 사장과 상대해야 한다. 어떤 조직이든 그 조직의 수준은 사장 이상이 될 수 없고, 결국 사장 수준에 수렴하게 되어 있다. 100점짜리 담당자라 해도 사장이 50점짜리면 그 담당자 결국 나중엔 50점짜리가 된다. 그러니 사장만 상대하라. 사장이 영 아니면 그 회사도 결국 영 아닌 거다.

079
chapter

1인 기업의 리더십

'리더십'은 기업 경영을 이야기할 때면 언제든 빠지지 않고 등장하는 주제다. 나는 1990년대 말 미국 컬럼비아 대학교 경영대학원에서 MBA 과정을 밟았다. 당시엔 학기당 다섯 과목씩 수강해야 했는데, 특히 1학년 1학기의 다섯 과목은 모두 전공 필수과목이었다. 그중 한 과목이 '리더십 LEMO, Leading and Managing Organization'이었는데, 나는 왜 시간과 돈을 낭비하며 그 과목을 들어야 하는지 이해할 수 없었다. 나머지 네 과목은 각각 경제, 회계, 재무관리, 마케팅이었는데, 그 과목들과 리더십 과목이 같은 반열에 올라 있는 것은 말이 안 된다고도 생각했다.

그로부터 15년이 지났다. 사실 10년 넘게 제조업, 그중 5년 이상은 혼자 해오면서 '내가 1인 제조를 하는 데 있어 도대체 그 비싼 미국 MBA가 무슨 도움이 되었을까?'라는 고민을 해본 적이 없다면 거짓말일 것이다.

하지만 한 가지, 왜 리더십이라는 과목이 그 비싸고 바쁜 컬럼비아 경영

대학원의 1학년 1학기 전공 필수 5개 과목 중 하나로 당당하게 들어가야 하는지는 절실히 깨닫고 있다. 그만큼 리더십은 중요하다. 비록 강의실에서 가르치는 것으로 리더십이 쌓이는 것은 아니지만, 그럼에도 이를 필수 과목으로 정할 수밖에 없는 이유는 그만큼 리더십이 실제 경영에서 차지하는 비중이 크기 때문이다.

그런데 혼자 일하는 1인 기업에게도 리더십이 중요할까? 리더십을 발휘할 대상이 없으니 1인 기업은 예외일 것 같다. 하지만 그렇지 않다. 1인 기업의 리더십도 대규모 조직을 갖춘 여타 기업만큼이나 중요하다. 다만 리더십의 대상이 조직 내의 직원들이 아니라 조직 밖의 협력업체라는 점이 다를 뿐이다. 1인 기업이 협력회사들과 장기간 거래하다 보면 각 업체 사장들은 물론 직원들과도 친분이 생긴다. 어떤 때는 내가 결제하는 대금이 꼭 그들에게 주는 봉급 같은 느낌이 들기도 한다. 1인 기업이지만 그들이 마치 내 회사 직원 같은 것이다. 그래서 협력업체에 대한 결제는 늦출 수가 없다. 직원들의 봉급을 늦게 줄 수는 없지 않은가?

여하튼 협력업체에게 좋은 리더로 평가받으려면 어떻게 해야 하는가? 이미 많이 알고 있는 이야기겠지만 그래도 한번 정리해보기로 한다.

첫째, 업무와 관련된 것이 아니면 그들의 시간을 빼앗지 마라. 처음에는 자주 방문해서 상호 소통의 주파수를 맞추는 시간이 필요하다. 서로 달리 사용하는 기술 용어는 오해의 소지가 없도록 동일한 단어로 통일하고, 기타 사소한 차이도 명확히 하며 서로에게 길을 들여야 한다. 하지만 일단 익숙해지면 찾아가지 마라. 아무리 가볍게 방문한다 해도 그에게 나는 피곤한 상대다.

둘째, 개인적인 대소사는 알리지도 말고 알려고도 하지 마라. 업무와 관련 없다면 그냥 모른 척해라. 서로 깊숙이 아는 것은 언젠가 독이 된다. 사람 간의 관계는 십중팔구 소원해지거나 안 좋아지기 마련이니, 인간적으로 너무 친해지지 않는 편이 좋다.

셋째, 술 사줄 바엔 결제나 잘 해줘라. 협력업체 사람들에게 술 잘 사주는 업체치고 제대로 결제해주는 곳을 못 봤다. 말로는 아무리 좋다고 해도 고객과 술 마시는 거 좋아하는 협력업체는 없다. 술 사줄 돈 있으면 차라리 구매단가를 올려주고, 회식 끌고 다닐 시간 있으면 납기나 여유 있게 잡아줘라.

넷째, 사소한 것으로 쓸데없이 트집 잡지 마라. 갑의 횡포 중 대표적인 것이 '본질과 상관없는 사소한 것으로 을을 들쑤셔놓는 것'이다. 이런 갑들은 결코 을을 가만히 놔두지 않고 사사건건 긴장하게 만든다. 비즈니스 관계에서 일정 수준 이상의 긴장감은 당연히 있어야 하지만, 작은 일들에 발목 잡혀 지나치게 방전된 나머지 정말 큰 이슈가 터졌을 때 대처하지 못하게 만드는 상황은 없어야 한다.

다섯째, 기술 측면에서 지속적으로 자극을 주고 시장을 보는 창이 되어야 한다. 희한한 '갑의 행태' 중 하나가 협력업체에게는 어떠한 정보도 오픈하지 않고 꽉꽉 닫아거는 것이다. 나중에 알고 보면 별것도 아닌데 말이다. 1인 기업이 받을 수 있는 가장 유용한 의견과 아이디어는 대부분 협력업체에게서 나온다. 다시 말해 내가 알고 있는 정보와 지식을 그들과 나누지 않으면 그들로부터 받을 것도 없는 것이다.

여섯째, 가격 때문에 협력업체를 바꾸지는 마라. 마치 모바일 쇼핑을 하듯 가격이 조금만 싸도 업체를 갈아타는 갑들이 있다. 하지만 시장은 정말 좁아서 이런 일 서너 번 하면 소문이 퍼지고, 어느 순간 그 갑에 대해서는 묵시적으로 합의된 공적公敵, 즉 공공의 적에게 적용하는 가격을 제시한다. 이전에 갈아탔던 가격보다 훨씬 높은 금액으로 말이다.

080
chapter

1인 기업은 전염된다

지렁이는 일정한 크기의 동그란 띠가 마디처럼 연속으로 붙어 몸을 이룬 전형적인 절체(마디)동물이다. 지렁이가 이동할 땐 흡사 파도 응원을 하듯 마디들이 연속적으로 물결을 이루며 상하로 움직인다. 만일 몇 개 마디를 테이프로 감아 고정시키면 지렁이는 어떻게 될까? 당연히 이동할 수 없다. 각 마디들의 파도 응원이 불가능해지면 상하 운동 또한 할 수 없기 때문이다.

지렁이를 한 제품의 전체 공급망으로 본다면 1인 기업은 마디 하나에 해당하고, 큰 기업일수록 몇 개 마디를 테이프로 감아 고정시켜 놓은 것과 같다. 전체 공급망의 유연성을 확보하려면 각 마디들이 서로 분리되어 유연하게 움직여야 하는데, 공급망 중간에 큰 기업이 마치 고정된 몇 개의 마디처럼 끼어 있어 상하 운동이 불가능한 것이다.

1인 기업의 전후방에 위치한 업체들이 모두 각각의 독립적인 마디가 될 때, 전체 공급망은 유연하게 시장에 대응할 수 있다. 즉, 1인 기업인 내가 마디 하나가 되고 그래야 시장에서 살아남을 수 있음을 나의 전후방업체들이 인식한다면 그들도 각각의 마디가 되려고 할 것이다. 그래서 유연성의 연쇄 반응이 일어나고 1인 기업은 전염된다. 운동장에서 물결 응원이 대세라면 내 차례가 왔을 때 설령 싫어도 만세 부르며 일어났다가 다시 앉는 상하 운동을 하게 되는 것이다.

얼마 전 '1%가 99%를 지배한다'는 캠페인이 전 세계를 휩쓴 적이 있다. 승자가 독식할 수밖에 없는, 그래서 부익부 빈익빈이 심화되는 현재의 시장구조에 대해 전 세계가 고민 중이다. 이런 상황에서 99%의 약자로서 살아남는 방법은 결국 승자가 관심을 가지지 않는 '무시된 시장ignored market'의 틈새를 노리는 것 외에는 없을 것이다.

이러한 '무시된 시장'에 대응하는 데는 스스로 극도로 세분화될 수 있는 유연성이 필수적이다. 마치 도저히 인간이 들어갈 수 없어 보이는 통 안으로 몸을 접어 들어가는 통 할아버지처럼 말이다. 작고 유연해야 통에 맞추어 들어갈 수 있고, 그것이 가능해야 99%로 살아갈 수 있다. 그런 의미에서 1인 기업은 통할아버지라고도 할 수 있다.

누군가는 통할아버지로 살기보다는 상위 1%에 들어가고자 안간힘을 쓸 것이다. 하지만 그것이 답은 아닌 것 같다. 내가 노력한다고 되는 문제가 아니기 때문이다. 또한 그 1%에 들어갔다고 자평하는 이들 중 사실은 그 언저리에 있을 뿐 실제로는 99%에 소속된 사람들도 적지 않다.

굳이 꼭 1인 기업이 아니더라도 기업당 종업원 수가 더욱 적어질 것이라는 것에는 이론의 여지가 없다. 어떤 경영이론을 대입해봐도 현재의 시장 상황에서 99%로 살아남으려면 큰 것보다는 작은 것이 훨씬 유리하다. 다만 1인 기업의 확산을 방해하는 세 가지 걸림돌이 있다. 큰 것이 아름답다는 고정관념, 혼자 하는 두려움, 이익 분배의 문제가 그것이다.

첫째, 우리는 여전히 큰 것을 사랑한다. 건물은 높아야 하고 차는 커야 한다. '큰 것이 아름답다'는 이런 마인드가 바뀌지 않으면 평생 상위 1%만을 부러워해야 하고 그들의 지배에서 벗어날 수도 없다.

둘째, 우리는 너무나도 조직 문화에 익숙하다. 조금만 튀거나 말 안 들어도 개념 없는 사회 부적응자로 낙인찍히는 사회에서 어떻게 1인 기업이 확산될 수 있겠는가? 내가 본 많은 1인 기업 대표들 중에도 눈치 보느라고 스스로 자신의 한계를 그어버리는 사람들이 너무 많다. 1인 기업은 이길 수 있는 게임의 룰을 스스로 만들어가야 한다. 골리앗을 이긴 다윗처럼 말이다.

셋째, 우리는 이익 분배의 합의에 익숙하지 않다. 1인 기업이 확산되려면 회사들이 자유롭게 쪼개져야 하는데 이것을 가장 어렵게 하는 것이 바로 이익 분배다. 우애 좋던 형제도 상속 문제만 생기면 남남이 되는 판에, 분리되는 회사 간 분배의 문제는 솔로몬 왕도 풀기 힘들다.

하지만 이러한 세 가지 걸림돌이 있음에도 향후 1인 제조회사의 수는 늘어날 것이라 확신한다. 시장이 원하기 때문이다.

081 chapter 공부하라

우리가 양질의 정보와 지식을 가장 많이 습득하는 곳은 어디일까? 바로 직장이다. 직장 내 선배, 동료, 후배들을 통해 대부분의 정보를 접하기 때문이다. 물론 나쁜 업무 습관이나 타성 등 배우지 말아야 할 것들도 배우기는 하지만, 어디서도 배울 수 없고 돈 주고 얻을 수도 없는 소중한 지식과 노하우를 그들 덕분에 터득하는 것은 사실이다.

메트컬프의 법칙Metcalfe's law이 있다. 네트워크 내 구성원의 수가 증가하면 그 비용은 직선으로 증가하지만 네트워크의 가치는 구성원 수의 제곱에 비례한다는 것으로, 구성원의 수가 많아질수록 네트워크 내에서 교환되는 정보의 가치는 제곱에 비례하여 증가함을 의미한다.

예를 들어보자. 네트워크 내 구성원이 한 명일 때 비용은 1원이고 네트워크의 가치 역시 1원이다. 구성원이 두 명이면 비용은 2원이 되는데, 네트워크의 가치는 2의 제곱인 4원이 된다. 마찬가지로 구성원이 다섯 명일 때는 비용이 5원이고, 가치는 5의 제곱인 25원이 된다.

이 법칙을 회사에 적용한다면, 회사 내 구성원 수가 많을수록 그 내부 정보의 양과 질은 제곱에 비례하여 높아진다는 결론을 얻을 수 있다. 즉, 큰 직장일수록 그곳에 다닌다는 것 자체가 엄청나게 소중한 가치를 가지는 것이다.

큰 회사에 근무하는 이들이 근무시간 중에 함께 커피 마시며 잡담하거나 퇴근 후 회식으로 어울리는 문화가 시간낭비처럼 보이기도 하지만, 사실은 눈에 보이지 않는 귀중한 학습을 하는 셈이다. 누군가는 "우리 회사에서는 배울 게 없어요. 다들 전날 본 드라마 얘기나 야구 얘기밖에 안 하거든요"라고 할지 모른다. 하지만 잘 기억해보라. 정말 배운 게 하나도 없었는지.

세상에 농담 따먹기만 하는 회사는 절대 없다. 왜냐하면 회사는 어떻게든 구성원들 간에 서로 학습을 시키고 배우도록 해야 그들을 통해 성과를 내고 봉급도 계속 줄 수 있기 때문이다. 그래서 직장에서 가장 도태되기 쉬운 사람은 그에게서 아무것도 배울 게 없는 사람이다. 그리고 회사는 이런 사람을 귀신같이 찾아낸다.

1인 기업의 경우에는 이러한 상호 학습의 기회가 없다는 것이 치명적인 한계이자 약점이다. 그래서 1인 기업의 대표는 자신의 의지로 어디에서든 무언가를 계속 배우고 억지로라도 공부해야 한다.

1인 기업에게 무엇보다도 중요한 것은 '무슨 지식을 언제 어떻게 섭취할지' 스스로 식단을 짜는 것이다. 최소 한 달에 한 번 먹어야 할 지식도 있고, 한 번 먹으면 1년 혹은 3년, 또는 평생 가는 지식도 있다. 바로 안 먹으면 큰일 날 지식도 있고, 천천히 시간을 두고 먹여야 할 지식도 있다. 또한 먹기 싫어도 억지로 꿀꺽 삼켜야 하는 지식도 있겠고, 아까워 두고두고 녹여 먹고 싶은 지식도 있는가 하면 오히려 과다 섭취를 걱정해 절제해야 하는 지식도 있다.

구체적인 식단표처럼 짜보면 한눈에 공부 계획이 잡힐 것이다. 하지만 작심삼일이라는 말처럼 이 계획대로 실천하기란 정말 쉽지 않다. 특히 일주일에 한 번, 한 달에 한 번 먹어야 하는 지식임에도 먹기 싫다고 계속 쓰레기통에 버린다면 1인 기업을 계속하는 것이 맞을지 심사숙고해봐야 한다. 큰 회사는 가만히 있어도 알아서 영양가 높은 지식을 떠먹여주지만 1인 기업은 스스로 찾아서 먹어야 하고, 그마저 먹지 않는다 해도 뭐라 하는 사람이 없기 때문이다. 음식도 지식도, 편식하다 보면 결국 병 나고 만다.

082 chapter

집요하게 메모하라

사람들은 어떤 일을 바로 처리하여 털어낼 수 없을 때 그것에 대해 메모를 한다. 그런 일들을 메모해놓지 않으면 십중팔구 그것을 잊어버리고 끝내는 누군가로부터 지적을 받고서야 그 일을 처리하게 된다. 그래도 이 정도로 끝나면 다행이다. 처리하기에 너무 늦었거나 회복할 수 없을 정도의 타격을 입는 경우도 허다하기 때문이다.

우리가 1분 동안 기억할 수 있는 최대 숫자나 단어의 개수는 일곱 개라고 한다. 그래서 '마법의 7'이라고도 한다는데, 가만히 보면 7이라는 숫자는 참 재미있다. 어떤 메모를 할 때 가장 완벽한 구조는 ①언제, ②어디서, ③누가, ④무엇을, ⑤어떻게, ⑥왜 등 6하 원칙을 따라 작성하는 것인데, 비즈니스는 거기에 ⑦금액이 추가된다. 즉, 가장 완벽한 비즈니스 메모는 7하 원칙에 따른 것이다.

이처럼 비즈니스에서는 7하 원칙, 즉 일곱 가지 단어를 한 세트로 기억해야 하는데 그것을 1분 안에 메모하지 않으면 휘발되어 날아간다. 따라서 메모의 골든타임은 1분이다.

1인 제조는 생산, 검수, 구매, 개발, 영업, 회계, 자금, 대금결제, 물류, 수출입 등 대충 잡아도 매일 짚어봐야 하는 업무만 10여 가지에 이른다. 각 업무당 처리해야 할 일을 하나씩만 잡아도 하루 10여 개를 기억해야 하는데, 거기에 전화 상담이나 미팅, 갑자기 떠오른 아이디어나 구상까지 포함하면 하루 열댓 가지 이상을 메모해야 한다.

메모를 하는 방법은 사람마다 다르다. 메모 방법에 대한 책만 해도 수십 권이고 포털 사이트에서 검색하면 수백 가지 이상의 팁을 얻을 수 있다. 메모 기록을 지원하는 프로그램이나 양식도 온/오프라인에 넘쳐난다.

100명이면 100명 모두 각자에게 맞는 메모법이 있을 것이다. 하지만 이들 모두에게 적용되는 '메모의 대원칙'이 하나 있으니, '1분 내에 메모하라'가 그것이다. 1인 기업인은 절대 자신의 기억력을 믿어선 안 된다. 뭔가를 열심히 기억하려 해도 곧이어 새로운 일들이 밀려와 그것을 덮어버리기 때문이다. 그러니 어떤 메모 방법을 택하든 상관없지만, 언제 어디서든 1분 내 메모할 수 있는 가장 간편한 방법을 선택하라.

또한 메모의 휘발성에 따라 다른 형태의 메모 도구를 사용하는 것이 좋다. 내 경우에는 ①포스트잇, ②메모패드(18cm×9cm), ③시스템 다이어리, ④아이폰 메모패드, ⑤구글 드라이브 & 캘린더 등 다섯 가지의 메모 도구를 사용한다. ①포스트잇은 가장 휘발성이 높은 사안(1~2시간 내에 처리해야 하는)을 메모하는 것에, 한 장씩 뜯어 쓰는 ②메모패드는 그다음으로 휘발성이 높은 사안(24시간 내 처리)을 메모하는 데 사용한다. 이 두 가지 도구에 적힌 메모는 해당 사안의 처리가 완료되면 곧바로 휴지통에 버려진다.

하루 이상의 시간이 걸리지만 한 번에 처리될 수 있는 업무는 ④아이폰 메모패드와 ③시스템 다이어리에 동시에 기록된다. 마지막으로 일주일 이상이 걸리고 몇 차례 나누어 처리해야 하는 사안은 관련 자료를 ⑤구글 드라이브에 모두 저장하고 그에 관한 일정을 ⑤구글 캘린더와 ③시스템 다이어리에 기록한다. ⑤구글 드라이브에 저장하는 이유는 제3의 장소에서도 시간 날 때마다 일할 수 있는 환경을 만들어놓기 위해서다. 인터넷과 PC가 있는 곳이면 어디에서든 구글 오피스를 활용하여 일처리를 할 수 있다. 나는 1인 기업을 시작한 이후부터는 MS 아웃룩Outlook을 쓰지 않고 무조건 웹 기반 메일 서비스만 사용한다. 어떤 PC에서 일하게 될지 모르기 때문이다.

이와 같이 사안의 휘발성에 따라 메모 방법이나 도구를 달리하면 내가 작성한 메모의 양에 비해 쌓이는 메모량이 상대적으로 적어진다. 아직 처리되지 않은 사안과 관련된 메모만 남기 때문이다.

083 chapter

내근과 외근의 황금비

회사에서는 내근을 주로 하는 직원을 알게 모르게 비하하는 경향이 있다. 사무실만 지키고 앉아 있는 사람은 별 실력이 없는 사람처럼 보이고, 중요한 일은 모두 밖에서 이루어지는 것 같은 착각도 든다. 출장, 특히 해외로 가는 직원은 뭔가 큰일을 하는 사람 같고, 하루 종일 회사에 붙어 있는 사람은 그다지 일하는 사람 같지가 않다.

하지만 생산과 검수 현장을 지키는 것만큼 제조에 있어 중요한 일은 없다. 더구나 혼자 하는 1인 제조회사의 경우 얼마나 지긋하게 현장에 붙어 있느냐가 성공을 판가름한다. 왜 그럴까?

첫째, 회사에서 발생하는 문제의 80%는 그 원인이 회사(현장) 내에 있기 때문이다. 회사 밖의 환경적 요인 때문에 문제가 생기는 경우는 20%에 불과하다. 그렇다면 일하는 시간의 80%는 당연히 80%의 문제가 발생하는 회사(현장)에 할애해야 한다. 즉, 내근과 외근의 적정 비율은 80:20이 된다. 일주일에 50시간 일한다면 내근 40시간, 외근 10시간으로 배분하거나, 일주일 중 하루는 전일로 외근하고 나머지 시간에는 회사 현장을 지키는 것이 적절한 것이다.

둘째, 앞에서도 언급했던 '깨진 유리창'을 꼼꼼히 챙기기 위해서다. 1인 기업에서의 깨진 유리창이란 응대하지 않는 전화, 수신하지 않은 이메일, 잠겨 있는 문, 수거하지 않은 우편물, 문 앞에 놓인 생수통과 택배 상자, 문에 덕지덕지 붙은 광고 전단이다. 이렇게 관리되지 않고 방치된 깨진 유리창은 이를 목격한 고객과 협력회사로 하여금 1인 기업에 대한 신뢰를 잃게 만든다.

셋째, 1인 제조에 있어 최고의 영업인 '품질'을 위해서다. 1인 제조는 품질밖에 믿을 것이 없다. 역시 앞서 이야기했듯이 최고의 품질보다 더욱 좋은 것은 일관된 품질이고, 이는 검수, 검수, 또 검수하는 것으로 가능해진다. 그러니 단언컨대 검수에 투자하는 내근시간보다 더 가치 있는 외근시간은 없다.

내근이 중요하다는 것은 알겠지만, 실제 내근 비율을 80% 이상으로 고수하는 것은 생각만큼 쉽지 않다. 웬만큼 밀도 있게 외근시간을 관리하지 않으면 금방 50:50이 되기 십상인데, 이를 방지할 수 있는 몇 가지 팁으로는 다음과 같은 것들이 있다.

첫째, 주간에 발생하는 외근 일정을 가급적 하루 또는 이틀에 집중시켜라. 그리고 그날의 어젠다agenda에 대해서는 반드시 사전에 상대방과 공유하고 숙지한 뒤 미팅에 임하라. 그러면 미팅이 신속히 진행되고 그 완결도가 높아지며, 두세 번 만나야 해결될 사안을 한 번의 미팅으로 끝낼 수도 있다. 또한 미팅 후에는 반드시 미팅 노트를 작성하여 상대방과 이메일로 공유토록 한다. 그날의 논의가 다시 도돌이표 찍고 원위치로 돌아오는 낭패를 막기 위해서다.

둘째, 제품의 현장 테스트를 위해 방문하는 경우, 사전에 고객에게 충분히 무상 샘플을 제공하라. 무상이 부담스럽다면 나중에 다시 회수하더라도 일단은 고객으로 하여금 미리 테스트할 수 있도록 편의를 제공하는 것이 좋다. 그러면 현장 테스트에 소요되는 내 시간을 현격히 줄일 수 있을 뿐 아니라 두 번 해야 할 테스트가 한 번으로 줄어들 수도 있다.

셋째, 공급하는 제품을 멀리 현장에까지 가서 설치해야 하는 경우, 1인 기업은 제품만을 납품하고 설치는 설치 인력을 아웃소싱하거나 설치 전문 회사와의 계약을 통해 대응하라. 고객이 아무리 높은 설치 공임을 제시해도 유혹받지 마라. 1인 제조회사에게는 제조가 본질이고 내근이 핵심임을 기억해야 한다.

084 chapter 유지 보수를 최소화하라

A는 리터당 8km 연비의 국산 차량, B는 리터당 30km 연비의 외산 차량이다. 정비가 필요할 때면 A는 30분 거리 내에 어디든 깔려 있는 고객서비스센터에 가면 되고, B는 특정 카센터를 가야 정비가 가능하다. A는 한 달에 한 번 정도 잔고장이 있지만 웬만한 사고는 24시간 내에 즉시 수리 가능하다. B는 고장이 전혀 없는 반면 작은 사고가 나도 수리하는 데 최소 2주가 걸린다. 또한 A의 수리비는 많아야 몇십만 원인데 B는 최소 수백만 원이 든다. A는 중고차 시장에서 가장 흔하게 거래되는데 B는 거래도 흔치 않다.

만일 A와 B의 구매 가격이 동일하다면 당신은 무엇을 택하겠는가? A보다는 B를 택하는 분들이 더 많을 듯하다. 나 역시 매력적인 연비 때문에 B에 마음이 좀더 기운다.

하지만 1인 기업의 대표로서 둘 중 하나를 선택해야 한다면 A를 택해야 한다. A의 경우 연비가 나쁘고 잔고장도 많으니 유지비가 이래저래 좀 더 들겠지만, 그것이 감당 못할 정도로 큰 부담은 아니다. 반면 B는 일단 사고가 발생하면 수백만 원의 수리비가 발생하는 데다가 수리 기간도 1인 기업이 수용할 수 없을 정도로 길다. 1인 기업은 2주를 쉬고 나면 두 달이 걸려도 정상적인 일정으로 회복하는 것이 어렵다.

장비를 구매하거나 리스 또는 임대할 때 1인 기업이 최우선적으로 고려해야 하는 것이 유지보수 기간과 비용이다. 자주 고장 나도 큰 부담 없이 바로 고쳐 쓸 수 있는 장비와, 고장은 안 나지만 사고가 한 번 터지면 막대한 비용과 수리 기간이 필요한 장비가 있다면 전자를 선택해야 한다. 복수의 장비 구매 여력이 되는 기업이라면 후자를 택하는 것이 좋을 것이다. 한 대의 장비가 고장 나 장기간 가동이 불가능하더라도 다른 장비를 가동할 수 있기 때문이다.

유지보수의 문제는 비단 고정자산에만 국한된 것이 아니다. 재고자산의 경우도 마찬가지다. 어떤 제품을 만드는 데 있어 하루만 공기 중에 노출되어도 변질되는 원자재가 있다고 가정하자. 그리고 그 원자재를 구입하려면 최소 한 달 치의 물량을 구매해야 한다고 치자. 이때 회사는 원자재가 입고되는 순간부터 이의 보관 및 변질 여부 검사에 상당한 시간과 비용을 지출하게 된다. 나라면 이 원자재를 투입해야 하는 생산공정은 외주로 처리하거나 이를 완벽히 보관하고 매일 쓸 양만큼만 배달해주는 보관 전문 업체를 물색할 것이다.

완제품 재고의 경우도 마찬가지다. 만일 어떤 완제품이 특별한 조건에서 보관되지 않으면 며칠 내로 변질되어 판매할 수 없다고 가정하자.

나라면 이런 제품은 내 1인 기업에서 취급하지 않겠다. 보관비나 설비의 부담과 더불어 영업에서의 부담도 너무 큰 탓이다. 제한된 시간 내에 다 팔아치우지 않으면 폐업 위기까지 몰리는 상황이 언젠가는 틀림없이 올 텐데, 영업력이 부재한 1인 기업에게는 그런 리스크를 감당할 힘이 없다.

085 chapter

해외 출장과 휴가의 최적 시기

앞에서 이야기했던, 젖소 키우는 분의 인터뷰를 기억하는가? '매일 젖을 짜주지 않으면 병에 걸리거나 젖이 말라버리기 때문에 젖소 옆을 하루도 떠날 수가 없다'는 그분의 말을 소개하면서, 나는 그것이 1인 제조의 상황과 무척이나 비슷하다고 이야기했었다.

1인 제조회사는 정말이지 쉴 날이 없다. 주위에선 남의 속도 모른 채 "일은 쉬어가면서 해야 돼!"라고 충고하지만, 하루 쉬면 다음 날의 상황을 더 감당하기 어려우니 도저히 쉴 수가 없다. 10여 가지 업무를 혼자 처리하다 보니 한 가지 업무가 좀 잠잠해져도 또 다른 업무가 폭풍처럼 밀려온다. '다음 달엔 반드시 휴가를 내고 며칠 쉬리라' 장담하고 달력에 빨간 펜으로 별 다섯 개를 그려놓아도, 막상 그날이 오면 또 다른 일에 파묻혀 휴가는 엄두도 안 난다.

휴가도 휴가거니와 해외 출장 역시 그림의 떡이다. 나에게는 꼭 가보고 싶은 전시회가 1년에 한 번 미국에서 열린다. 부스 참여는 못하더라도 참관만은 꼭 하고 싶은데 큰맘 먹고 다녀오자니 일주일이 그냥 날아간다. 일주일의 공백을 메우려면 하루 2시간씩 더 일해도 한 달이 걸린다. 또 그 기간에 얼마나 많은 부재중 전화가 올지, 그래서 귀중한 영업 기회마저 놓치게 되는 것은 아닐지도 걱정이다.

이러다 보면 몇 년이 가도 휴식다운 휴식, 여행다운 여행, 출장다운 출장 한 번 갈 수가 없다. 그뿐인가. 본인은 탈진하고 가족은 지치고 결국엔 1인 기업도 꺾이고 만다. 내 경험으로 보건대 연간 10일 정도는 출장과 가족 여행을 위해 열외로 빼놓아야 한다. 문제는 이 10일의 기간을 어떻게 마련하느냐는 것인데, 솔직히 나는 10일은커녕 그 절반의 시간도 낸 적이 없다. 아니, 낼 수가 없었다.

그래서 나는 무엇보다도 명절 연휴를 잘 활용하라고 이야기하고 싶다. 해외 출장의 경우 명절 연휴를 포함해서 일정을 잡으면 다녀온 후의 부담을 많이 줄일 수 있고 부재중 전화에 대한 고민도 할 필요가 없다. 다만 전시회와 같은 행사는 우리의 연휴와 일정이 맞지 않으면 참관이 불가능할 수도 있다. 다행인 것은 최근 제조 분야 전시회의 경우, 중국 관람객을 더 유치하기 위해 일부러 중국의 연휴 기간과 맞춰서 개최하는 경우도 많다는 것이다. 특히 중국의 춘절春節은 우리의 설 명절과 일치하므로 이때 열리는 전시회를 잘 찾아보면 부담 없이 다녀올 수 있다.

출장을 가족과 함께하는 것도 좋은 방안이다. 명절과 출장, 가족 여행을 한 번에 해결하는 것이다. 특히 명절 때는 배우자나 아이들도 다 집에 있기 때문에 각자 따로 시간을 내야 하는 부담이 없다. 다만 여행 성수기라 적지 않은 경비가 들지만, 꼼꼼히 따져보고 미리 준비하면 오히려 경제적일 수도 있다.

물론 이러한 명절 연휴 때는 어느 가정이든 큰 가족 행사가 있다. 그런 행사에 불참하고 출장, 더욱이 가족 여행까지 간다는 것은 큰 심적 부담이 될 수 있다. 하지만 모든 일에는 기회비용이 따르기 마련이라 하나를 얻으면 하나를 잃게 되어 있고, 무엇이 더 중요하고 가치 있는 일인지는 개인마다 다 다를 것이다.

나는 '명절 출장+가족 여행'의 패키지만큼 최선인 대안은 없다고 본다. 설 연휴 때 못 드린 인사는 추석 연휴 때 만회할 수도 있다. 근본도 예의범절도 없는 녀석이라고 욕하는 분이 계실지도 모르겠지만 말이다.

086 chapter 대금회수의 방법

제아무리 교양 있는 말로 포장한다 해도 1인 기업의 목적은 첫째도 '돈'이고 둘째도 '돈'이다. 이것을 잊으면 안 된다. 흔들리지 마라. 돈 못 버는 기업은 존재할 필요가 없다.

돈을 벌려면 좋은 제품을 만들어 많이 팔아야 한다. 하지만 아무리 많이 판다 해도 물품 대금을 회수하지 못한다면 아무 소용없다. 특히 1인 기업은 자본 구조가 취약하기 때문에 한 건의 대금 회수만 제때 이루어지지 않아도 회사가 휘청거릴 수 있다.

게다가 시장은 너무나 냉정해서, 내가 작을수록 더욱 그 약점을 파고든다. 내가 돈이 많고 여유 있을수록 고객은 결제일을 정확히 지키지만, 내가 힘들고 약하면 고객은 결제를 더욱 미룬다.

그래서 1인 기업은 일반 회사들보다 더욱 꼼꼼하고 철저하게 대금을 회수해야 한다. 그렇지 않으면 냉혹한 시장은 그 1인 기업을 만만하게 보고 돈 떼어먹는 데 아무런 부담도 느끼지 않게 된다. 지독하다는 소리 들으면서도 제때 돈 받아내는 일을 마다하지 말아야 하는 이유다.

하지만 사업을 하다 보면 100% 대금 회수는 불가능하다. 1인 기업의 경우 목표 대금회수율(=당기 회수된 대금총액/당기 매출액)은 몇 % 정도로 보면 될까?

세법상 손금으로 인정하는 매출채권 대손충당금은 당기말 매출채권 총액의 최대 1%다. 일반적으로 기업의 대금결제 조건을 3개월이라 가정한다면 당기 매출액은 당기말 매출채권 총액의 네 배이므로, 세법상 인정되는 대손충당금은 당기 매출액의 0.25%라고도 볼 수 있겠다(이는 매우 단순화된 가정들에 근거한 것으로, 구체적인 계산 방법은 생략한다).

다시 말해 세법상 인정되는 대손충당금을 제외한 모든 매출채권의 대금회수를 목표로 한다면, 1인 기업의 목표 대금회수율은 99.75%가 된다. 예를 들어 월매출 2,000만 원의 1인 제조회사가 있다면 월 5만 원, 연간 60만 원만을 회수하지 못할 때 목표 대금회수율을 달성하는 것이다.

99.75%라는 숫자를 보니 어떤 생각이 드는가? 현실적으로 너무나 높지 않은가? 대기업이라면 보험 가입이나 입보立保 의무화 등 대금 회수를 위한 여러 장치를 통해 99.75%를 달성하는 것이 전혀 어렵지 않지만, 1인 기업에게는 꿈만 같은 수치다.

경험적으로 볼 때 현실적으로 달성 가능한 1인 기업의 대금회수율은 99.00~99.50% 정도가 아닐까 싶다. 사실 불량 채권의 비중이 1%를 넘어

선다면 1인 기업은 큰 부담을 느끼기 시작하고, 3%를 넘으면 위기 상황이며 5%를 넘어선다면 회사의 존폐가 갈리는 상황이다.

중소기업청에서는 납품 대금을 떼일 걱정 없이 중소기업이 기업 활동을 할 수 있도록 매출채권보험의 인수 규모를 지속적으로 확대해나갈 것이라고 하지만, 우리나라의 매출채권보험 인수 규모는 GDP 대비 0.9% 수준으로 유럽 평균인 5.58%에 비하면 턱없이 낮다. 다만 중소기업중앙회의 집계에 따르면 2014년 중소 제조업체들의 평균 어음결제 비중은 24.2%로 전년 대비 4.9%P 감소했다고 하니, 현금 결제가 늘어나고 있는 건 다행스러운 현상이라고 하겠다.

대금회수율을 높이는 방법들로는 어떤 것들이 있을까? 일단 일이 터진 후, 즉 쌍방이 문제 해결을 위한 모든 노력을 했음에도 해결되지 않은 경우에 선택할 수 있는 옵션들은 매우 한정적이다. ①추심업체를 통하는 방법, ②법원 가집행(가압류)을 통하는 방법, ③지급 명령 후 강제 집행을 통하는 방법 등의 세 가지밖에 없기 때문이다. 세금계산서, 거래명세표와 발주서만 있다면 곧바로 ③의 방법을 활용하는 것이 최선인 것 같다. ①, ②의 단계를 거치며 뜸을 들이며 시간낭비할 필요가 없다.

물론 여기에는 기본 전제가 있다. 해당 고객과 거래를 계속할 생각이 전혀 없고, 돈만 받아내면 된다는 마음이 확실해야 한다는 것이다. 마음이 헛갈리면 이도저도 안 된다. 만약 어떻게든 그 고객과 계속 거래하고 싶다면 법원 등 제3자가 개입하는 조치들은 마지막 카드로 가지고 있어야 한다.

이런 사후적 조치보다 더 중요한 것은 사전 예방적 차원의 조치들이다.

시장에서의 평판 조사는 물론이거니와, 가능하다면 신용평가서까지 확인해보는 것도 좋은 방법이다. 직접 회사를 방문하여 자신의 눈으로 회사 돌아가는 모습을 확인하고, 특히 신규 거래의 경우 '발주 시 선금 20% 지급'이상의 대금결제 조건을 명문화하자.

또한 정식 발주서와 사업자등록증을 수령하기 전에는 작업을 진행하지 말고, 대금 결제일이 다가오면 2주 전부터 수시로 전화나 이메일로 확인토록 한다. 마지막으로 해당 고객사가 현재 납품 중인 주요 업체의 명단과 담당자 연락처를 미리 확보해놓는 것도 필요하다. 최악의 경우가 발생했을 때 이 해당 고객사의 매출채권은 가장 확실하고도 효과적인 법원 강제 집행 대상이 되기 때문이다.

087 chapter

세상에 눈먼 돈은 없다

세상 어디에도 눈먼 돈은 없다. 남의 돈이 싸 보여도 내 돈보다 항상 비싸다. 누구나 알고 있는 사실이지만, 그럼에도 막상 돈이 궁하면 갈증에 소금물 마시듯 남의 돈으로 융통한다. 하루 벌어 하루 먹고 살아야 하는 1인 기업 대표에게 항상 필요한 것은 돈이다.

제조업의 경우에는 결제 조건이 특히 열악하다. 원부자재는 현금으로 구매해야 하는데 고객사로부터의 결제는 빠르면 60일, 늦으면 90일 걸리니 미칠 노릇이다. 더구나 제조 분야에서는 손익분기까지 도달하는 데 훨씬 오랜 시간이 걸린다. 돈 때문에 아무것도 못하고, 돈 걱정만 없으면 뭐든 할 수 있을 것만 같다. '돈'이라는 단어가 입에서 떠날 날이 없다. 그래서 눈먼 돈을 찾는다.

그런데 정말 돈이 없어서 아무것도 못하는 걸까? 사업을 못하는 것도 정말 돈이 없어서일까? 포털 사이트의 검색창에 '창업–사업 실패–설문조사'를 입력하고 검색해보라. 어떤 설문조사에서도 '돈이 없어서 사업에 실패했다'는 답이 수위를 차지하는 경우는 없다. "돈만 없는 경우가 가장 성공 가능성이 높고, 돈만 있는 경우가 가장 실패 가능성이 높다"라는 비즈니스 명언도 있지 않은가.

그럼에도 1인 기업 대표들은 오늘도 눈먼 돈을 찾아 헤맨다. ○○창업지원 자금, 투자보육 지원, 글로벌 사업확대 지원, 재창업 지원, 투자–융자 연계 지원, 신기술 개발 지원, 선도기술 지원 등 이름도 다양한 수십 가지 자금들이 1인 기업 대표들을 유혹한다. 심지어 담보가 없어도 되고 갚을 필요도 없으며 성공해도 성공 보수만 지불하면 되는 개발지원 사업 자금도 있다. 너무나 싸 보이지만, 결코 이 돈들은 싸지 않다. 왜일까?

첫째, 눈먼 돈에 한 번 맛을 들이면 이런 돈만 쫓아다니게 된다. 힘들여 제품 만들고 어렵게 팔아 돈 버는 것보다 눈먼 돈 받는 것이 훨씬 쉽고 편하다. 이것에 익숙해지면 어느 순간 제대로 된 제품이 나오지 않는다. 고객보다 지원 자금만 바라보게 되는 것이다.

둘째, 보통 이러한 지원과제들은 산학연 또는 대기업–중소기업 간의 협력을 통해 이루어지는데, 나중에 결산할 때 보면 재주는 중소기업이 부렸음에도 대부분의 돈은 학교, 연구소 또는 대기업으로 흘러들어가기 일쑤다.

셋째, 지원금의 규모는 보통 회사에 인력을 투입하는 일수를 기준으로 결정되는데, 1인 기업의 투입 인력은 오직 자신뿐이므로 자칫하면 본업은 하지 못하고 지원 사업에 거의 100% 매달려야 한다.

넷째, 대부분의 지원 과제들은 정책적으로, 때로는 정치적으로 결정되기 때문에 시장에서 실제 필요로 하는 기술과는 차이가 있는 경우가 많다.

다섯째, 설령 좋은 기술이나 제품이 개발되어도 지적재산권은 자금지원 기관으로 귀속된다.

여섯째, 아무래도 관官이 주도하는 사업이다 보니 보고 등 각종 절차를 밟는 데 소요되는 시간이 엄청나게 많다.

결론적으로 말하면 이런 '눈먼 돈'은 겉으로 보기에는 공짜 같지만 실제로는 독이 든 성배요, 한 번 들이키면 끊을 수 없는 소금물과 같다.

이외에도 다양한 벤처 또는 벤처캐피털 자금들이 있지만 순수한 주식투자 자금은 극소수일 뿐, 대부분은 전환사채나 상환우선주 등 실제로 부채의 성격이 큰 자금들이다. 그러니 마음을 비워라. 현실적으로 1인 기업이 이들 자금을 지원받을 가능성은 0%라고 생각하는 것이 편하다. 또한 지방자치단체 등이 운용하는 벤처 자금은 그 규모가 너무 작거나 결국 은행 담보 대출인 경우가 대부분이기 때문에 큰 이점이 없다.

잊지 말자. 세상에 눈먼 돈은 없고 남의 돈은 내 돈보다 비싸다. 오직 좋은 제품 만들어 자금을 마련하고 더 좋은 제품을 만드는 데 이를 재투자하는 정도正道를 견지하라. 쉽게 돈 벌면 쉽게 망한다.

088 chapter

80:20의 법칙은 틀렸다?

'80:20 법칙'으로 널리 알려진 파레토의 법칙Pareto's law이 있다. 상위 20% 고객이 매출의 80%를 차지하므로 이들 고객에 집중해야 한다는 것인데, 이 단순해 보이는 이론은 최근 20년간 전 세계 기업의 마케팅 전략 수립에 결정적인 영향을 미쳤다.

80:20의 법칙은 큰 기업일수록 들어맞는 이론이다. 대규모 투자와 조직을 갖춘, 다시 말해 막대한 고정비가 발생하는 대기업이라면 80% 시장에 승부를 걸어야만 살아남을 수 있다. 나머지 20% 시장으로는 간에 기별도 안 가는 것이다. 하지만 1인 기업에게는 20%의 '무시된 시장'이 바로 황금 시장이다. 대기업이 보기에는 택도 없는 시장에 집중함으로써 그들과의 경쟁을 피할 수 있을 뿐 아니라, 온전히 자신의 게임을 할 수 있는 곳이기도 하기 때문이다. 그러니 우리가 알고 있는 80:20 법칙이 1인 기업에는 정반대로 적용될 수 있음을 기억하자.

다음은 내가 1인 기업을 해오며 깨달은 네 가지의 80:20 법칙이다. 재미 삼아 한 번 읽어보자.

첫째, 20%의 상위 주력 제품은 매출의 80%와 이윤의 20%를 창출하고, 80%의 하위 비주력 제품은 매출의 20%와 이윤의 80%를 창출한다.

내 회사는 사이즈와 인식거리에 따라 각기 다른 20가지의 RFID 태그를 만들고 있는데, 그중 잘 팔리는 네 가지 정도의 제품이 전체 매출의 80%를 차지한다.

제품이 잘 팔린다는 것은 감사한 일이지만 사실 이들 제품들의 이윤은 형편없다. 잘 팔리는 만큼 시장 수요가 활발하지만, 경쟁 역시 그만큼 심하기 때문이다. 경쟁이 심하므로 이윤은 박할 수밖에 없다. 이와 반대로 잘 안 팔리는 기타 제품들은 매출 비중이 작음에도 상대적으로 이윤은 짭짤하다. 한 가지 흥미로운 사실은 이윤이 낮다는 이유로 잘 팔리는 제품의 생산을 중단하면 그나마 조금 팔리던 제품들도 덩달아 안 팔린다는 것이다. 농심이 이윤이 나든 안 나든 신라면과 새우깡의 생산을 중단할 수 없는 것과 같은 이유일 것이다.

둘째, 기존 제품은 매출의 80%와 이윤의 20%를, 신제품은 매출의 20%와 이윤의 80%를 창출한다.

현재 판매 중인 제품을 출시 순에 따라 나열하면, 오래된 기존 50%의 제품이 매출의 80%를 차지한다. 내 회사의 경우에도 20가지 RFID 태그 중 먼저 출시된 10종의 제품이 매출의 80%를 차지하지만 이윤에 있어 이들 제품의 기여도는 20%에 불과하다.

반대로 최근 출시된 제품 10종은 매출에서의 비중은 20%에 불과함에도 이윤 기여도는 80%에 이른다. 신제품은 기존 제품에 비해 시장에서의 경쟁이 덜 치열한 덕분에 높은 마진을 누릴 수 있는 것이다.

셋째, 회사에서 발생하는 문제의 원인은 내부에 80%, 외부에 20%가 있다. 그럼에도 그 해결책은 내부에서 20%, 외부에서 80%를 구하려 한다.

83장에서 나는 '회사 문제의 80%는 내부에 그 이유가 있으므로 전체 근무 시간 중 80%는 회사 현장에서 보내야 한다'고 말한 바 있다. 이를 모르는 회사 대표나 임원들은 거의 없을 것이다. 놀라운 것은 그럼에도 이를 해결하기 위한 모든 노력의 80%를 회사 외부에 쏟아붓는다는 것이다.

이는 문제의 해결점이 내부에 있음을 몰라서라기보다는, 내부에서 해결책을 찾기가 껄끄럽고 주저돼서 그렇다. 고양이 목에 방울을 다는 것은 엄두가 안 나기 때문에 있지도 않은 불로초를 찾아 밖으로만 맴도는 것이다.

넷째, 고객의 20%는 매년 교체되며, 교체된 20%의 새로운 고객에게서 80%의 이윤이 창출된다.

31장에서도 잠깐 이야기했지만, 고객이 내 제품이 아닌 경쟁 제품을 찾는 것에 너무 큰 의미를 부여하거나 그 이유를 찾기 위해 심각해지지 마라. 당신이 뭔가를 잘못했거나 경쟁 제품이 특별히 좋아서 고객이 떠난 것이 아니라 대부분은 별 이유 없이, 그냥 그렇게 하고 싶어서이기 때문이다. 쉽게 말해 지겨워진 것이다. 이성 친구한테 실연당했던 기억을 떠올려 보라. 내게 특별히 문제가 많아서 헤어졌던 것일까? 아니다. 그냥 지겨워져서 그랬던 것이다. 그 이유가 뭐였을지 찾으면 찾을수록 나만 힘들어진다. 마찬가지로 나를 떠나는 고객의 80%에게는 특별한 이유가 없다.

나를 떠나는 고객이 있는 것처럼 경쟁사를 떠나 내게로 오는 새 고객도 있다. 정상적인 시장 상황에서 매년 20%의 고객은 새로운 고객으로 교체되고, 그 새로운 고객을 통해 80%의 이윤이 창출된다. 왜 그럴까? 그들에게는 기존 고객에 비해 좀더 높은 가격을 지불하고서라도 새 제품을 써보고자 하는 마음이 있기 때문이다.

그러니 떠나는 고객들을 보며 너무 마음 아파하지 마라. 제품만 괜찮다면 고객은 비는 만큼 채워지고, 떠나는 만큼 오게 되어 있다. 오는 고객 막지 말고 가는 고객도 막지 마라. 올 고객은 언제든 올 것이고 갈 고객은 언제든 갈 것이니 말이다.

089 chapter

매출의 착시 현상

신용등급은 곧 1인 제조회사의 성적표라고 27장에서 이야기했다. 일반적으로 회사 실적을 평가하는 데 있어 가장 많이 사용되는 지표가 매출인데, 이를 1인 기업의 평가지표로 삼는 것은 대단히 위험하다. 1인 제조의 매출이 가지는 착시 현상 때문이다.

이런 착시 현상이 1인 제조에만 국한된 것은 아니다. 하지만 1인 기업은 매출이 작기 때문에 조그마한 착시에도 매출이 출렁일 수 있고, 고의든 실수든 이러한 착시로 인해 오류가 발생해도 이를 감시하고 수정할 수 있는 내부 교정 시스템이 사실상 부재하므로 매출은 신뢰성 있는 지표가 될 수 없다. 대표적인 착시 현상들은 다음과 같다.

① **시차 착시**: 매출은 매출계산서 발행일을 기준으로 잡는다. 1인 제조의 경우 고객이 요구하는 발주서상의 수량을 한 번에 납품하기 어려

울 때가 많다. 그래서 분할 납품을 하는데, 실제 계산서는 마지막 납품일 또는 반대로 첫 납품일에 한꺼번에 발행하는 것이 일반적이다. 바로 이렇게 실제 납품일과 계산서상의 납품일 사이에 차이가 생김으로써 착시가 일어나는데, 특히 발주금액이 클수록 착시의 규모 또한 커진다.

② **저가 착시:** 수출액은 인보이스invoice상의 수출신고 금액을 기준으로 하는데, 특히 수입관세(와 부가세)가 높은 국가로 수출할 경우 수입업자의 요청에 따라 저가로 수출신고하는 것이 일반화되어 있다.
이는 수입자가 관세를 회피하기 위한 탈법적 요청이지만, 수출자 입장에서 이 요청을 수락하지 않으면 물건을 판매할 수 없으므로 협조할 수밖에 없다. 이렇게 저가 신고를 하면 수출 실적도 당연히 실제보다 적어지기 때문에 실제로 같은 물량을 생산 공급하더라도 수출 실적이 내수 실적보다 적게 잡히는 경우가 발생하는 것이다.

③ **공정 착시:** 예를 들어 A는 C로부터 100원짜리 중간재를 받아 이를 가공한 뒤 B에게 150원에 넘기는 공정을 담당한다고 가정하자. 이때의 세금계산서 발행 방법에는 두 가지가 있다. 하나는 A가 100원짜리 중간재를 C로부터 구매하여 가공 후 B에 넘기며 150원의 세금계산서를 발행하는 것이고, 다른 하나는 100원짜리 중간재를 C로부터 B가 구매하여 A에게 주고, A가 가공 후 B에 50원의 세금계산서를 발행하는 것이다.
두 가지 모두 A가 하는 일은 똑같고 그 부가가치도 50원으로 동일하지만, 매출을 보면 전자는 150원이고 후자는 50원이다. 하는 일은 같은데 매출이 달라지는 것이다.

④ **바터**barter **착시**: 1인 기업을 하다 보면 두 개 회사가 서로의 제품을 교환 거래하는 경우가 많다. 예를 들어 D는 자신의 제품을 E에게 100원어치를 팔고, 반대로 E는 자신의 제품을 D에게 150원어치 파는 것이다. 이때 D는 E에게 100원만큼의 세금계산서를, E는 D에게 150원만큼의 세금계산서를 발행하는 것이 맞지만, 양사가 편의에 따라 E가 D에게 50원만큼의 세금계산서를 발행하는 경우가 비일비재하다. 따라서 100원이었던 D의 매출은 0원, 150원이었던 E의 매출은 50원으로 실제보다 작아진다.

⑤ **부정 착시**: 실제 제품 판매는 없이 세금계산서상 매출계산서를 끊고 부가세 신고 후 다시 역계산서로 정리하는 경우에 발생한다. 자금 사정이 어려운 회사가 거래업체에게 매출계산서 발행을 요청하여 일단 부가세만큼의 현금을 마련한 뒤 그다음 분기에 역계산서를 발행하여 그 돈을 갚는 식이다. 이럴 경우에는 세금계산서상의 가상 거래만큼 매출이 늘어나게 된다.

불량 악성 고객에게 제품을 판매하는 경우에도 착시가 생긴다. 악성 고객으로부터 결제대금을 받지 못해서 100% 대손 처리한다 해도 매출은 그대로 남기 때문이다. 매출이라 할 수 없는 것이 매출로 남는 셈이다.

이렇듯 매출과 관련된 다양한 착시 현상 때문에 가뜩이나 감시와 모니터링이 어려운 사각지대에 놓인 1인 기업의 매출은 그 회사의 평가 기준이 될 수 없다. 그렇기에 1인 기업을 평가할 때는 오직 현금 흐름과 신용등급만 보고, 실제 현금 잔고를 확인해야만 한다.

090 chapter

영업은 혼자 해라

1인 기업은 목표시장을 작게 잡아야 하고, 스스로 충분히 작아져야만 1인 기업의 장점과 경쟁력을 최대한 발휘할 수 있다고 앞서 이야기한 바 있다. 그렇다면 목표시장은 얼마나 작아야 하는 것일까? 정답은 '1인 기업 대표가 혼자 영업 가능한 범위만큼'이다.

특히 창업 초기라면 1인 기업의 모든 영업은 대표 혼자 도맡아 해야 한다. 그 이유는 뭘까?

첫째, 1인 제조는 손익분기점에 도달하기까지 너무도 힘들고 긴 과정을 거쳐야 하기 때문이다. 일단 도달하기만 하면 이를 유지하는 것이 상대적으로 쉽지만, 창업 초기에는 매출도 적고 누구랑 나눠 먹을 이윤조차 없는 것이 사실이다.

"빨리 가려면 혼자 가고 멀리 가려면 함께 가라는데, 어려울수록 같이

해야 하는 것 아니냐?"라고 반문할 수 있겠다. 이렇게 한가한 소리는 여행할 때나 해라. 당장 지금 고지에 깃발을 꽂지 않으면 다 죽는데 식량은 1인분밖에 없으니 일단은 혼자라도 올라가야 한다. 얼마 되지도 않는 식량을 나눠 먹으며 같이 오르려 하다가는 모두 죽는다. 그러니 손익분기라는 고지까지는 혼자 가야 한다.

둘째, 창업 초기에는 회사든 제품이든 완성도가 떨어지기 때문이다. 이때 영업을 도와주겠다고 나서는 잠재적 파트너들은 수준 미달일 가능성이 높다. 프로일수록 자신이 팔 제품에 까다롭다. 내가 파는 제품 자체가 나의 이미지를 형성하기 때문에 수준 낮은 제품은 아무리 판매 이윤이 높다 해도 꺼려해야 프로다.

수준 미달의 파트너와 영업 계약을 맺는 경우, 제품을 못 파는 것보다 더 심각한 문제는 제품 개선을 위한 기회도 놓치게 된다는 것이다. 이들은 고객이나 시장의 수요를 제품에 반영하는 데 긍정적 기여도 할 수 없을 뿐 아니라 잘못된 정보를 제공함으로써 제품을 아예 매장시키기도 한다.

아무리 영업 역량이 떨어지는 1인 기업 대표라 해도 이런 파트너들보다는 훨씬 영업 역량이 높다. '사장 못하는 영업맨은 있어도 영업 못하는 사장은 단 한 명도 없다.'는 말을 기억해두자.

셋째, 1인 기업의 초기 고객들은 대표 자신이 꽉 잡아야 하기 때문이다. 1인 기업, 특히 창업 초기에는 맷집이 극도로 약하므로 영업 파트너가 고객을 빼돌리면 회사의 생존 자체가 위협받는다.

일단 주요 고객 몇 군데만 1인 기업 대표가 단단히 잡고 있으면 그 외의 고객들은 영업을 전문으로 하는 외부 인력에게 맡겨도 큰 문제가 없다. 대표성을 가진 한두 고객만 확실히 장악해도 시장 돌아가는 상황은 어느 정도 파악되기 시작한다. 어느 순간부터 1인 기업 대표의 눈이 뒤통수에도 달리게 되는 것이다.

넷째, 1인 대표가 가장 많이, 그리고 효과적으로 일을 배울 수 있는 스승이 바로 고객이기 때문이다. 변덕스럽지만 훌륭한 스승인 고객으로부터 대표가 직접 훈련받아야 하는 것은 당연하다. 특히 창업 초기에 이런 수업을 받으면 제품의 장단점 및 마케팅 포인트를 판단하는 안목이 생김은 물론 제품 가격을 적정 수준에서 결정하는 노하우도 체득하게 된다.

이렇게 혼자 영업을 하며 고객을 하나둘 획득하다 보면 언젠가는 손익분기의 고지에 깃발을 꽂게 된다. 그쯤 되면 수준 이상의 잠재적 영업 파트너로부터 총판이나 대리점을 하자는 제의도 들어온다.

이때 중요한 것은 1인 기업에서는 나의 이윤보다 영업 파트너의 이윤을 더 크게 잡아줘야 한다는 것이다. 아무리 제품에 자신이 있어도 자신보다는 영업 파트너가 더 많이 벌게 하라. 나는 죽도록 일하는데 팡팡 노는 것 같은 영업 파트너에게 더 많은 돈을 주라니 억울한가? 억울할 것 하나도 없다. 결국엔 내가 더 벌게 되어 있다. 시간이 지나면 회사가 나보다 커지기 때문이다.

091 chapter

너무 채용하고 싶은 그 사람

1인 기업을 하는 사람이라면 누구나—우연이든 필연이든—너무나 채용하고 싶은 사람을 만나게 된다. 이때의 감정은 이성과 사랑에 빠지게 될 때의 그것과 비슷해서 한눈에 반할 수도 있고, 볼수록 매력을 느낄 수도 있다. 여하튼 중요한 것은 그 감정을 거부하기 힘들다는 것이다.

이럴 땐 어떻게 해야 할까? 정말 그 사람이 능력 있고 회사에 큰 기여를 할 사람이라면 당연히 채용해야 한다. 우리가 창업을 한 목적은 돈을 벌기 위함이지, 1인 기업 자체를 하기 위해서가 아니기 때문이다.

하지만 아쉽게도 이러한 기막힌 행운은 거의 없다. 왜냐하면 첫째, 정말 유능한 사람이라면 1인 기업에 올 리가 없기 때문이다. 1인 기업, 그중에도 제조업종으로 입사를 결정하기란 결코 쉬운 일이 아니라서 정말 오갈 데가 없는 상황에서도 주저하게 된다. 하물며 유능한 자라면 올 리가 만무하다. 당신 자녀나 형제가 1인 기업에 취직하겠다면 흔쾌히 허락하겠는가? 냉정하게 말해서, 정말 거부하기 힘든 엄청난 조건을 제시해서 모셔오는 게 아니라면 유능한 사람을 영입할 가능성은 매우 낮다.

둘째, 설령 입사하더라도 그 사람을 담아낼 역량이 1인 기업에게는 없다. 단지 많은 일을 자신과 분담키 위해 채용한다면 그 사람의 능력을 그대로 썩히는 셈이고, 나 혼자 가져갈 수익을 둘이 나누어 먹는 것 외에는 채용의 의미도 없어진다.

피터 드러커는 "내가 누군가를 고용하는 것은 단지 내 일을 그에게 넘기기 위해서가 아니라 그가 잘할 수 있는 일을 할 수 있게끔 하려 함이다"라는 명언을 남겼는데, 바로 이 말이 그 말이다. 자신의 능력을 100% 발휘할 수 있는 환경이 갖추어질 때, 그런 유능한 사람이 입사해서 오래도록 회사에 기여할 수 있는 것이다. 그러나 그저 나 혼자 일할 때의 업무와 수익을 절반씩 나누어 가지기만 하는 구조라면 이는 오래가지 못한다.

1인 기업의 대표라면 이 두 가지 이유에 대해 모를 리가 없다. 이를 알면서도 왜 그리 '채용의 열병'을 앓게 되는 것일까?

첫째, 외롭기 때문이다. 혼자 밥 먹기도 싫고 모든 걸 혼자 결정해야 하는 상황도 싫다. 하는 일 없이 같이 있어주는 것만으로 고마운 것이다. 그런데 사실 이것만큼 위험한 상황도 없다. 특히 채용 대상으로 매력적인 이성을 찾고 본능에 따라 상황이 흘러갈 가능성도 높은데, 이런 경우 회사는 2년 내에 99% 망한다. 내기를 걸어도 좋다.

둘째, 일이 너무 많기 때문이다. 일이 많을 경우에 취할 수 있는 방법으로는 세 가지가 있다. ①일을 줄이거나, ②외주로 돌리거나, ③사람을 채용하는 것이다. 개인적으로 나는 ②의 방법을 권한다. 전문성을 갖춘 외주 업체의 물색이 가능하다면 신규 인력을 채용하여 훈련시키는 데 들어가는 노력과 시간을 절약할 수 있기 때문이다.

설사 채용을 하더라도 그 사람이 계속 일하리라는 보장은 전혀 없다. 직원에게 있어 사장과 단둘이 일하는 것만큼 고문에 가까운 일은 없기 때문이다. 내가 아무리 잘해준다고 해도 직원 입장에서는 미칠 노릇이니, 다른 회사에서 이직을 제안해온다면 언제든 사장과 둘이 일하는 제조현장을 떠날 가능성이 높다.

셋째, 회사를 승계할 사람을 찾기 때문이다. 은퇴 시기가 다가오면 1인 기업 대표들은 자신의 일을 할 수 있는 적합한 자를 찾아 채용하고 훈련시키고자 한다.

이때 유의할 것이 있다. 내가 내 회사를 그 사람에게 승계한 이후에도 빨대를 꽂고 계속 수익을 챙기려 한다면 그는 결국 회사를 떠나 스스로 창업하고자 할 것이다. 때문에 회사 승계할 사람을 뽑을 때는 더욱 신중을 기해야 하고 승계와 관련된 나의 구체적인 의중은 승계 시점까지 비밀에 부쳐야 한다.

가장 중요한 것은 내가 왜 그 사람을 채용하고 싶은지를 스스로에게 솔직히 물어봐야 한다는 것이다. 1인 기업은 대부분 그냥 혼자 일하는 편이 나은 경우가 많기 때문에 채용은 정말 신중히 이루어져야 한다. 멀리 가려면 같이 가라고들 하지만, 같이 가는 것이 반드시 채용을 통해서만 가능한 것은 아니다. 협력회사와의 긴밀한 협업체제를 구축하는 것도 같이 가는 좋은 방법임을 기억하자.

092 chapter

너무 일하기 싫을 때

1인 제조 6년차면 이제 익숙해질 만도 한데, 내겐 여전히 일하기 싫은 날이 더 많다. 어떤 사장님은 일하고 싶어 아침에 저절로 눈이 떠진다고도 하던데 나는 아침마다 회사 가기 싫어 아우성이다. 그뿐이랴? 저녁 6시가 되면 같은 층에 있는 다른 회사 직원들의 퇴근 소리가 들리는데, 그때면 정말이지 나도 같이 퇴근하고 싶다. 1인 제조를 하는 사람에게 칼퇴근이란 꿈 같은 이야기지만.

그래도 이 정도에 그치면 다행이다. 정말 일하기 싫은 날, 회사만 생각하면 몸서리가 쳐지는 날, 당장 때려치우고 싶은 마음이 굴뚝 같은 날도 부지기수기 때문이다. 시간이 지나도 이런 마음은 줄어들기는커녕 더욱 커진다. 대체 왜 이러는 것일까?

첫째, 소속감이 없어서다. 어떤 조직에 소속되어 안정감과 친밀감을 느끼고 인정과 애정, 존경을 받고자 하는 것은 인간의 기본 욕구다. 매슬로Maslow는 '인간에게는 생리적 욕구(1단계), 안전 욕구(2단계), 소속감과 애정 욕구(3단계), 존경의 욕구(4단계), 자아실현의 욕구(5단계) 등 총 다섯 가지의 욕구가 있는데, 1단계부터 차례대로 충족되어야 행복감을 느낀다'고 했다.

1인 기업은 이 다섯 가지 욕구 중 2단계부터 4단계까지의 욕구를 충족시키는 데 근본적으로 한계가 있다. 그렇기 때문에 먹고살 만해지면, 다시 말해 1단계의 생리적 욕구가 충족되면 오히려 급속도로 일하기가 싫어질 수밖에 없다.

둘째, 삶의 반경이 너무 작아졌기 때문이다. 1인 기업은 작아지고 세밀해져야 하는데, 그것에 충실하다 보면 어느덧 우물 안 개구리가 되어버린다. 특히 1인 제조사의 경우에는 좋은 제품을 만드는 데 모든 시간과 정성을 쏟아부어야 하므로 내 작업 현장 외의 바깥 세상은 눈에 들어오지 않는다. 그래서인지 가끔 친구들을 만나 세상 돌아가는 이야기를 하다 보면 나처럼 무지하고 둔감한 사람도 없는 것 같다.

과연 이렇게 사는 게 맞는 걸까? 두렵기도 하고 후회도 든다. 나는 제품 하나 힘들게 만들어 몇백 원 남기는데, 주위 친구들을 보면 프로젝트 한 건에 몇억씩 버는 녀석도 있다. 그렇다고 다른 일을 하자니 이미 너무 작아져 엄두도 나지 않는다.

셋째, 노력과 공정, 시간의 결과물로 승부해야 하는 제조업에서는 꾀를 부릴 수 없기 때문이다. 일하기 싫다 해서 제조공정의 시간을 단축하거나 공정을 빼먹을 수는 없다. 이는 불량과 파산의 지름길이다. 그러니 아무리 일하기 싫은 날이라 해도 설렁설렁 일한다는 것이 불가능하다. 일하기 싫어도 안 할 수 없으므로 스트레스가 해소되지 못하고 누적될 가능성이 높다.

일하기 싫은 기간이 잠깐 생겼다가 사라지는 경우라면 차라리 다행이다. 대개는 일이 너무 많거나 반대로 너무 없을 때 이런 증상이 생기는데, 그래도 그 순간이 지나면 자연스레 치유되곤 하기 때문이다.

하지만 일하기 싫다는 스트레스가 몇 달에 걸쳐 지속되면 문제가 심각해진다. 우울증이 생기는가 하면 잠도 제대로 못 자고 설치기 일쑤다. 이런 증상은 일이 많고 적음을 떠나 앞서 이야기한 소속감의 부재에서 비롯된 경우가 많은데, 이때는 진로에 대해 가족과 진지하게 심사숙고해봐야 한다. 자신에게 맞는 길이 아니라면 그만두는 것이 옳기 때문이다. 그만둔다고 실패자가 아니다. 사람마다 각자 사는 방법은 다르니 말이다.

093
chapter

1인 기업의 승계

총 99단계 중 이제 일곱 단계만이 남았다. 앞으로의 4개 단계에서는 1인 기업의 승계, 폐업, 전업, 매각을 다루고 마지막 3개 단계에서는 총정리, 즉 1인 제조기업의 성공을 위한 세 가지 필수 요소에 대해 이야기하려 한다.

행복한 상황을 가정해보자. 이제 당신의 1인 기업은 당신의 피와 땀, 노하우가 결집된 자랑스러운 결과물이자 가족을 먹여 살린 최고의 직장이 되었다. 처음엔 힘들었지만 업력이 쌓이다 보니 어느덧 탄탄해져서 망하기도 쉽지 않다. 허접해 보여도 은퇴와 함께 그냥 접기에는 너무나 아쉽고, 누군가 잘만 해준다면 더 좋은 회사도 될 수 있을 것 같다. 그래서 겉으로는 "이딴 걸 누구한테 시켜?"라 하면서도 속으로는 은근히 사업 승계를 꿈꾸게 된다.

예전에 벤처캐피털에서 일하면서 몇 건의 인수합병(M&A)에 관여했던 적이 있다. 그중 기억에 남는 것이 설비 부품을 만드는 전통 제조업체인데, 70세가 넘은 사장님께서는 어떻게든 자식들 중 하나가 경영을 승계해주길 바라셨다. 반면 자식들은 머리가 지끈거리는 기름 냄새와 귀가 멀 듯한 굉음이 작렬하는 공장에서 일하는 것을 모두 질색했다.

나는 수차례에 걸쳐 "이제 다 내려놓으시고 회사를 매각하십시오"라고 말했지만 사장님은 꿈쩍도 안 하셨다. 혹시나 자식 중 한 명이라도 생각이 바뀔까 하는 마음에서였다. 당시 나는 그분을 두고 '왜 저렇게 고집불통이실까' 싶었는데, 이제 제조업을 10년 넘게 하다 보니 그 사장님의 마음을 조금은 알 것 같다. 누군가 회사를 승계하여 더 잘 키워줬으면 하는 바람은 돈에 대한 욕심보다 훨씬 클 수밖에 없다. 여기서 멈추기에는 너무나 아쉬움이 남기 때문이다.

과연 어떤 사람이 1인 기업을 승계하는 데 있어 최적의 인물일까? 기업의 규모가 크다면 대안도 여러 가지가 있을 수 있지만, 1인 기업의 경우에는 직계가족이 거의 유일한 사업 승계 대상자가 아닐까 싶다. 아무리 규모가 작다 해도 1인 기업은 그 전체 업무를 익히는 데 상당한 시간과 훈련이 요구되는데, 이를 체계적으로 차근차근 빠짐없이 전수하는 것은 가족이 아니면 거의 불가능하다. 특히 사업 승계 후에도 원 대표자가 회사로부터 봉급을 받아야 하는 경우가 있을 수 있는데(흔히 말해 '빨대를 계속 꽂아야' 하는데), 새 대표자가 원 대표자의 가족이 아니라면 이를 수용하기도 쉽지 않다.

그렇다고 사업을 승계하는 자녀나 배우자는 모두 성공할까? 전혀 아니다. 성공하는 사례는 소수에 불과하다. 그렇다면 승계의 성패를 가름하는 조건에는 어떤 것들이 있을까?

첫째, 기존 협력업체들의 지속적 협력 여부다. 원 대표자가 그들과 했던 협업의 강도가 사업 승계 후에도 유지된다면 성공 가능성이 높다.

둘째, 고객의 지속성 여부다. 원 대표자를 보고 거래해온 고객이 승계 이후에도 회사 및 제품에 동일한 충성도를 가지느냐가 핵심 과제다.

셋째, 사업 승계 대상자에게 그 일이 잘 맞느냐의 여부다. 1인 기업은 직장생활과 달라서 자신의 전력을 기울여야만 생존할 수 있다. 그 일을 좋아해도 성공할까 말까인데, 그 일이 좋지도 않고 자신과 맞지도 않는다면 계속해나갈 수 없다. 강한 의지만으로 꾸역꾸역 해보겠다고 해서 해결되는 문제가 아니란 뜻이다.

넷째, 새로운 1인 기업 대표의 고객 및 제품 창출 여부다. 대표가 바뀌면 아무리 잘해도 일부 고객이 떨어져나가는 것은 피할 수 없다. 이런 위기 상황에서 새로운 제품으로 새로운 고객을 창출해나갈 수 있는가가 승계 대상자의 가장 큰 임무다. 만일 떨어져나간 고객들만큼 2년 안에 새로운 고객을 창출해냈다면 이제는 순항할 준비가 끝난 것으로 생각해도 좋다.

다섯째, 예전부터 훈련의 과정을 통해 승계를 준비해왔는가의 여부다. 해외 전시회를 참관하러 갈 때 동반하는 것도 좋고, 아르바이트비를 주며 제품 검수나 생산 업무를 직접 체험케 하는 것도 괜찮다. 고객이 좋아할 만한 제품을 직접 디자인하고 만들어보게 하는 것 역시 훗날 큰 자산이 될 것이다.

여섯째, 그럼에도 너무 큰 부담은 주지 말아야 한다. 1인 기업은 1일 기업이라는 것을 항상 알려주고, 언제 접어도 괜찮다고 안심시켜라. 잘해야 한다는 부담감은 마음을 경직시키고 오로지 전임자의 모습만을 따라하게 만든다. 1인 기업의 생명은 '유연함'에 있음을 기억하자. 대부분의 제조업에서는 당대當代에 승부를 보기 어렵고, 명품은 최소 두 세대 이상을 거치면서 만들어진다. 그러니 여유를 가지고 승계하는 새 대표에게도 이 점을 인식시켜주자.

당신의 1인 기업은 승계시키기에 절대 허접하지 않다. 자긍심을 가지고 사업 승계를 설득해보라.

094 chapter

1인 기업의 폐업

폐업은 좁은 의미의 폐업과 넓은 의미의 폐업이 있다. 좁은 의미의 폐업은 세법상에 규정된 폐업 절차를 밟는 것, 즉 관할 세무서에 가서 폐업신고서를 제출하는 것을 뜻한다. 이는 '우리 회사는 돈을 벌지 않으니 납부할 세금도 없습니다'라는 신청을 통해 기업의 활동을 중단시키는 것이다.

넓은 의미의 폐업은 여기서 더 나아가 법인격을 상실케 하는 해산 및 청산 절차까지를 모두 포함하는 것으로, 기업의 완전한 죽음을 의미한다. 여기엔 자산 및 부채의 청산 절차가 따르기 때문에 각종 이해관계인들의 길고도 지루한 협상과 공방이 이어질 수밖에 없다.

이 장에서 다룰 폐업은 후자, 즉 계속 기업을 살리는 것보다 죽이는 것이 더 좋다는 판단하에 기업의 생명을 상실케 하는 의사결정이다. 의사결정이라고 하니 자유 의지에 따라 기업을 죽이는 것이라는 오해도 있을 수 있다. 물론 그런 경우도 없진 않지만 대부분의 폐업은 1인 기업 대표의 의사와는 상관없이 불가피하게 이루어진다. 폐업의 종류를 나열해보면 다음과 같다.

① **법원 명령:** 더 이상 어떤 방법으로도 부채를 갚을 수 없다고 판단한 채권자의 신청을 법원이 받아들여 강제명령으로 회사를 청산하게 되는 경우
② **부채 증가:** 영업 이익으로는 이자조차 갚을 수 없어 부채는 계속 증가하고 회복될 여지도 없어 파산 신청이 불가피한 경우
③ **가계 유지 곤란:** 영업 이익으로 이자는 갚을 수 있지만 부채 원금은 물론 가족에게 생활비를 줄 수 없는 상황이 지속되어 정상적인 가정 유지가 어렵고 가계 부채는 계속 늘어나는 경우
④ **이직 고려:** 생활비는 줄 수 있어 가정은 영위되나, 다른 일을 하거나 직장에 취직했을 때 수령 가능한 소득보다는 현재의 벌이가 현저히 낮은 경우
⑤ **부정적 전망:** 현재는 만족스럽지만 시장의 급격한 쇠퇴 또는 경쟁/대체 제품의 출현이 확실시되어 지금 폐업하는 것이 유리한 경우
⑥ **개인 사정:** 향후 전망이 괜찮으나 개인적 문제(체력, 질병, 가정사 등)로 어쩔 수 없이 폐업해야 하는 경우
⑦ **황금 은퇴:** 향후 전망도 괜찮지만 벌 만큼 벌었으니 앞으로는 인생을 즐기고자 하거나, 또는 진짜 하고 싶은 일을 하려는 경우

위의 것들 중에서 대표의 의지와는 상관없이 누가 봐도 폐업해야 하는

경우는 ①**법원 명령**과 ⑥**개인 사정**이다. 전자의 경우 어떻게든 제3자 명의로 사업장을 내고 계속해보려 하는 분들도 있지만 잘될 가능성은 매우 낮다. 후자의 상황은 상당히 안타까운 경우인데, 이때 미련 때문에 계속 일하려다 돌이킬 수 없는 상황을 맞이한 분도 뵌 적이 있다.

②**부채 증가** 혹은 ③**가계 유지 곤란**이 되었을 때 열 명에게 물으면 아홉 명은 폐업에 찬성할 것이다. 하지만 한 명쯤은 '계속 버티면 대박이 날 수도 있지 않겠느냐'며 버텨보라고 하기 마련이다. 이때 기업 대표는 아홉 명의 폐업 찬성보다 한 명의 폐업 반대 의견에 솔깃하고, 그래서 더 많은 빚을 얻어가며 어떻게든 버티려 한다. 그러다 재기가 불가능한 정도에까지 이르게 되는 것이다. 이쯤 되면 도박이나 다름없다.

이와 정반대로 기업 대표 혼자만 상황을 비관적으로 보는 경우도 있다. 지금 어려운 것은 매우 일시적인 상황이기 때문에 열 명 중 아홉 명은 견뎌내야 한다고 판단하는데, 정작 본인은 폐업을 결정한다. 이런 분들은 대개 얼마 안 있어 다시 창업하고, 그러다 조금 힘들면 또 접는다. 폐업도 한 번 두 번 하다 보면 습관이 된다.

④**이직 고려** 상황이 되면 정말 많이 고민하게 된다. 주위 사람 의견도 5:5로 갈릴 가능성이 높다. 나 역시 혼자 1인 기업 꾸려온 6년 중 두세 번쯤은 취직 제안을 받고 고민했던 것 같다. 그래도 1인 기업을 택하여 현재에 이르렀지만, 어떤 선택이 맞는지는 솔직히 잘 모르겠다. 한 가지 분명한 것은 '어느 쪽을 택했는가'보다 '누구와 상의했는가'가 더 중요하다는 것이다. 어떤 결정이든 가족의 지지가 있어야 한다.

⑤**부정적 전망**의 경우에는 그러한 예측이 확실하다면 폐업이 당연히 옳은 결정이다. 다만 그 전망이 객관적이고 사실에 입각한 판단의 결과가

아니라면 이 역시 폐업을 위한 합리화일 수 있다. 이런 분들은 또다시 창업해도 싫증나면 언제든 비슷한 예측으로 상황을 몰아갈 수 있다.

⑦**황금 은퇴**를 위한 폐업은 사실 어떤 이유로도 말리기 어렵다. 하지만 이런 결정을 내리는 사람들 중에는 '나는 언제든 다시 돌아올 수 있다'는 마음을 가진 분들이 많다. 한번 해봤으니 다른 일 좀 하다가 다시 해도 잘할 것이라는 생각인데, 이건 엄청난 착각이다. 한번 떠나면 그걸로 끝나는 경우가 대부분이다. 그러니 잘 생각하시라.

그만둘 땐 그만두더라도, 그렇게 해야 하는 이유에 대해 생각, 또 생각하기를 바란다. 창업을 준비할 때에도 많은 고민이 있었겠지만, 폐업을 위한 고민은 그보다 몇 배를 더 해야 한다. 한 번 폐업하면 다음에는 더 사소한 이유로도 폐업하기 쉽다는 것 역시 기억하기를 바란다.

095 chapter

1인 기업의 전업

1인 기업의 대표로서 '아무래도 이건 내 길이 아닌 것 같다'는 생각이 한 번도 들지 않았다면 그것처럼 심각한 문제는 없을 것 같다. 현재의 업종과 제품에 대해 불안감과 의구심을 가지는 것은 당연하며, 그러한 의구심이 사실이라면 전업轉業을 고민해봐야 한다.

앞서 이야기했던 것처럼 기업은 그 자체로 독립된 생명체이자 나와는 별개의 존재다. 비록 1인 기업이라도 말이다. 그렇기에 '이건 아니다' 싶더라도 기존의 회사를 죽이고 새로운 회사를 만드는 것은 말처럼 쉬운 일이 아니다. 차라리 기존 기업은 유지하되 업종과 제품은 변경하는 전업이 비용이나 절차 면에서 최선일 수 있다.

설령 기업의 실질적 내용은 다 바뀌더라도 기업 정체성identity의 4대 요소인 설립일, 대표, 기업명과 사업자등록번호 등의 요소를 계속 유지할 수 만 있다면 그 자체로 충분한 가치가 있다. '회사 업력이 뭐 그리 중요하냐'

는 이들도 있지만, 업력만큼 고객에게 신뢰를 주는 지표는 없다. 당신이라면 업력 10년의 1인 기업과 직원 열 명의 업력 1년짜리 기업 중 어느 쪽을 더 신뢰하겠는가? 당연히 업력 10년의 1인 기업이다.

이러한 전업에도 여러 유형이 있는데, 여기서는 크게 세 가지로 나누어 살펴보자.

1. **업종 변경:** 제조가 아닌 유통, 서비스나 콘텐츠, 소프트웨어 등으로의 전환을 통해 제조를 그만두는 것이다. 이에 대해 개인적으로 특별히 할 말은 없지만, 만약 내 친구가 이런 결정을 한다면 말릴 것 같다. 사람이 한평생 '제대로' 할 수 있는 사업 아이템은 많아야 두세 개인 데다 그나마 다 비슷비슷한데, 업종을 변경하면 아이템이 완전히 달라지는 셈이니 더욱 힘들지 않을까? 아직 젊다면 응원할 수도 있겠지만 말이다.

2. **대폭 제품 변경:** 제조는 유지하되 공급하는 제품을 변경하는 것으로, 변경되는 제품은 기존의 것과 완전히 다르다. 여기에도 두 가지 유형이 있다.

2-1) A⇒가: 제품의 변경과 함께 고객까지 완전히 바꾸는, 다시 말해 제조라는 것만 빼고는 다 바꾸는 것이다. 그럼에도 기존 제조 인프라는 어느 정도 활용하는 경우가 많다.

2-2) A⇒B: 제품은 변경되지만 기존 고객은 유지하는 것이다. 이는 제품 변경의 가장 일반적인 형태로, 대부분은 기존 고객의 권유(또는 강요)에 따라 자의반 타의반으로 이루어진다.

3. **소폭 제품 변경**: 공급하는 제품의 카테고리는 유지하되 시장 상황 변화에 대응하기 위해 세부 변경을 시도하는 것이다. 여기에는 다섯 가지 유형이 있다.

3-1) A⇒A′′: 동일 카테고리 내에서 보급형에서 고급형 또는 그 반대로 이동하거나 박리다매의 단일 제품에서 고부가가치의 맞춤형 제품으로 전환하는 경우가 이에 해당한다. 제품은 크게 바뀌지 않지만 목표 고객이 달라지므로 전업에 따른 위험은 2-1)의 경우와 대동소이하다.

3-2) A⇒AA: 기존 제품의 생산량을 파격적으로 늘림으로써 목표 고객의 범위와 수를 급격히 확대하는 것이다. 이때 기존 고객의 이탈은 어느 정도 감수해야 한다. 식당을 예로 들면 이해가 쉽겠다. 허름했던 동네 국밥집이 잘되어 빌딩 사서 2층으로 올리면 기존 단골 중 일부의 이탈은 불가피한 것과 유사하다.

3-3) AA⇒A: 3-2)와 반대로 생산량을 줄이고 특정 고객에 집중함으로써 목표시장의 범위를 축소하는 것으로, 3-1)의 고부가가치 맞춤형 전략과 병행하여 진행하는 경우가 많다. 전업의 위험은 2-1)에 버금갈 정도로 높아서 자칫하면 이도저도 다 잃을 수 있다.

3-4) A⇒a: 기존 제품의 기능을 단순화하거나 사이즈를 대폭 줄여 가격을 낮추는 것이다. 고급형에서 보급형으로 전환하는 3-1)과는 기존 고객을 그대로 유지한다는 점에서 구별된다. 즉, 고객에게 호소하는 이미지와 품질 수준은 유지하면서 제품의 단순화나 소형화를 통해 가격을 낮추는 것이다.

3-5) a⇒A: 기존 제품의 기능 추가, 색상의 다양화, 사이즈 증대, 담당 공정 증가 등을 통해 가격을 높이는 것이다. 3-4)와 반대되는 경우지만

기존 고객을 그대로 유지한다는 점은 동일하다.

1인 기업이 전업을 하고자 할 때 가장 현실적인 대안은 2-2), 3-4), 3-5) 정도가 아닐까 싶다. 다만 너무나 상황이 안 좋아 당장 특단의 조치를 취하지 않으면 안 되는 상황에서는 이조차 대안이 될 수 없다.

개인적으로 생각해봤을 때 가장 피해야 하는 것은 3-2)다. 규모를 키움으로써 어려운 상황을 타개하고자 하는 것은 리스크가 크기 때문에 자제해야 한다. 지금은 아무리 봐도 크게 지를 때는 아니다.

096
chapter

1인 기업의 매각

1인 기업 대표에게 있어 M&A는 큰 회사들 간의 문제고, 자신과는 전혀 상관없는 먼 세상 남의 일이다. 누가 이 조그만 회사를 사려 하겠는가? 그것도 1인 회사를? 일면 맞는 말이다. M&A는 규모가 크면 클수록 성사 가능성이 높다. 회사가 작으면 부담 없이 쉽게 살 것 같지만 전혀 그렇지 않다. '싼 게 비지떡'이라고, 이슈가 안되는 M&A에는 매력이 없다.

옛말에 '싸움은 말리고 흥정은 붙이라'고 했다. M&A 규모가 커서 떨어지는 떡고물이 많으면 주위에서 열심히 흥정도 붙이고, M&A도 엉겁결에 이루어진다. 매출도 작고 보유 자산도 없으며 사람도 혼자인 1인 기업에는 떡고물이 있을 리 없고, 그러니 흥정 붙여줄 사람도 나타나지 않는다. 대표 스스로도 자기 회사의 가치가 어느 정도인지 알지 못하고 자신도 없다. 그럼에도 1인 기업은 다음의 두 가지 이유에서 충분히 매력적인 M&A 대상이 될 수 있다.

첫째, 1인 기업은 다른 어떤 기업형태보다 상대적으로 매각이 용이하기 때문이다. M&A를 어렵게 하는 주요 원인으로는 ①기업의 불투명성과 이로 인한 가치 산정의 어려움, ②기존 인력 승계에 따른 조직 혁신 곤란, ③이해관계자 간의 갈등에 따른 M&A 지연과 비용 증가 등이 있다.

1인 기업은 권한과 책임이 일원화되어 투명하고, 평가 대상 자산이나 인력도 매우 단조로우며, 대표 1인과의 인터뷰를 통해 모든 업무를 파악할 수 있으므로 기업가치 산정이 단순 명료하다. 또한 승계해야 할 인력이 없기 때문에 인수 후의 조직 개편이나 인력 배치가 자유롭다. 게다가 대표자가 지배 주주고 일반 주주 역시 가족이나 지인으로 구성되어 있으므로 이해 갈등의 소지도 거의 없다.

둘째, 1인 기업의 가장 중요한 자산이 나 자신임은 틀림없지만, 회사는 업력이 쌓임에 따라 그 가치가 나보다 훨씬 커지기 때문이다. 또한 1인 기업이 누군가에게 인수되는 순간부터 대표였던 나의 가치는 현격하게 줄어들기 시작하여 일정 기간 내에 그 가치가 0이 된다. 가치가 0이 되는 데까지 걸리는 시간은 짧으면 1년, 길어야 2년이다.

1인 기업을 인수하고자 하는 누구든, 그의 관심은 기존 1인 기업 대표에게는 전혀 향하지 않는다. 그렇지 않다고 착각하는 1인 기업 대표가 있다면 도끼병도 이만저만이 아니다. 1인 기업 인수자의 머릿속에는 '기존 대표 없이 1인 기업을 어떻게 운영할 수 있을까?'라는 생각만 가득할 뿐 '기존 대표를 어떻게 붙잡아둘까?'에 대한 생각은 눈곱만큼도 없다는 것을 잊지 마라. '나 없이 이 회사가 어떻게 굴러갈까'를 걱정하는 1인 기업 대표가 있다면, 정말 걱정도 팔자라고밖에 할 수 없다.

사실 작은 규모의 회사를 대상으로 하는 M&A 시장은 현재 초기 단계이고 이를 위한 전문업체 또한 없다. 다시 말해 1인 기업을 사려는 자와 팔려는 자가 있다고 해도 그들을 연결시켜주는 인프라가 제대로 구축되어 있지 않는 현 상황에서는 거래가 이루어지지 않는 것이 당연하다.

하지만 나는 머지않은 장래에 중소기업을 사고파는 거대한 마켓 플레이스가 생길 것이라 확신한다. 그것이 온라인 형태든 대형 중매 전문회사 형태든, 아니면 기업거래 TV 채널의 형태든 간에 말이다.

이런 마켓 플레이스에서는 아무 회사나 매물로 올리지 않을 것이다. 그렇게 되면 십중팔구 쓰레기 회사를 가져다 팔려는 사기꾼들이 넘쳐날 것이기 때문이다. 그렇기에 투명성이 보장되고 가치 산정이 단순한 1인 기업은 초기 마켓 플레이스에 올릴 매물로 최적격이라 할 수 있겠다. 초기 온라인 쇼핑몰에서도 규격이 단순하고 부담이 적은 저가 티셔츠나 스타킹, 양말 같은 것을 주된 아이템으로 삼지 않았던가?

언제 1인 기업을 매각하는 것이 최선일까? 너무나 주관적이라 답하기 어렵지만, 다음의 세 가지는 확실하게 이야기할 수 있을 것 같다. 첫 번째는 '먼저 팔고자 나서지 말라'는 것이고, 두 번째는 '매각 기회는 극히 짧을 뿐 아니라 한 번 놓치면 다시 잡기 힘들다'는 것, 세 번째는 '일단 팔고자 마음먹고 실사due diligence까지 진행된 상황이라면 아쉽더라도 팔아야 한다'는 것이다. 일단 손을 타면 매각 대금은 점점 낮아지기 때문이다. 기억하자. 매각은 타이밍이다.

097 chapter

1인 기업 성공의 3요소: ①가족

1인 기업에 있어 '가족'은 가장 중요한 목적이자 그것의 달성에 있어 가장 중요한 수단이다. 1인 기업의 목적은 가정의 생계고, 이 목적은 건실한 가정을 통해서만 달성 가능하기 때문이다.

가정이 화목한가의 여부는 실제 1인 기업의 성과에도 현저한 차이를 가져온다. 실제 조사결과가 있는지 모르겠지만, 1인 기업 창업 당시의 대표자가 보유한 재산 현황과 가정 만족도를 조사한 후 10년 뒤 성공 여부를 재조사하면, 재산이 많을수록 1인 기업의 실패 가능성이 높고 가정 만족도가 높을수록 성공 가능성이 높다는 결과가 나올 것이라 확신한다. 더불어 1인 기업에 대한 대표의 만족도를 조사해보면 가정 만족도가 높은 사람일수록 회사에 대한 만족도 또한 높을 것이 틀림없다. 가정이 화목할수록 회사 실적이 더 높음은 물론, 회사에 대한 만족도 역시 더 높을 것이라는 뜻이다.

앞서 92장에서 매슬로의 5단계 욕구론을 언급하면서, 1인 기업은 5단계의 욕구 중 1단계밖에 충족시킬 수 없는 근본적 한계가 있음을 이야기했다. 때문에 어느 정도 먹고살 만해지면 급속도로 의욕을 상실하며 일하기 싫어지는 상황이 찾아오는데, 일터에서 채워지지 않는 이런 욕구들을 밖에서 채우려다가는 자칫 일탈과 중독으로 빠지기 쉽다. 이때 2단계부터 4단계까지의 욕구를 충족시켜줘야 하는 곳이 바로 가정이다.

그런 의미에서 가족은 실제 회사에서 일만 같이 하지 않을 뿐, 정말 중요한 회사의 핵심 인력과도 같다. 또 현실적으로도 가족 중 한 명은 이사회의 비상임이사로 등기하고 회사의 주요 안건을 그와 함께 협의하는 것이 좋은데, 개인적으로 나는 배우자에게 그 역할을 맡기는 것을 강력히 추천한다. 배우자는 나와 사사건건 다른 의견을 속사포처럼 제시할 것이고, 그런 면에서 앞서 이야기했던 최고이의제기자CCO로서도 전혀 손색이 없기 때문이다. 여하튼 이런 점 때문에 1인 기업은 개인사업자가 아닌 주식회사 형태로 창업하는 것이 좋다.

통계적 수치는 없지만 아마도 배우자와 하루 30분 이상 대화를 나누는 1인 기업 대표는 그렇지 않은 경우에 비해 폐업 가능성이 훨씬 낮을 것이다. 배우자가 없다면 직계 가족, 그도 없다면 형제자매와 항상 대화하라. 도움이 되는 조언이나 지식을 얻기 위해서가 아니라 그냥 가족과 이야기하는 것, 그럼으로써 소속감을 느낄 수 있다는 것 자체가 큰 도움이 되기 때문이다.

6년 전 나는 직원들이 모두 떠난 회사에 혼자 남게 되었다. 회사의 매출은 5분의 1로 급감하는데, 그 많은 빚을 그대로 혼자 다 떠안은 상황에서 무엇부터 해야 할지 몰랐다. 사장으로 지시만 할 줄 알았지 무엇 하나 스스로 해본 일이 없었던 터라, 하루 수십 통에 이르는 빚 독촉 전화를 받는 것만으로도 정신이 없었다. 솔직히 가방끈 길다는 자존심 하나로 살아왔는데, 그 자랑거리는 오히려 채권자에게 조롱거리가 되었다. 당시 내 목표는 오직 하나, 하자 없이 납품하여 받은 돈으로 빚을 갚는 것이었다.

지금도 그때를 생각하면 정말 아찔하다. 그 당시 가족이 내게 보내준 변함없는 지지와 사랑이 없었다면 지금껏 내가 살아 있을까 싶다. 1인 기업에게 있어 가족의 힘은 절대적이다. 지금 이 장을 읽으면서도 '가정은 1인 기업의 목적이자 수단'이라는 데 공감할 수 없다면 1인 기업은 시작도 하지 마라. 다른 건 몰라도 1인 기업의 성공에 가정이 절대적이라는 법칙에서 예외가 될 수 있는 사람은 없다.

단, 어떤 경우에도 가족에게는 연대보증을 시키지 마라. 배우자나 자녀 또는 부모를 연대보증인으로 세워야만 대출을 받을 수 있다면 대출을 포기해라. 그 대출 못 받아 회사가 망한다면 망하는 것이 백번 낫다. 1인 기업의 궁극적 목적은 돈이 아니라 가정임을 잊어서는 안 된다.

아무리 1인 기업을 살리는 데 좋은 방법이라고 해도 가정을 망가뜨릴 가능성이 있는 일이라면 하지 말자. 목적과 수단이 뒤바뀐 것이기 때문이다.

098
chapter

1인 기업 성공의 3요소: ② 일관성

내가 즐겨보는 TV 프로그램 중 하나는 EBS의 〈극한 직업〉이다. 험하고 힘든 환경에서도 묵묵히 일하시는 분들을 보면 많은 위로를 받는다. 그런데 이 프로그램을 여러 번 보다 보니 업종에 상관없이 각 직업들이 가지는 공통된 특징을 발견할 수 있는데, '매일 똑같은 생활'이 그것이다. 주인공들은 시계추처럼 변함없이 매일 똑같은 시간에 출근해서 같은 사람들과 같은 일만 한다. 프로그램 PD는 어떤 주인공을 만나든 항상 같은 질문을 한다. "왜 그렇게 오래도록 이 힘든 일만 하셨어요?" 그리고 돌아오는 대답 역시 항상 같다. "할 줄 아는 게 이것밖에 없어서."

매일 같은 패턴의 같은 생활, 수십 년간 반복해온 작업, 하지만 다른 길이 없어 그 일밖에는 할 수 없는 것, 그것이 바로 1인 기업에게 가장 필요한 두 번째 성공 요소, 일관성이다. 역설적이지만, 다른 길이 없어 한 가지밖에 할 수 없는 사람만큼 운이 좋은 사람도 세상에 없다. 주위를 한번 살펴보자. 이런저런 재주가 많은 사람과 하나밖에 할 줄 모르는 사람 중 어느 쪽이 더 성공하는지. 하나에만 집중하면 언젠간 관통하게 된다. 매일 일정한 간격, 일정한 양만큼 낙하하는 물 한 방울이 바위를 뚫는 것처럼 말이다. 1인 기업은 이런 물 한 방울과 같은 일관성을 통해 바위든 시장이든 뚫어야 한다.

최근 들어 즐겨 보는 프로그램이 하나 더 생겼는데 소위 '먹방' 프로그램이다. 숨겨진 맛집들을 취재하는 이 프로그램에서는 허름하고 작아서 아는 사람만 아는 '숨어 있는' 식당들을 찾아 나선다. 이 식당들에게도 공통점이 있으니 바로 업소명이다. 이들 이름 중 눈에 띄는 것은 거의 없고, 대부분 '북창동 순두부' '장충동 족발'처럼 '지역+대표 메뉴'로 되어 있다. 얼핏 보면 별 특징도 없고 아무것도 아닌 것 같지만, 한 지역에서 하나의 대표 메뉴로 몇십 년에 걸쳐 식당을 유지해왔다는 것은 그만큼 그 음식에 대한 내공이 깊고 흔들리지 않음을 의미한다. 이것이 '일관성'이다.

몇 년 전부터 가장 재미있는 싸움이 삼성 갤럭시와 애플 아이폰 간의 경쟁이다. 난다긴다 하는 국내외 전문가들이 다양한 시각으로 이들의 장단점을 분석하며 승패를 예측하고 있으니 한낱 영세 1인 기업 대표인 내가 무슨 말을 감히 거들 수 있을까?

다만 이 두 거대 브랜드를 일관성이라는 한 가지 측면에서만 보자면, 갤럭시는 아이폰의 적수가 될 수 없을 것 같다. 아이폰에 대해서는 첫 출시 때부터 지금까지 각 모델의 출시 시점과 특징이 대강이나마 기억난다. 모델 수가 적고 이름도 단순하며 출시 시점 간의 간격이 대략 지켜지기 때문이다.

이에 반해 갤럭시는 옴니아 때부터 조금만 매출이 떨어진다 싶으면 한창 개발 중인 기술들을 이것저것 갖다 붙여 각양각색의 이름으로 출시하기 바빴다. 나는 지금까지 총 다섯 개의 스마트폰을 사용해봤는데, 그중 네 개는 갤럭시(옴니아 포함)이고 하나만 아이폰이었다. 그럼에도 갤럭시 모델들은 이름도 잘 기억나지 않는 데다 특징이 뭐였는지 또한 분명히 이야기할 수가 없다.

삼성은 왜 이리 새 제품을 남발할까? 한마디로 물건에 자신이 없기 때문이다. 일관성은 곧 자신감이다. 자신이 없으니 조금만 밀리는 것 같으면 일관성이고 뭐고 뒤로한 채 일단 이것저것 물량 공세로 가는 것이다. 야구에서도 마찬가지다. 자기 팀의 투수를 믿지 못하는 감독이 한 회에 몇 명씩 물량 공세로 투수를 갈아치우지 않는가?

아무리 최신 기술을 가져다 붙여도 고객은 제품의 기술에 감동하지 않는다. 고객의 감동을 불러일으키는 것은 제품의 일관성, 그리고 그 속에 녹아 있는 자신감이다. 자금과 조직, 영업력이 부족한 1인 기업에게 그래서 일관성이란 시장을 뚫을 수 있는 날카로운 송곳과도 같다.

일관성을 유지하기 위해서라면 그것이 무엇이든 가치가 있다. 심지어 1인 기업 대표의 헤어스타일도 자주 바뀌면 좋지 않다. 아무리 빚 독촉 전화가 작렬해도 전화번호를 바꿔서는 안 되고, 사무실도 가급적 이전하면 안 된다. 제품의 기능과 외관은 물론 그것을 구성하는 부품과 원재료까지 인내심을 가지고 일관성을 유지하자. 조금 비싸더라도 말이다. 제조업에 있어 일관성이 보상받는 날은 틀림없이 온다.

099
chapter

1인 기업 성공의 3요소: ③나의 객관화

40대 중반이 넘어선 내게 누군가 인생에서 가장 후회되는 것이 뭐냐고 묻는다면 '내 약점을 고치기 위해 너무 많은 시간과 노력을 쏟아부었다는 것'이다. 내게는 성격 및 기질상의 큰 약점들이 있다. 20대 때까지만 해도 그런 것들을 잘 모르고 지냈는데, 나이를 먹고 이런저런 일들을 겪다 보니 언젠가부터 하나둘씩 수면 위로 드러나기 시작했다. 그리고 특히 1인 기업을 하면서부터는 정말 내 밑바닥까지 보게 되었다.

그때 나는 큰 착각을 했으니, 바로 스스로 약점을 고칠 수 있다고 생각한 것이다. 노력하면 약점을 보완할 수 있다고 믿었던 탓에 나는 내 장점들을 발휘하기보다 약점을 개선하는 데 주력했다.

하지만 그렇게 10여 년을 투자한 뒤의 결론은 '약점은 절대 안 고쳐진다'는 것이었다. 안 되는 것은 어떻게 해도 안 된다. 싫은 건 어떻게 해도 싫고, 보기 싫은 놈은 어떻게 해도 싫을 수밖에 없다. 안 되는 걸 되게 하려고 본인을 개조하다가는 방전되기 십상이다. 게다가 약점에만 매달리다 보면 자신감이 사라짐은 물론 주위 사람들 모두가 내 약점을 비웃는 것만 같은 피해의식에 사로잡히기도 한다.

약점은 고치기보다는 피하는 것이 상책이다. 즉, 나의 단점을 가장 잘 보완할 수 있는 외주업체나 사람을 찾아 하루라도 빨리 떠넘기는 것이 나에게나 1인 기업에게나 도움이 된다.

〈웰컴 투 동막골〉이라는 영화를 보면 머리에 꽃을 꽂은 소녀가 나온다. 다른 건 다 괜찮은데 머리의 그 꽃만 건드리면 소녀는 완전히 폭발하며 미친 사람으로 변한다. 그 '꽃'은 우리 모두에게도 저마다 있다. 누군가 건드리기만 해도 감정이 폭발하는 그 지점 말이다.

큰 회사에서는 설령 내가 폭발하더라도 내 방패가 되어줄 조직이 있다. 하지만 1인 기업은 글자 그대로 '미친 사람'처럼 변하는 모습이 만천하에 그대로 노출된다. 그렇기에 1인 기업의 대표가 되려면 자신이 머리에 꽂고 있는 그 꽃이 무엇인지 빨리 파악하고, 그 꽃을 누군가 건드릴 만한 상황을 미리 피해야 한다. 행여나 꽃을 건드려도 평정심을 유지하고자 노력하는 중이라면 당장 그만둬라. 그것만큼 시간과 정력을 낭비하는 일도 없다. 나를 개선하려 노력하지 마라. 개선하지 말고 직면하라. 안 되는 것은 안 되는 것이다.

나의 치명적인 약점과 내 안의 뇌관을 하루라도 빨리 인정하라. 그것들은 어쩔 수 없는 나의 일부고 나는 그것을 고칠 수 없다는 것까지 인정해야만 해결책도 보인다. 이러한 약점과 뇌관을 감춘다면 1인 기업은 절대로 앞으로 나아갈 수 없다. 1인 기업을 하다 보면 자신의 밑바닥까지 다 보여주게 되어 있으니, 이런 요소들을 어떻게 피할 것인지에 대해서만 고민해라.

자신의 장점은 단점과 뇌관을 피할 수 있는 적절한 방법을 찾은 다음에야 비로소 보이기 시작한다. 그리고 바로 그 장점이 회사 경쟁력의 포인트가 된다. 1인 기업이든 10인 기업이든 100인 기업이든 회사의 경쟁력은 그 회사 대표의 역량 이상이 될 수 없다. 리더의 수준이 100이면 그 조직은 100까지, 리더가 50이면 조직은 50까지 될 수 있는 것이다.

삼성이나 애플, 현대를 보라. 그 회사들의 경쟁력은 무엇인가? 그 차이가 어디에서 비롯된 것 같은가? 수만 명, 수십만 명의 직원들이 일하는 이들 회사의 경쟁력은 바로 최고책임자가 가지는 장점에서 나온다. 회사는 그 대표가 자신의 장점을 온전히 다 발휘해내는 만큼까지만 성장할 수 있다. 다시 말해 삼성, 애플, 현대가 성장한 배경에는 이병철, 스티브 잡스Steve Jobs, 정주영 회장의 장점이 최대한 발휘되었기 때문이다. 그들의 장점은 그대로 회사의 장점이 되었다.

대기업들도 그럴진대 하물며 1인 기업이야 말할 필요도 없다. 두려워말고 자신의 장점을 극대화하라. 그런 1인 기업이 가장 강한 경쟁력을 갖게 된다.

에필로그

끝까지 직장을 구하라

고백할 것이 있다. 총 99개의 목차에 따라 글을 써내려가며 항상 마음에 걸렸던 두 가지를 이야기해야 할 것 같다.

첫째, 내가 이 글을 썼음에도 정작 나는 전혀 내 글처럼 살고 있지 못하다는 것이다. 99개의 목차 중 절반 정도는 흉내만 내는 것 같고, 그 흉내 내는 것들의 절반 정도만을 겨우 실천에 옮기는 듯하다. 나 자신도 제대로 못하면서 '이래야 한다' '저러면 안 된다' 이야기하자니 정말 많이 찔렸다. 하지만 한편으로는 이런 점이 오히려 이 책을 읽는 분들께 위안이 될 것도 같다. 나처럼 실천 못하는 사람도 6년 넘게 1인 제조를 그럭저럭 해오고 있으니 말이다.

둘째, 이 책을 쓰는 중에도, 아니 끝마치려 하는 지금도 나 자신은 1인 제조를 계속하는 것이 옳은지 잘 모르겠다는 것이다. "1인 제조가 답이다!"라고 부르짖었던 사람이 다른 일을 하게 되는 사태가 발생한다면 사기詐欺도 그런 사기가 없겠다 싶다. 하지만 앞서 이야기했듯 1인 제조는 나와 내 가족이 살아가기 위한 하나의 수단일 뿐, 그 자체가 불변의 진리는 아니다. 다시 말해 1인 제조는 현재의 대한민국 산업 구조 속에서 '약자로 살아가는 데 제일 적합한 비즈니스의 형태'라는 것이지, 1인 제조에 모든 답이 있다고 주장하는 것은 아니라는 뜻이다.

당신이 소위 '강자' 편—대기업 사원이든 공무원이든 전문직 종사자든—에 속해 있다면 앞으로도 계속 그 길을 가는 것이 더 나을 수 있다. 또한 당신이 강자 편에 속할 수 있는 기회를 가지게 된다면 1인 제조를 포기하고 그 편을 택하는 것도 나쁜 대안이 아니다. 취직은 나쁜 일이고 1인 제조만이 선이라는 뜻은 절대 아니니 오해하지 마시길 바란다.

이제 글을 마칠 때가 되었는데 왜 갑자기 약한 소리를 하는지 의아해하실 수도 있겠다. 하지만 아무리 최선의 대안이라 해도 1인 제조를 막상 시작해보면 처음 예상했던 것보다 훨씬 힘들고 어렵다. '보호받지 못하는 약자'로 살아가기에는 현재의 경제상황이 너무나 힘들기 때문이다. 그래서 나는 감히 누구에게나 1인 제조가 가장 좋은 답이라고 강력히 말할 수 없다. 만일 다른 대안이 있다면 그것과 1인 제조를 놓고 정말 심사숙고해봤으면 한다.

1인 제조라는 제목으로 글을 써야겠다고 마음을 먹은 것은 2014년 12월이었다. 그리고 그날 바로 나는 99개의 목차를 완성했다. 그만큼 1인 제조를 해오는 동안 외로움이 컸고 하고 싶은 말들도 꾹 참아왔는데, 일단 말하고 쓸 기회가 주어지니 그간 생각했던 것들이 폭발한 것이 아닐까 싶다. 내게 고독의 기회를 준 내 1인 제조회사, (주)알에프캠프에 진심으로 감사한다. 그 회사 덕분에 내 글이 책으로까지 출간되어 나오는 호사를 누리게 되었으니 말이다.

프롤로그에서도 이야기했지만 이 책은 전적으로 내 개인적 경험에만 의존하여 쓴 반성문이기 때문에 어쩌면 독자들의 상황과는 맞지 않는 내용도 많을 것이다. 99개 목차 중 3분의 1 정도나마 유익하다고 생각해주신다면 나로서는 더 이상 감사할 일이 없겠다.

다만 끝부분에서 다루었던, 1인 기업 성공에 필요한 세 가지 요소—가족, 일관성, 나의 객관화—는 상황과 시대를 불변하고 1인 기업을 생각하는 누구에게나 적용되는 필수 사항이다. 그중에도 한 가지만 꼽자면 가족이다. 가족이 흔들리면 1인 기업은 생각할 수도 없다. 운이 좋아서 1~2년은 잘될 수도 있겠지만, 그들이 받쳐주지 않으면 '밑 빠진 독에 물 붓기'임을 기억해주셨으면 한다.

글쓰기를 마치고 본업인 1인 제조로 돌아가 전념해야 할 때가 왔다. 한동안 하루에 너덧 시간을 글 쓰는 데 몰두하다 보니 회사 실적도 줄고 일도 많이 밀렸다. 이제부터는 생업에 충실해야겠다. 끝까지 읽어주신 독자 여러분께 진심으로 감사드린다. 아무쪼록 어떤 결정을 내리든 그 결정에 후회 없도록 최선을 다하는 오늘 하루가 되시기를 기도한다.

1인 제조

1판 1쇄　2015년 8월 11일
1판 3쇄　2023년 3월 21일

지은이　유재형
펴낸이　김승욱
편집　김승관 한지완
디자인　김현우 이정민
마케팅　정민호 이숙재 박치우 한민아 이민경 박진희 정경주 정유선 김수인
브랜딩　함유지 함근아 박민재 김희숙 고보미 정승민
제작　강신은 김동욱 임현식

펴낸곳　이콘출판(주)
출판등록　2003년 3월 12일 제406-2003-059호

주소　10881 경기도 파주시 회동길 216 2층
전자우편　book@econbook.com
전화　031-955-7979
팩스　031-955-8855

ISBN　978-89-97453-52-8 03320

이 도서의 국립중앙도서관 출판예정도서목록(CIP)은 서지정보유통지원시스템 홈페이지(http://seoji.nl.go.kr)와 국가자료공동목록시스템(http://www.nl.go.kr/kolisnet)에서 이용하실 수 있습니다. (CIP제어번호: CIP2015021487)